Wenner

Internationales Vertragsrecht

RWS-Skript 139

Internationales Vertragsrecht

3., neu bearbeitete Auflage
2013

von

RA Dr. Christian Wenner, Köln

RWS Verlag Kommunikationsforum GmbH · Köln

Die Deutsche Nationalbibliothek verzeichnet diese Publikation in der Deutschen Nationalbibliografie; detaillierte bibliografische Daten sind im Internet über http://dnb.d-nb.de abrufbar.

© 2013 RWS Verlag Kommunikationsforum GmbH
Postfach 27 01 25, 50508 Köln
E-Mail: info@rws-verlag.de, Internet: http://www.rws-verlag.de

Alle Rechte vorbehalten. Ohne ausdrückliche Genehmigung des Verlages ist es auch nicht gestattet, das Werk oder Teile daraus in irgendeiner Form (durch Fotokopie, Mikrofilm oder ein anderes Verfahren) zu vervielfältigen.

Satz und Datenverarbeitung: SEUME Publishing Services GmbH, Erfurt
Druck und Verarbeitung: rewi Druckhaus Winters GmbH, Wissen

Vorwort

Sinn des Skripts ist und bleibt es, die Grundzüge des Internationalen Schuldvertragsrechts darzustellen, soweit diese für transnationale Wirtschaftsverträge von Bedeutung sind. Ohne Kenntnisse auf diesem Gebiet lassen sich heutzutage viele Fälle nicht mehr sachgerecht lösen.

Wiederum habe ich mich bemüht, aus der Erstauflage zu bewahren, was bewahrt werden konnte. Diese Erstauflage hat 1984 mein akademischer Lehrer, Herr Prof. Dr. Jochen Schröder, verfasst. Damals war das deutsche Internationale Vertragsrecht noch nicht kodifiziert. Mit der Verordnung (EG) Nr. 593/2008 des Europäischen Parlaments und des Rates über das auf Schuldverhältnisse anzuwendende Recht (Rom I-VO) – welche seit Dezember 2009 gilt – blicken wir heute bereits auf die dritte Kodifikation dieses Rechtsgebiets.

Besser geworden ist leider nicht viel. Weiterhin werden transnationale Bezüge eines Sachverhalts in der Praxis häufig ignoriert. Darüber hinaus neigen Legislative und Judikative – auch im Bereich der EU – weitgehend ungehemmt und unter Missachtung kollisionsrechtlicher Einsichten zur Anwendung eigenen Rechts. Man könnte meinen, die Lösung liege im vereinheitlichten Sachrecht. Angesichts des unbefriedigenden Niveaus der gesetzgeberischen Tätigkeit ist man allerdings geneigt zu rufen: Weniger wäre mehr!

Köln, im Mai 2013　　　　　　　　　　　　　　　　　　*Christian Wenner*

Inhaltsverzeichnis

	Rn.	Seite
Vorwort		V
Literaturverzeichnis		XV

A. Einführung ... 1 ... 1

I. Aufgabe und Bedeutung des Internationalen Vertragsrechts in der Praxis ... 1 ... 1

II. Grundlagen des Internationalen Vertragsrechts ... 3 ... 1
   1. Internationales Privatrecht ist staatliches Recht ... 3 ... 1
      a) Prüfung der internationalen Zuständigkeit vorrangig ... 5 ... 2
      b) Forum Shopping ... 7 ... 2
      c) Forum Fixing ... 10 ... 3
   2. Gesetzliche Grundlagen des deutschen Internationalen Vertragsrechts ... 11 ... 3
      a) Rom I-VO ... 11 ... 3
      b) Vereinheitlichtes Kollisions- oder Sachrecht vorrangig ... 20 ... 4
      c) Besondere Regeln für deutsche Schiedsgerichte: § 1051 ZPO ... 22 ... 5
   3. Anknüpfungsregel des Internationalen Schuldvertragsrechts ... 25 ... 5

B. Die Rechtswahl ... 28 ... 7

I. Grundsatz der Vertragsfreiheit ... 28 ... 7
   1. Parteiautonomie im Internationalen Vertragsrecht ... 28 ... 7
      a) Rom I-VO ... 28 ... 7
      b) Parteiautonomie in ausländischen Staaten ... 29 ... 7
         aa) Beispiele für Parteiautonomie ... 32 ... 7
         bb) Beispiele für andere Konzepte ... 35 ... 8
            (1) Saudi Arabien ... 36 ... 8
            (2) Iran ... 40 ... 9
            (3) Südamerika ... 41 ... 9
            (4) Vietnam ... 44 ... 9
      c) Parteiautonomie in der Praxis ... 45 ... 10
   2. Die Rechtswahlvereinbarung ... 54 ... 11
      a) Beurteilung nach eigenem Internationalen Privatrecht ... 55 ... 11
         aa) Einigung der Parteien ... 55 ... 11

VII

			Rn.	Seite

   bb) Deutlichkeit 64 13
   cc) Kreis der zur Parteidisposition stehenden
     Rechte 65 13
  b) Beurteilung nach dem gewählten Recht 66 13
  c) Rechtswahlklauseln in Allgemeinen
    Geschäftsbedingungen 70 14
3. Gegenstand der Rechtswahl 75 15
  a) Staatliches Recht 75 15
   aa) Beziehung 76 16
   bb) Neutrales Recht 78 16
   cc) Religiöses Recht 86 17
   dd) Wahl eines Kollisionsrechts 87 18
   ee) Zweckmäßigkeit 92 18
  b) Außerstaatliches Recht 93 19
   aa) Völkerrecht 94 19
     (1) Völkerrechtsfähigkeit 95 19
     (2) Allgemein anerkannte Regeln des
       Völkerrechts 97 20
   bb) Wahl allgemeiner Rechtsgrundsätze 102 21
     (1) Common Principles 103 22
     (2) Lex mercatoria 108 23
     (3) UNIDROIT-Prinzipien 109 23
     (4) Zweckmäßigkeit 111 24
     (5) Zulässigkeit 114 24
   cc) Einheitsrecht 126 27
   dd) Rechtsordnungslose Verträge 132 27
     (1) Zulässigkeit 135 28
     (2) Zweckmäßigkeit 139 29
   ee) Billigkeit 140 29
  c) Totes und versteinertes Recht 142 29
   aa) Totes Recht 142 29
   bb) Versteinerungsklauseln – Freezing Clauses 143 30
  d) Teilrechtswahl 149 31
   aa) Wahl für Teil des Vertrags 150 31
   bb) Wahl mehrerer Rechte 154 32
   cc) Abspaltbarkeit 158 32
   dd) Zweckmäßigkeit 159 33
   ee) Unterwerfungsklauseln 163 33
4. Art der Rechtswahl 166 34
  a) Bedingte Rechtswahl 167 34
  b) Alternative Rechtswahlklauseln – Floating
    Choice-of-Law Clauses 171 35
  c) Negative Rechtswahlklausel 182 36
  d) Wahl durch Los 185 37

			Rn.	Seite
5.	Zeitpunkt der Rechtswahl		186	37
	a)	Jederzeit	186	37
	b)	Stillschweigende Rechtswahl im Prozess	189	37
	c)	Wirkung eines Statutenwechsels	190	37
		aa) Rückwirkung	190	37
		bb) Form	192	38
		cc) Rechte Dritter	199	39

II. Der Vorgang der Rechtswahl 201 39
    1. Ausdrückliche Erklärung 202 39
       a) Bezeichnung des anwendbaren Rechts 202 39
       b) Fehler bei der Rechtswahl 206 40
          aa) Vertragsstatut und Gerichtsstand 207 40
          bb) Exkurs: Gerichtsstandsvereinbarungen 212 42
          cc) Klarheit der Rechtswahlklausel 216 43
          dd) Reichweite der Rechtswahlklausel 220 43
             (1) Verschulden bei Vertragshandlungen 223 44
             (2) Konkurrierende Deliktsansprüche 224 44
             (3) Bereicherungsrecht 225 44
          ee) Wahl und Ausschluss des Wiener Übereinkommens über Verträge über internationale Warenkäufe 226 45
             (1) Anwendung des CISG 227 45
             (2) Wahl des CISG 232 46
             (3) Abwahl des CISG 235 47
          ff) Abwahl der alternativen Ortsform 240 48
          gg) Beispiel einer weitreichenden Rechtswahlklausel 242 49
    2. Stillschweigende Erklärung 243 49
       a) Zuständigkeitsvereinbarungen 246 50
       b) Schiedsabreden 250 50
       c) Vereinbarung eines Erfüllungsorts 253 51
       d) Bezugnahmen auf Legalsysteme und Bedingungswerke 255 52
       e) Bezugnahme auf anderen Vertrag 266 54
       f) Rechtswahl in früheren Verträgen 268 54
       g) Vertragssprache 269 54
          aa) Als Indiz für die Rechtswahl 269 54
          bb) Exkurs: Sprachenstatut 271 55
       h) Geldwährung 272 55
       i) Nationalität des Vertragsverfassers 274 55
       j) Kumulation schwacher Indizien 275 56
       k) Übereinstimmendes Prozessverhalten 281 57
          aa) Deutsche Rechtsprechung 281 57
          bb) Schweiz 289 59
          cc) Österreich 291 59

			Rn.	Seite

l) Exkurs: Ermittlung ausländischen Rechts 293 60
    aa) Ermittlung ausländischen Rechts durch
        deutsche Gerichte 293 60
        (1) Anwendung des Internationalen
            Privatrechts 296 60
        (2) Ermittlung ausländischen Rechts 299 61
        (3) Erkenntnisquellen 308 63
    bb) Ermittlung ausländischen Rechts durch
        Rechtsanwälte 312 63
        (1) Anwendung des deutschen
            Internationalen Privatrechts 312 63
        (2) Ermittlung ausländischen Rechts 314 64

III. Die Wirkung der Rechtswahl 316 64
    1. Ausschaltung zwingenden Privatrechts 316 64
        a) Keine Gesetzesumgehung 317 64
        b) Kein Verstoß gegen den ordre public 321 65
    2. Rechtswahlschranken im Internationalen Privatrecht 322 66
        a) Binnensachverhalte (Art. 3 Abs. 3 Rom I-VO) 324 66
        b) EU-interne Sachverhalte
           (Art. 3 Abs. 4 Rom I-VO) 336 68
        c) Verbraucherverträge 337 68
           aa) Art. 6 Rom I-VO 337 68
               (1) Verbraucher 338 68
               (2) Verträge 339 68
               (3) Räumlicher Bezug 341 69
               (4) Rechtsfolge 345 69
               (5) Erweiterter Verbraucherschutz 350 70
           bb) § 46b EGBGB 354 71
        d) Arbeitsverträge (Art. 8 Rom I-VO) 356 71
        e) Versicherungsverträge 365 73
        f) Eingriffsnormen 366 73
           aa) Begriff 371 74
           bb) Kollisionsrecht der Eingriffsnormen 389 77
               (1) Eingriffsnormen der lex fori 389 77
               (2) Eingriffsnormen und Rechtswahl 401 78
               (3) Eingriffsnormen und Rechtsfolgen 403 79
           cc) Ausländische Eingriffsnormen 410 80
               (1) Art. 9 Abs. 3 Rom I-VO 412 80
               (2) Eingriffsnormen der lex causae 417 81
               (3) Bisheriger Standpunkt der
                   Rechtsprechung 419 81
                   (a) § 138 BGB 420 81
                   (b) §§ 275, 311a BGB 421 82
                   (c) § 826 BGB 422 82
                   (d) Wegfall der Geschäftsgrundlage 423 82

					Rn.	Seite
		dd)	Sonderproblem: Deutsches Internationales Devisenrecht		425	82
			(1) Art. VIII Abschnitt 2 (b) Satz 1 IWF-Abkommen		426	83
			(2) Devisenkontrakt		428	83
			(3) Währung eines Mitgliedsstaats berührt		435	84
			(4) Verstoß gegen Devisenkontrollbestimmungen		436	85
			(5) Unklagbarkeit		437	85
			(6) Auswirkungen auf Sicherungsrechte		439	85

C. Fehlende Rechtswahl ... 440 ... 87

I. Anknüpfung an den Schwerpunkt des Vertrags ... 442 ... 87
   1. Art. 4 Rom I-VO ... 442 ... 87
   2. Gesetzlicher Katalog ... 443 ... 87
   3. Anknüpfung an die charakteristische Leistung ... 445 ... 88
      a) Grundsatz ... 446 ... 89
         aa) Anknüpfung an die Sachleistung ... 446 ... 89
         bb) Ort der charakteristischen Leistung ... 451 ... 89
      b) Grundstücke – Art. 4 Abs. 1c Rom I-VO ... 453 ... 90
      c) Ausnahmen – Art. 4 Abs. 3 Rom I-VO ... 455 ... 90
         aa) Eng auszulegende Ausnahmevorschrift ... 456 ... 90
         bb) Kein Fall von Art. 4 Abs. 3 Rom I-VO: Bau- und Anlagenverträge ... 458 ... 91
         cc) Kein Fall von Art. 4 Abs. 3 Rom I-VO: Subunternehmerverträge ... 460 ... 91
         dd) Kein Fall von Art. 4 Abs. 3 Rom I-VO: Verträge mit Staaten ... 462 ... 92
      d) Versagen der Vermutung – keine charakteristische Leistung ... 464 ... 92
      e) Keine Vertragsspaltung bei objektiver Anknüpfung ... 467 ... 93
   4. Sonderregeln ... 470 ... 93
      a) Verbraucherverträge ... 470 ... 93
         aa) Art. 6 Abs. 1 Rom I-VO ... 470 ... 93
         bb) Art. 46b Abs. 4 EGBGB ... 471 ... 94
      b) Arbeitsverträge – Art. 8 Abs. 2 Rom I-VO ... 472 ... 94
      c) Beförderungsverträge – Art. 5 Rom I-VO ... 474 ... 94
      d) Versicherungsverträge – Art. 7 Rom I-VO ... 475 ... 94
   5. Gegenstand der Verweisung ... 476 ... 95
   6. Reichweite der Verweisung ... 481 ... 95

II. ABC der Anknüpfung einzelner Vertragstypen bei fehlender Rechtswahl ... 483 ... 96

	Rn.	Seite

D. Umfang und Grenzen des Vertragsstatuts 537 107

I. Geltungsbereich des Vertragsstatuts 537 107
   1. Materielles Recht 537 107
      a) Zustandekommen 538 107
      b) Vertragstyp 543 108
      c) Auslegung 544 108
      d) Erfüllung 546 108
          aa) Reichweite des Vertragsstatuts 546 108
              (1) Leistungszeit 547 108
              (2) Leistungsart 548 108
              (3) Leistungsort 554 109
          bb) Berücksichtigung des Ortsrechts 555 109
      e) Nichterfüllung 558 110
      f) Erlöschen der Verpflichtungen 561 111
          aa) Kündigungs- und Rücktrittsrechte 562 111
          bb) Aufhebung/Vergleich 565 111
          cc) Aufrechnung 566 112
              (1) Vertragliche Aufrechnung 566 112
              (2) Gesetzliche Aufrechnung 567 112
              (3) Prozessuale Zulässigkeit 568 112
              (4) Zulässigkeit im Insolvenzverfahren ... 571 113
          dd) Insolvenzrechtliche Erlöschensgründe 572 113
      g) Verjährung, Unterbrechung, Hemmung 573 113
          aa) Grundsatz 573 113
          bb) Hemmungshandlung im Ausland bei deutschem Schuldstatut 574 113
          cc) Hemmungshandlungen 578 114
          dd) Insolvenzrechtliche Anmeldefrist für Forderungen 579 115
      h) Nichtigkeitsfolgen 580 115
      i) Eingriffsnormen des Vertragsstatuts 581 115
      j) Teilrechtswahl 582 115
      k) Forderungsübertragung 584 116
          aa) Verhältnis Altgläubiger Neugläubiger 584 116
          bb) Verhältnis zum Drittschuldner 585 116
          cc) Verhältnis zu anderen Dritten 586 116
          dd) Legalzession 588 116
          ee) Gesamtschuldnerausgleich 590 117
      l) Beweislast 591 117
   2. Prozessuales Recht 593 117
      a) Beweiserheblichkeit 594 117
      b) Beweismittel 595 118
      c) Beweisverfahren und Beweiswürdigung 598 118

			Rn.	Seite

II. Gesonderte Anknüpfung spezieller Rechtsfragen 600 118
1. Einführung 600 118
2. Beispiele gesondert anzuknüpfender Fragen 605 120
   a) Rechts- und Geschäftsfähigkeit 605 120
      aa) Natürliche Personen 605 120
      bb) Juristische Personen und nicht rechtsfähige
          Personenvereinigungen 610 121
          (1) Gesellschaften aus den EU-Staaten und
              dem EWR 612 121
          (2) Gesellschaften aus Drittstaaten 614 122
   b) Schweigen 615 122
   c) Alternative Ortsform 623 124
      aa) Geschäftsform 623 124
      bb) Ortsform 624 124
          (1) Distanzgeschäfte 626 125
          (2) Vertretergeschäfte 627 125
          (3) Grundstücksgeschäfte 628 125
          (4) Abwahl der Ortsform 631 126
   d) Vollmacht 632 126
      aa) Gewillkürte Stellvertretung 635 127
          (1) Recht des Wirkungslands 635 127
          (2) Einzelheiten 639 128
              (a) Vertreter mit Niederlassung 639 128
              (b) Vertreter mit Verfahrens-
                    vollmacht 640 128
              (c) Vertreter ohne Vertretungs-
                    macht 642 129
              (d) Nachträgliche Genehmigung 644 129
          (3) Rechtswahl 645 129
      bb) Gesetzliche Vertretung 647 130
   e) Sicherungen 648 130
      aa) Persönliche Sicherheiten 650 130
      bb) Dingliche Sicherheiten 658 132
          (1) Sicherungsabtretung 659 132
          (2) Eigentumsvorbehalt und Sicherungs-
              eigentum 664 133
              (a) Anerkennung ausländischer
                    Sicherungsinstitute in
                    Deutschland 669 135
              (b) Anerkennung inländischer
                    Sicherungsinstitute im Ausland 674 135
      cc) Sicherheiten und Insolvenz 679 137
          (1) Insolvenzstatut 681 137
          (2) Einschränkungen der lex fori
              concursus 682 137

Inhaltsverzeichnis

	Rn.	Seite
(a) Partikularverfahren	684	138
(b) Umstrittene Regeln für Mobiliarsicherheiten	688	138
(c) Komplizierte Regeln für Anfechtungen	691	139

Anhang 692 141

ABC des Internationalen Vertragsrechts 692 141

Verordnung (EG) Nr. 593/2008 des Europäischen Parlaments und des Rates vom 17. Juni 2008 über das auf vertragliche Schuldverhältnisse anzuwendende Recht (Rom I) 145

Verordnung (EG) Nr. 864/2007 des Europäischen Parlaments und des Rates vom 11. Juli 2007 über das auf außervertragliche Schuldverhältnisse anzuwendende Recht („Rom II") 169

Einführungsgesetz zum Bürgerlichen Gesetzbuche („BGBEG") 189

Stichwortverzeichnis 205

Literaturverzeichnis

Adolphsen, Jensen/Schmalenberg, Franziska
Islamisches Recht als materielles Recht in der Schiedsgerichtsbarkeit?, SchiedsVZ 2007, 57

Amissah, Ralph
The Autonomous Contract, http://www.jus.uio.no/lm/the.autonomous.contract.07.10.1997.amissah/doc.html

Baetge, Dietmar
Anknüpfung der Rechtsfolgen bei fehlender Geschäftsfähigkeit, IPRax 1996, 185

Bälz, Kilian
Das islamische Recht als Vertragsstatut?, IPRax 2005, 44

Bälz, Kilian
Die Anerkennung und Vollstreckung von ausländischen Urteilen und Schiedssprüchen in den arabischen Staaten Nordafrikas, RIW 2013, 55

Bamberger, Heinz Georg/Roth, Herbert
Kommentar zum Bürgerlichen Gesetzbuch, Band 3, 3. Aufl., 2012
(zit.: Bamberger/Roth/*Bearbeiter*)

Bar, Christian von
Internationales Privatrecht, Bd. 2, 1991

Basedow, Jürgen
Theorie der Rechtswahl oder Parteiautonomie als Grundlage des Internationalen Privatrechts, RabelsZ 75 (2011), 32

Batiffol, Henri
Centre international pour le Réglement des différends relatifs aux investissements sentence du 30. Novembre 1979, Rev. crit. droit. int. priv. 1982, 92

Baumert, Andreas J.
Abschlußkontrolle bei Rechtswahlvereinbarungen, RIW 1997, 805

Berger, Klaus Peter
Internationale Wirtschaftsschiedsgerichtsbarkeit, 1992

Berger, Klaus Peter
International Economic Arbitration, 1993

Berger, Klaus Peter
Lex mercatoria in der Internationalen Wirtschaftsschiedsgerichtsbarkeit, IPRax 1993, 281

Berger, Klaus Peter
Der Aufrechnungsvertrag, 1996

Berger, Klaus Peter
Formalisierte oder „schleichende" Kodifizierung des transnationalen Wirtschaftsrechts, 1996

Berger, Klaus Peter
Der Zinsanspruch im Internationalen Wirtschaftsrecht, RabelsZ 61 (1997), 313

Berger, Klaus Peter
Die Aufrechnung im Internationalen Schiedsverfahren, RIW 1998, 426

Berger, Klaus Peter
Lex Mercatoria Online, RIW 2002, 256

Böckstiegel, Karl-Heinz
Die Bestimmungen des anwendbaren Rechts in der Praxis internationaler Schiedsgerichtsverfahren, in: Festschrift für Günther Beitzke, 1979, 443

Boguslawskij, Mark M.
Internationaler Technologietransfer, 1990

Booysen, Hercules
Völkerrecht als Vertragsstatut internationaler privatrechtlicher Verträge, RabelsZ 59 (1995), 245

Borgmann, Brigitte
Lücken in der Auslandsdeckung der Berufshaftpflichtversicherung von Rechtsanwälten, AnwBl. 2005, 732

Brinkmann, Moritz
Kreditsicherheiten an beweglichen Sachen und Forderungen, 2011

Brödermann, Eckart
Paradigmenwechsel im Internationalen Privatrecht – Zum Beginn einer neuen Ära seit 17.12.2009, NJW 2010, 807

Catranis, Alexander
Probleme der Nationalisierung ausländischer Unternehmen vor internationalen Schiedsgerichten, RIW 1982, 19

Christensen, Guido/Fuchs, Andreas/Hensen, Horst-Diether/Schmidt, Harry/Ulmer, Peter
Ulmer/Brandner/Hensen – AGB-Recht: Kommentar zu den §§ 305–310 BGB und zum UKlaG, 11. Aufl., 2011
(zit.: Ulmer/Brandner/Hensen/*Bearbeiter*)

Clagett, Bruce M.
Private Investors Abroad, 1989

Crezelius, Georg
Anmerkung zu BGH, Urteil vom 15.1.1986 – VIII ZR 6/85, EWiR 1986, 335

Dalloz, Codes
  Code Civil, 112. Aufl., 2013

Dageförde, Christian
  Aufrechnung und internationale Zuständigkeit, RIW 1990, 873

Diedrich, Frank
  Rechtswahlfreiheit und Vertragsstatut – eine Zwischenbilanz angesichts der Rom I-Verordnung, RIW 2009, 378

Drobnig, Ulrich
  Der Vertrag im Zivilrecht und im Völkerrecht – ein vergleichender Streifzug, in: Festschrift für Stefan Riesenfeld, 1983, 31

Ebke, Werner
  Internationales Devisenrecht, 1990

Ebke, Werner
  Schuldrechtliche Teilzeitwohnrechte an Immobilien im Ausland und kein Widerrufsrecht: Zum Ende der Altfälle, IPRax 1998, 263

Eidenmüller, Horst
  Wettbewerb der Gesellschaftsrechte in Europa, ZIP 2002, 2233

Erman, Walter/Westermann, Harm Peter/Grunewald, Barbara/Maier-Reimer, Georg
  Erman Bürgerliches Gesetzbuch, Band II, 13. Aufl., 2011
  (zit.: Erman/*Bearbeiter*)

Fawcett, J.J./Carruthers, J.M.
  Cheshire North &Fawcett: Private International Law, 14. Aufl., 2008
  (zit.: Cheshire/North/Fawcett)

Feldmann, Börries von
  Anmerkung zu BGH, Urteil vom 5.5.1988 – VII ZR 119/87, EWiR 1988, 965

Ferrari, Franco/Kieninger, Eva-Maria/Mankowski, Peter
  Internationales Vertragsrecht, 2. Aufl., 2012
  (zit.: *Bearbeiter*, in: Ferrari/Kieninger/Mankowski)

Flessner, Axel
  Die internationale Forderungsabtretung nach Rom I-Verordnung, IPRax 2009, 35

Frank, Rainer
  Unterbrechung der Verjährung durch Auslandsklage, IPRax 1983, 108

Gabriel, Henry Deeb
  An American Perspective on the 2010 UNIDROIT Principles of International Commercial Contracts, RabelsZ 77 (2013), 158

Geimer, Reinhold
Nochmals – Zur Unterbrechung der Verjährung durch Klageerhebung im Ausland – Keine Gerichtspflichtigkeit des Schuldners all over the world, IPRax 1984, 83

Geimer, Reinhold
Anmerkung zu BGH, Urteil vom 14.11.1991 – IX ZR 250/90, EWiR 1992, 203

Geimer, Reinhold
Internationales Zivilprozessrecht, 6. Aufl., 2009

Geimer, Reinhold/Schütze, Rolf A.
Internationaler Rechtsverkehr in Zivil- und Handelssachen, Loseblatt-Handbuch mit Texten, Kommentierungen und Länderberichten, 43. Aufl., 2012 (zit.: *Bearbeiter*, in: Geimer/Schütze, IntRV)

Gobert, Arne
Vertragsgestaltungen im deutsch-ungarischen Rechtsverkehr, RIW 1998, 507

Gottschalk, Eckart
Beschränkungen für schweizerische Aktiengesellschaften mit Sitz in Deutschland gelten fort, ZIP 2009, 948

Graham-Siegenthaler, Barbara
Kreditsicherungsrechte im internationalen Rechtsverkehr, 2005

Grimm, Alexander
Applicability of the Rome I and II Regulations to International Arbitration, SchiedsVZ 2012, 189

Grundmann, Stefan
Kosten und Nutzen eines optionalen Europäischen Kaufrechts, AcP Bd. 212, 502

Hanisch, Hans/Aderhold, Eltje
Anmerkung zu OLG Düsseldorf, Urteil vom 13.4.1989 – 6 U 170/88, EWiR 1989, 971

Heidel, Thomas/Hüßtege, Rainer/Mansel, Heinz-Peter/Noack, Ulrich
NomosKommentar BGB, Band 1, 2. Aufl., 2012
(zit.: *Bearbeiter*, in: Heidel/Hüßtege/Mansel/Noack)

Hein, Jan von
Die Neufassung der Europäischen Gerichtsstands- und Vollstreckungsverordnung (EuGVVO), RIW 2013, 97

Herberger, Maximilian/Martinek, Michael/Rüßmann, Helmut/Weth, Stephan
jurisPK-BGB, Band 6, 6. Aufl., 2012 (zit.: *Bearbeiter*, in: jurisPK-BGB)

Herresthal, Carsten
Ein europäisches Vertragsrecht als Optionales Instrument, EuZW 2011, 7

Hoffmann, Bernd von
Staatsunternehmen im internationalen Privatrecht, BerGesVR 25 (1984), 35

Hoffmann, Bernd von/Thorn, Karsten
Internationales Privatrecht, 9. Aufl., 2007

Hoffmann, Jochen/Primaczenko, Vladimir
Die kollisionsrechtliche Absicherung des Verbraucherschutzes in Europa, IPRax 2007, 173

Hohloch, Gerhard
Rechtswahl als Anknüpfungsprinzip, in: Rett og toleranse – Festskrift til Helge Johan Thue, 2007, 257

Honsell, Heinrich/Vogt, Nedim Peter/Schnyder, Anton K./Berti, Stephen V.
Basler Kommentar Internationales Privatrecht, 2. Aufl., 2007
(zit.: *Bearbeiter*, in: Basler Kommentar)

Huff, Martin W.
Anmerkung zu OLG Frankfurt, Urteil vom 1.6.1989 – 6 U 76/88, EWiR 1989, 995

Janssen, André /Spilker, Matthias
The Application of the CISG in the World of International Commercial Arbitration, RabelsZ 77 (2013), 131

Jayme, Erik
Anmerkung zu LG Amberg, Urteil vom 17.3.1980 – 2 O 371/78, IPRax 1982, 29

Jayme, Erik
Subunternehmervertrag und Europäisches Gerichtsstands- und Vollstreckungsübereinkommen, in: Festschrift für Klemens Pleyer, 1986, 371

Jayme, Erik
Inhaltskontrolle von Rechtswahlklauseln in Allgemeinen Geschäftsbedingungen, in: Festschrift für Werner Lorenz, 1991, 435

Jayme, Erik
Probleme der Rechtswahl, in: Nicklisch, Rechtsfragen privat finanzierter Projekte, 1994, 65

Jochem, Rudolf
HOAI Gesamtkommentar zu Honorarordnung für Architekten und Ingenieure, 3. Aufl., 1991

Juenger, Friedrich K.
Contract Choice of Law in the Americas, Am. J. Comp. L. 45 (1997), 195

Kappus, Andreas
„Lex mercatoria" als Geschäftsstatut vor staatlichen Gerichten im deutschen internationalen Schuldrecht, IPRax 1993, 137

Kaufhold, Sylvia
„Echte" und „unechte" AGB in der Klauselkontrolle, BB 2012, 1235

Kegel, Gerhard/Schurig, Klaus
Internationales Privatrecht: Ein Studienbuch, 9. Aufl., 2004

Khatib-Shahidi, Sassan D.
Neue Entwicklungen im iranischen Recht der Handelsschiedsgerichtsbarkeit und der Firmenniederlassung, RIW 1998, 265

Kieninger, Eva-Maria
Anmerkung zu BGH, Urteil vom 27.10.2008 – II ZR 158/06, NJW 2009, 292

Kondring, Jörg
Der Vertrag ist das Recht der Parteien" – Zur Verwirklichung des Parteiwillens durch nachträgliche Teilrechtswahl, IPRax 2006, 425

Kothe, Wolfhard
Verbraucherschutz im Licht des europäischen Wirtschaftsrechts, EuZW 1990, 150

Kreuzer, Karl
Die Inlandswirksamkeit fremder besitzloser Mobiliarsicherheiten: die italienische Autohypothek und das US-amerikanische mortgage an Luftfahrzeugen, IPRax 1993, 157

Kronke, Herbert
Electronic Commerce und Europäisches Verbrauchervertrags-IPR, RIW 1996, 985

Kronke, Herbert
Internationale Schiedsverfahren nach der Reform, RIW 1998, 257

Kropholler, Jan
Internationales Privatrecht, 6. Aufl., 2006

Krüger, Hilmar
Fetwa und Siyar, 1978

Krüger, Hilmar
Probleme des saudi-arabischen internationalen Vertrags- und Schiedsrechts, in: Karl-Heinz Böckstiegel (Hrsg.), Vertragspraxis und Streiterledigung im Wirtschaftsverkehr mit arabischen Staaten , 1981, 61

Krüger, Hilmar
Anmerkungen zum Recht der Handelsvertreter und Eigenhändler in den arabischen Golfstaaten, in: Boehmer (Hrsg.), Deutsche Unternehmen in den arabischen Golfstaaten, 1990, 237

Krüger, Hilmar
Entwicklungen im Handelsvertreterrecht der arabischen Staaten, RIW 1997, 833

Krüger, Hilmar
Internationalrechtliche Probleme in Saudi-Arabien, IPRax 2005, 386

Krüger, Hilmar
Einige Anmerkungen zum traditionellen islamischen Kollisionsrecht, in: Festschrift Liber Amicorum Klaus Schurig, 2012, 121

Landbrecht, Johannes
Rechtswahl ex ante und das Deliktsstatut nach dem europäischen Kollisionsrecht (Rom I – II-VO), RIW 2010, 783

Leible, Stefan/Lehmann, Matthias
Die Verordnung über das auf vertragliche Schuldverhältnisse anzuwendende Recht („Rom I"), RIW 2008, 528

Lorenz, Egon
Die Rechtswahlfreiheit im internationalen Schuldvertragsrecht, RIW 1987, 569

Lorenz, Egon
Die Auslegung schlüssiger und ausdrücklicher Rechtswahlerklärungen im internationalen Schuldvertragsrecht, RIW 1992, 697

Lorenz, Werner
Vom alten zum neuen Internationalen Schuldvertragsrecht, IPRax 1987, 269

Lorenz, Werner
Internationaler Filmverleih: Forum Selection, Choice of Law, Unconscionability, IPRax 1989, 22

Lorenz, Werner
Kollisionsrecht des Verbraucherschutzes: Anwendbares Recht und internationale Zuständigkeit, IPRax 1994, 429

Lorenz, Werner
Verträge über im Ausland zu erbringende Bauleistungen: Vertragsstatut bei fehlender Rechtswahl, IPRax 1995, 329

Lüttringhaus, Jan D.
Übergreifende Begrifflichkeiten im europäischen Zivilverfahrens- und Kollisionsrecht – Grund und Grenzen der rechtsaktübergreifenden Auslegung, dargestellt am Beispiel vertraglicher und außervertraglicher Schuldverhältnisse, RabelsZ 77 (2013), 31

Magnus, Robert
Der Schutz der Vertraulichkeit bei grenzüberschreitender Anwaltstätigkeit, RabelsZ 77 (2013), 111

Mankowski, Peter
Anmerkung zu OLG Düsseldorf, Urteil vom 14.1.1994 – 17 U 129/93, RIW 1994, 420

Mankowski, Peter
Anmerkung zu LG Detmold, Urteil vom 29.9.1994 – 9 O 57/94, EWiR 1995, 453

Mankowski, Peter
Anmerkung zu OLG Frankfurt am Main, Urteil vom 30.11.1994 – 13 U 180/93, RIW 1995, 1034

Mankowski, Peter
Art. 34 EGBGB erfaßt § 138 BGB nicht!, RIW 1996, 8

Mankowski, Peter
Zu einigen internationalprivat- und internationalprozeßrechtlichen Aspekten bei Börsentermingeschäften, RIW 1996, 1001

Mankowski, Peter
Strukturfragen des Internationalen Verbrauchervertragsrechts, RIW 1998, 287

Mankowski, Peter
Überlegungen zur sach- und interessengerechten Rechtswahl für Verträge des internationalen Wirtschaftsverkehrs, RIW 2003, 2

Mankowski, Peter
Entwicklungen im Internationalen Privat- und Prozessrecht 2004/2005 (Teil 1), RIW 2005, 481

Mankowski, Peter
Verbraucherkreditverträge mit Auslandsbezug: Kollisionsrechtlicher Dienstleistungsbegriff und sachliche Abgrenzung von Eingriffsrecht, RIW 2006, 321

Mankowski, Peter
Der Vorschlag für ein Gemeinsames Europäisches Kaufrecht (CESL) und das Internationale Privatrecht, RIW 2012, 97

Martinek, Michael
Anmerkung zu BGH, Urteil vom 5.10.1993 – XI ZR 200/92, EWiR 1993, 1181

Martinek, Michael/Semler, Franz-Jörg/Habermeier, Stefan/Flohr, Eckhard
Handbuch des Vertriebsrechts, 3. Aufl., 2010

Martiny, Dieter
Nichtanerkennung deutscher Sicherungsübereignung in Österreich, IPRax 1985, 168

Martiny, Dieter
Europäisches Internationales Vertragsrecht – Erosion der Römischen Konvention?, ZEuP 1997, 107

Martiny, Dieter
Neues deutsches internationales Vertragsrecht, RIW 2009, 737

Maultzsch, Felix
Rechtswahl und ius cogens im Internationalen Schuldvertragsrecht, RabelsZ 75 (2011), 60

McGuire, Mary-Rose
Grenzen der Rechtswahlfreiheit im Schiedsverfahrensrecht? Über das Verhältnis zwischen der Rom-I-VO und § 1051 ZPO, SchiedsVZ 2011, 257

Medicus, Dieter
Anmerkung zu BGH, Urteil vom 15.4.1997 – IX ZR 112/96, EWiR 1997, 877

Meyer-Sparenberg, Wolfgang
Internationalprivatrechtliche Probleme bei Unternehmenskäufen, WiB 1995, 849

Mohrbutter/Ringstmeier
Handbuch der Insolvenzverwaltung, 8. Aufl., 2007
(zit.: Mohrbutter/*Bearbeiter*)

Molineaux, Charles
Moving Toward a Construction Lex mercatoria, Journal of International Arbitration, Vol. 14 No. 1 March 1997, 55

Motzke, Gerard/Wolff, Rainer
Praxis der HOAI, 2. Aufl., 1995

Münchener Kommentar
zum Bürgerlichen Gesetzbuch, Bd. 10, Art. 1 – 38 EGBGB, Internationales Privatrecht, 3. Aufl., 1998
(zit.: MünchKomm/*Bearbeiter* (1998))

Münchener Kommentar
zum Bürgerlichen Gesetzbuch, Bd. 10, Internationales Privatrecht, Rom I-Verordnung, Rom II-Verordnung, Einführungsgesetz zum Bürgerlichen Gesetzbuche (Art. 1–24), 5. Aufl., 2010 (zit.: MünchKomm/*Bearbeiter*)

Nouel, Philippe
„Cartesian Pragmatisma": Looking in French and Englisch Law, Int. Bus. Lawyer 1996, 22

Nussbaum, Arthur
Deutsches Internationales Privatrecht, Unter besonderer Berücksichtigung des österreichischen und schweizerischen Rechts, 1932

Oschmann, Friedrich
Faktische Grenzen der Rechtswahl, in: Festschrift für Otto Sandrock, 1995, 25

Otte, Karsten
Anmerkung zu BGH, Urteil vom 21.5.1993 – VIII ZR 110/92, EWiR 1993, 877

Palandt, Otto
Bürgerliches Gesetzbuch, 72. Aufl., 2013 (zit.: Palandt/*Bearbeiter*)

Pfeiffer, Thomas
Die Entwicklung des Internationalen Vertrags-, Schuld- und Sachenrechts in den Jahren 1995/96, NJW 1997, 1207

Pfeiffer, Thomas
Neues Internationales Vertragsrecht, EuZW 2008, 622

Pfeiffer, Thomas
Die Abwahl des deutschen AGB-Rechts in Inlandsfällen bei Vereinbarung eines Schiedsverfahrens, NJW 2012, 1169

Pfeiffer, Thomas
Anmerkung zu BGH, Urteil vom 19.07.2012 – I ZR 40/11, LMK 2013, 343552

Pissler, Knut Benjamin
Das neue Internationale Privatrecht der Volksrepublik China, RabelsZ 76 (2012), 1 ff., 161 ff.

Plehwe, Thomas von
Besitzlose Warenkreditsicherheiten im Internationalen Privatrecht, 1987

Prütting, Hanns/Wegen, Gerhard/Weinreich, Gerd
BGB Kommentar, 7. Aufl., 2012
(zit.: *Bearbeiter*, in: Prütting/Wegen/Weinreich)

Raoul-Duval, Pierre
English and French Law: the Search for Common Principles, Int. Bus. Lawyer 1997, 181

Rauscher, Thomas
Europäisches Zivilprozess- und Kollisionsrecht EuZPR / EuIPR, Bearbeitung 2011 (zit.: Rauscher/*Bearbeiter*)

Rauscher, Thomas
Von prosaischen Synonymen und anderen Schäden, IPRax 2012, 40

Reimann, Thomas
Zur Lehre vom „rechtsordnungslosen" Vertrag, 1970

Reimann, Mathias
Was ist wählbares Recht?, in: Verschraegen, Rechtswahl-Grenzen und Chancen, 2010, 1

Reinhart, Gert
Zur nachträglichen Änderung des Vertragsstatuts nach Art. 27 Abs. 2 EGBGB durch Parteivereinbarung im Prozeß, IPRax 1995, 365

Reithmann, Christoph
Anmerkung zu BGH, Urteil vom 26.4.1990 – VII ZR 218/89, EWiR 1990, 1087

Reithmann, Christoph/Martiny, Dieter
Internationales Vertragsrecht: Das internationale Privatrecht der Schuldverträge, 7. Aufl., 2010 (zit.: *Bearbeiter*, in: Reithmann/Martiny)

Roth, Wulf-Henning
Zur Anwendung der §§ 134 und 306 BGB bei Importverboten, IPRax 1984, 76

Roth, Wulf-Henning
Savigny, Eingriffsnormen und die Rom I-Verordnung, in: Festschrift für Gunther Kühne, 2009, 859

Rühl, Gisela
Rechtswahlfreiheit im europäischen Kollisionsrecht, in: Die richtige Ordnung – Festschrift für Jan Kropholler zum 70. Geburtstag, 2008, 187

Saenger, Ingo
Zivilprozessordnung, 5. Aufl., 2013

Samtleben, Jürgen
Der unfähige Gutachter und die ausländische Rechtspraxis, NJW 1992, 3057

Samtleben, Jürgen
Das kolumbianische Gesetz über die internationale Schiedsgerichtsbarkeit, RIW 1997, 657

Sandrock, Otto
„Versteinerungsklauseln" in Rechtswahlvereinbarungen für internationale Handelsverträge, in: Festschrift für Stefan Riesenfeld, 1983, 211

Sandrock, Otto
Vertragsstatut bei deutsch-japanischen Verträgen, RIW 1994, 381

Schack, Haimo
Wirkungsstatut und Unterbrechung der Verjährung im Internationalen Privatrecht durch Klageerhebung, RIW 1981, 301

Schack, Haimo
Rechtswahl im Prozeß?, NJW 1984, 2763

Schack, Haimo
Keine stillschweigende Rechtswahl im Prozeß, IPRax 1986, 272

Schack, Haimo
Internationales Zivilverfahrensrecht: Ein Studienbuch, 5. Aufl., 2010

Schefold, Dietrich
Neue Rechtsprechung zum anwendbaren Recht bei Dokumenten-Akkreditiven, Anmerkung IPRax 1996, 347

Schlechtriem, Peter
Anmerkung zu BGH, Urteil vom 9.10.1986 – II ZR 241/85, EWiR 1987, 45

Schlechtriem, Peter
Anmerkung zu BGH, Urteil vom 8.10.1991 – XI ZR 64/90, EWiR 1991, 1167

Schlechtriem, Peter
Anmerkung zu BGH, Urteil vom 3.12.1992 – IX ZR 229/91, EWiR 1993, 195

Schlechtriem, Peter
UNIDROIT-Principles (einheitliche Prinzipien für Verträge) und Werkvertragrecht, in: Festschrift für Götz von Craushaar, 1997, 157

Schlechtriem, Peter/Schwenzer, Ingeborg
Kommentar zum Einheitlichen UN-Kaufrecht – CISG, 5. Aufl., 2008
(zit.: Schlechtriem/Schwenzer/*Bearbeiter*)

Schmidt, Andreas
Hamburger Kommentar zum Insolvenzrecht, 4. Aufl., 2012
(zit.: *Bearbeiter*, in: Hamburger Kommentar)

Schröder, Jochen
Internationale Zuständigkeit, 1971

Schröder, Jochen
Auslegung und Rechtswahl, IPRax 1985, 131

Schröder, Jochen
Vom Sinn der Verweisung im Internationalen Schuldvertragsrecht, IPRax 1987, 90

Schücking, Christoph
Das Internationale Privatrecht der Banken-Konsortien, WM 1996, 281

Schütze, Rolf A.
Anmerkung zu OLG Köln, Urteil vom 25.5.1994 – 2 U 143/93, EWiR 1995, 129

Schütze, Rolf A.
Rechtsverfolgung im Ausland: Prozessführung vor ausländischen Gerichten und Schiedsgerichten, 4. Aufl., 2009

Schurig, Klaus
Zwingendes Recht, „Eingriffsnormen" und neues IPR, RabelsZ 54 (1990), 217

Schwander, Ivo
Zur Rechtswahl im IPR des Schuldvertragsrechts, in: Festschrift für Max Keller, 1989, 473

Schwenzer, Ingeborg
Stillschweigende Rechtswahl durch Prozeßverhalten im österreichischen IPR, IPRax 1991, 129

Schwimann, Michael
Anmerkung zu OGH, Urteil vom 16.6.1976 – 10 b 613/1976, ZfRV 1979, 213

Seipen, Christian von der
Akzessorische Anknüpfung und engste Verbindung im Kollisionsrecht, 1989

Sesser, Gary D.
Choice of Law, Forum Selection and Arbitration Clauses in International Contracts: The Promise and Reality, a US View, Int. Bus. Lawyer 1992, 397

Sieg, Oliver
Allgemeine Geschäftsbedingungen im grenzüberschreitenden Verkehr, RIW 1997, 811

Sieg, Oliver
Internationale Gerichtsstands- und Schiedsklauseln in Allgemeinen Geschäftsbedingungen, RIW 1998, 102

Siehr, Kurt
Die Parteiautonomie im Internationalen Privatrecht, in: Festschrift für Max Keller, 1989, 485

Soergel, Hans Theodor
Bürgerliches Gesetzbuch, Einführungsgesetz, 10. Band, 12. Aufl., 1996 (zit.: Soergel/*Bearbeiter*)

Solomon, Dennis
Das vom Schiedsgericht in der Sache anzuwendende Recht nach dem Entwurf eines Gesetzes zur Neuregelung des Schiedsverfahrensrechts, RIW 1997, 981

Spellenberg, Ulrich
Geschäftsstatut und Vollmacht im Internationalen Privatrecht, 1979

Spickhoff, Andreas
Internationales Handelsrecht vor Schiedsgerichten und staatlichen Gerichten, RabelsZ 56 (1992), 116

Staudinger, Julius von
Kommentar zum Bürgerlichen Gesetzbuch, Teil 2b, Internationales Schuldrecht I, 11. Bearbeitung 1978 (zit.: Staudinger/*Bearbeiter*, EGBGB)

Staudinger, Julius von
Kommentar zum Bürgerlichen Gesetzbuch, Einleitung zur Rom I-VO; Art. 1–10 Rom I-VO, 14. Bearbeitung 2011 (zit.: Staudinger/*Bearbeiter*)

Staudinger, Julius von
Kommentar zum Bürgerlichen Gesetzbuch, Art 11–29 Rom I-VO; Art. 46b, c EGBGB, Neubearbeitung 2011 (zit.: Staudinger/*Bearbeiter*)

Staudinger, Julius von
Kommentar zum Bürgerlichen Gesetzbuch, Internationales Privatrecht (Einleitung zum IPR), Neubearbeitung 2012 (zit.: Staudinger/*Bearbeiter*)

Staudinger, Julius von
Kommentar zum Bürgerlichen Gesetzbuch, Wiener UN-Kaufrecht (CISG), Neubearbeitung 2013 (zit.: Staudinger/*Bearbeiter*)

Stein, Friedrich/Jonas, Martin
Kommentar zur Zivilprozessordnung, Bd. 4, §§ 253–327, 22. Aufl., 2008 (zit.: Stein/Jonas/*Bearbeiter*)

Steiner, Claus
Börsentermingeschäft – Unwirksamkeit einer formularmäßigen Rechtswahlklausel, EWiR 1994, 255

Stoll, Hans
Vorschläge und Gutachten zur Umsetzung des EU-Übereinkommens über Insolvenzverfahren im deutschen Recht, 1997 (zit.: Stoll/*Bearbeiter*)

Stoll, Jutta
Rechtsnatur und Bestandsschutz von Vereinbarungen zwischen Staaten und ausländischen privaten Investoren, RIW 1981, 808

Symeonides, Symeon C.
Choice of Law in the American Courts in 2012: Twenty-Sixth Annual Survey, American Journal of Comparative Law 61 (2013), 217

Teske, Wolfgang
Anmerkung zu BGH, Urteil vom 15.11.1990 – I ZR 22/89, EWiR 1991, 297

The national politics publishers
The Civil Code of Vietnam, 1996

Thiede, Thomas
Die Rechtswahl in den römischen Verordnungen, in: Verschraegen, Rechtswahl – Grenzen und Chancen, 2010, 51

Thode, Reinhold
Anmerkung zu BGH, Urteil vom 20.6.1990 – VIII ZR 158/89, WuB IV E. Art. 33 EGBGB 1.90

Thode, Reinhold
Anmerkung zu OLG Celle, Urteil vom 28.8.1990 – 20 U 85/98, WuB IV E. Art. 29 EGBGB 1.91

Thode, Reinhold
Anmerkung zu BGH, Urteil vom 31.1.1991 – III ZR 150/88, WuB VII B1. Art. 5 EuGVÜ 1.91

Thode, Reinhold
Anmerkung zu BGH, Urteil vom 11.3.1991 – II ZR 88/90, WuB IV E. Art. 38 EGBGB 2.91

Thode, Reinhold
Anmerkung zu BGH, Urteil vom 14.11.1991 – IX ZR 250/90, WuB VII A. § 38 ZPO 2.92

Thode, Reinhold
Anmerkung zu BGH, Urteil vom 7.10.1992 – II ZR 252/90, WuB IV A. § 439 BGB 1.92

Thode, Reinhold
Anmerkung zu BGH, Urteil vom 28.1.1993 – IX ZR 259/93, WuB I F 1a. Bürgschaft 8.93

Thode, Reinhold
Anmerkung zu BGH, Urteil vom 12.5.1993 – VIII ZR 110/92, WuB VII B 1. Art. 6 EuGVÜ 1.94

Thode, Reinhold
Anmerkung zu BGH, Urteil vom 5.10.1993 – XI ZR 200/92, WuB IV A. § 817 BGB 2.94

Thode, Reinhold
Anmerkung zu BGH, Urteil vom 26.10.1993 – XI ZR 42/93, WuB IV E. Art. 29 EGBGB 1.94

Thode, Reinhold
Anmerkung zu BGH, Urteil vom 8.11.1994 – II ZR 216/92, WuB VII B 2. Internationale Abkommen 1.94

Thode, Reinhold/Wenner, Christian
Internationales Architekten- und Bauvertragsrecht, 1998

Thorn, Karsten
Ausländisches Akkreditiv und inländische Zahlstelle, IPRax 1996, 257

Tiedemann, Stefan
Kollidierende AGB-Rechtswahlklauseln im österreichischen und deutschen IPR, IPRax 1991, 424

Trunk, Alexander
Internationales Insolvenzrecht, 1998

Verschraegen, Bea
Kritische Bestandsaufnahme zur Rechtswahl, in: Verschraegen, Rechtswahl – Grenzen und Chancen, 2010, 111

Vetter, Eberhard
Akzessorische Anknüpfung von Subunternehmerverträgen bei internationalen Bau- und Industrieanlagen-Projekten?, NJW 1987, 2124

Vogenauer, Stefan
Die UNIDROIT Grundregeln der internationalen Handelsverträge 2010, ZeuP 2013, 7

Wagner, Gerhard
Internationales Deliktsrecht, die Arbeiten an der Rom II-Verordnung und der Europäische Deliktsgerichtsstand, IPRax 2006, 372

Wagner, Rolf
Der Grundsatz der Rechtswahl und das mangels Rechtswahl anwendbare Recht (Rom I-Verordnung), IPRax 2008, 377

Welter, Reinhard
Anmerkung zu BGH, Urteil vom 18.1.1988 – II ZR 72/87, EWiR 1988, 449

Walter, Konrad
Das neue Außenwirtschaftsgesetz 2013, RIW 2013, 205

Wengler, Wilhelm
Allgemeine Rechtsgrundsätze als wählbares Geschäftsstatut?, ZfRV 1982, 11

Wengler, Wilhelm
Les principes généraux du droit en tant que loi du contrat, Rev. crit. droit. int. priv. 1982, 467

Wenner, Christian
Internationale Architektenverträge, insbesondere das Verhältnis Schuldstatut – HOAI, BauR 1993, 257

Wenner, Christian
Anmerkung zu BGH, Urteil vom 14.11.1996 – IX ZR 339/95, WiB 1997, 194

Wenner, Christian
Die HOAI im internationalen Rechtsverkehr, RIW 1998, 173

Wenner, Christian
Anmerkung zu BGH, Urteil vom 14.1.1999 – VII ZR 19/98, EWiR 1999, 353

Wenner, Christian
Die objektive Anknüpfung grenzüberschreitender Verträge im deutschen Internationalen Anlagen- und Bauvertragsrecht, in: Festschrift für Jack Mantscheff, 2000, 205

Wenner, Christian
Anmerkung zu BGH, Urteil vom 7.12.2000 – VII ZR 404/99, EWiR 2001, 625

Wenner, Christian
Zur Anwendung der AIHonO bei grenzüberschreitenden Verträgen, EWIR 2003, 421

Wenner, Christian
Das Internationale Schuldvertragsrecht in der Praxis des VII. Zivilsenats des BGH, in: Festschrift für Reinhold Thode, 2005, 661

Wenner, Christian
Rechtswahlblüten, in: Festschrift für Ulrich Werner, 2005, 39

Wenner, Christian/Schuster, Michael
Zum Jahresende: Die Hemmung der Verjährung durch die Anmeldung von Forderungen im Insolvenzverfahren, BB 2006, 2649

Westphalen, Friedrich Graf von
Anmerkung zum Urteil des BGH vom 13.6.1996 – IX ZR 172/95, EWiR 1996, 923

Wetter, J. Gillis
Salient Clauses in International Investment Contracts, Business Lawyer 1962, 967

Wichard, Johannes Christian
Die Anwendung der UNIDROIT-Prinzipien für internationale Handelsverträge durch Schiedsgerichte und staatliche Gerichte, RabelsZ 60 (1996), 269

Wiegand, Christian
Das anwendbare materielle Recht bei internationalen Bauverträgen, in: Vertragsgestaltung und Streiterledigung in der Bauindustrie und im Anlagenbau, Bd. 4, 1984, 59

Wiese, Günther/Kreutz, Peter/Oetker, Hartmut/Raab, Thomas/Weber, Christoph/Franzen, Martin
Gemeinschaftskommentar zum BetrVG, 9. Aufl., 2010
(zit.: *Bearbeiter*, in: Gemeinschaftskommentar zum BetrVG)

Wimmer, Klaus
Frankfurter Kommentar zur Insolvenzordnung, 7. Aufl., 2013
(zit.: *Bearbeiter*, in: Frankfurter Kommentar)

Yassari, Nadyama
Das Internationale Vertragsrecht des Irans, IPRax 2009, 451

Zöller, Richard
Zivilprozessordnung, 29. Aufl., 2012 (zit.: Zöller/*Bearbeiter*)

A. Einführung

I. Aufgabe und Bedeutung des Internationalen Vertragsrechts in der Praxis

Jeder Vertrag, der grenzüberschreitende Bezüge aufweist, muss „angeknüpft", 1
d. h. einer bestimmten Rechtsordnung zur Beurteilung überwiesen werden.
Grenzüberschreitende Bezugspunkte erwachsen etwa aus verschiedenen Geschäftsniederlassungen der Parteien, aus Abschluss- oder Erfüllungsorten im Ausland oder einer Prozessführung vor ausländischen Gerichten. Die Anknüpfung eines Schuldvertrags mit grenzüberschreitenden Bezügen ist Aufgabe des Internationalen Vertragsrechts. Das Internationale Vertragsrecht regelt also nicht den Sachverhalt selbst, sondern verweist auf die anwendbare Rechtsordnung. Das Internationale Vertragsrecht ist Teil des Internationalen Privatrechts (IPR), welches neben den Regeln für die Anknüpfung von Schuldverträgen noch weitere Anknüpfungsregeln enthält (etwa das Internationale Erb- und Familienrecht).

> Einige zentrale Grundbegriffe des IPR sind im ABC des Internationalen Vertragsrechts erläutert, vgl. Anhang Rn. 692 ff.

Die praktische Bedeutung des Internationalen Vertragsrechts wächst angesichts der zunehmenden transnationalen Wirtschaftsbeziehungen ständig. Die 2
Kenntnisse der Praktiker wachsen hingegen nicht im gleichen Maße. Vielmehr gehört es zum juristischen Alltag, dass transnationale Bezüge eines Sachverhalts und die daraus abzuleitenden Konsequenzen ignoriert oder verkannt werden. Die richtige Handhabung eines solchen Sachverhalts ist in der beratenden und prozessualen Praxis des Rechtsanwalts oder Unternehmensjuristen noch immer nicht die Regel. Auch deutsche Gerichte neigen bei Sachverhalten mit transnationalen Bezügen in besonderem Maße zu fehlerhafter Rechtsanwendung. Insbesondere gerichtliche Entscheidungen, in denen die Anwendbarkeit deutschen Rechts zu begründen versucht wird, sind mit großer Vorsicht zu genießen. Selbst in obergerichtlichen Entscheidungen wird das IPR trotz offensichtlichen Auslandsbezugs missachtet, um zur bequemen Anwendung deutschen Rechts zu gelangen.

> Vgl. die Vorinstanz (OLG Braunschweig) zu BGH, Urt. v. 25.9.1997 – II ZR 113/96, ZfIR 1998, 171 = WM 1998, 733 = RIW 1998, 318: Anwendung von § 985 BGB auf einen Anspruch auf Herausgabe einer in Lanzarote/Spanien belegenen Wohnung.

II. Grundlagen des Internationalen Vertragsrechts

1. Internationales Privatrecht ist staatliches Recht

Zu den grundlegenden Erkenntnissen gehört, dass es sich beim IPR, also auch 3
beim Internationalen Vertragsrecht, um nationales Recht oder das Recht

A. Einführung

einer Staatengemeinschaft (zum Beispiel der Europäischen Union) handelt. Jeder Staat oder jede Staatengemeinschaft verfügen also über mehr oder weniger ausgeprägtes eigenes Verweisungsrecht. Die Gerichte eines jeden Staats oder einer Staatengemeinschaft nehmen ihr eigenes nationales Verweisungsrecht zum Ausgangspunkt ihrer Überlegungen.

> Mitunter findet sich auch in völkerrechtlichen Verträgen Verweisungsrecht, Beispiele bei v. Hoffmann/*Thorn*, § 1 Rn. 50 ff. Im hier interessierenden Bereich gab es viele Jahre kein geschriebenes Recht, dann inzwischen wieder abgeschafftes nationales Kollisionsrecht und nun im Wesentlichen gemeinschaftsrechtliches Kollisionsrecht. Auch vereinheitlichtes Sachrecht ist anzutreffen. Beispiele für vereinheitlichtes Sachrecht Rn. 20 f.

4 Die Erkenntnis, dass die Gerichte verschiedener Staaten verschiedenes Verweisungsrecht anwenden, hat für die Praxis erhebliche Konsequenzen:

a) Prüfung der internationalen Zuständigkeit vorrangig

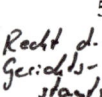

5 Zu den besonders verbreiteten Irrtümern der Praxis gehört die Prüfung eines Sachverhalts anhand des deutschen IPR, ohne dessen Anwendbarkeit als lex fori untersucht zu haben. Für die Beurteilung eines Sachverhalts können die Regeln des deutschen IPR nur dann zum Ausgangspunkt genommen werden, wenn deutsche Gerichte im Streitfall international zuständig sind. Sind Gerichte eines anderen Staats (auch) zuständig, so hängen Überlegungen auf der Basis des deutschen IPR in der Luft. Vor Anwendung der Regeln des IPR ist also stets zu überlegen, welche Gerichte die internationale Zuständigkeit des Sachverhalts besitzen. Deren lex fori, also das IPR des Gerichtsstaats, bildet die Grundlage der kollisionsrechtlichen Prüfung.

6 *Beispiel:*

> *In einem deutsch-iranischen Liefervertrag ist deutsches Vertragsrecht gewählt. International zuständig sind iranische Gerichte. Nach deutschem IPR ist die Wahl deutschen Rechts gestattet. Diese Erkenntnis ist unergiebig, weil iranische Gerichte ihr eigenes IPR anwenden, welches die Möglichkeiten der Rechtswahl einschränkt.*

> Vgl. Rn. 40.

b) Forum Shopping

7 Weil sich das IPR verschiedener Staaten unterscheidet, kann die Anrufung von Gerichten verschiedener Staaten unterschiedliche Ergebnisse bringen. Viele Autoren im IPR empfinden das als Nachteil.

> Beispielsweise v. Hoffmann/*Thorn*, § 1 Rn. 48 f.

8 Der Anwalt ist ungeachtet dessen gehalten, das Forum zu wählen, welches die günstigsten Ergebnisse bringt. Sind Gerichte verschiedener Staaten also für die Entscheidung eines Falls zuständig, gehört es zu den Pflichten des

Rechtsanwalts, das für den Mandanten günstigste Gericht anzurufen („Forum Shopping").

> *Geimer*, Rn. 1096; *Schack*, Rn. 223. Zu den prozessualen, kollisionsrechtlichen und materiellrechtlichen Erwägungen, die der Rechtsanwalt berücksichtigen muss, wenn er ein Forum aussucht, *Schütze*, Rn. 83–100. Zu anderen Abwehrmöglichkeiten gegen ein Forum Shopping *Schack*, Rn. 261.

Günstig kann ein Forum unter verschiedenen Aspekten sein. Zu materiellrechtlichen und prozessrechtlichen Gesichtspunkten kommen rein praktische Aspekte, nämlich wie schnell und wie teuer das Verfahren ist. Zu prüfen ist zudem, ob das Urteil in dem Staat vollstreckbar ist, in dem es zu vollziehen ist. **9**

> *Schack*, Rn. 223–227. Das ist keineswegs selbstverständlich, vgl. etwa zur eingeschränkten Anerkennungspraxis der arabischen Staaten Nordafrikas *Bälz*, RIW 2013, 55–60.

c) Forum Fixing

Wer internationale Wirtschaftsverträge entwirft, wird regelmäßig gefordert sein, das Forum Shopping des anderen Vertragspartners zu verhindern. Dies geschieht durch Vereinbarung einer ausschließlichen internationalen Zuständigkeit eines Gerichts („Forum Fixing"). **10**

> *Geimer*, Rn. 1125a. Das allerdings wird nicht immer gelingen. Eine Reihe von Staaten akzeptieren die derogierende Wirkung einer Gerichtsstandsvereinbarung nicht, vgl. das Beispiel in Rn. 215.

2. Gesetzliche Grundlagen des deutschen Internationalen Vertragsrechts

a) Rom I-VO

Das deutsche Internationale Vertragsrecht ist im Wesentlichen in der Verordnung (EG) Nr. 593/2008 des Europäischen Parlaments und des Rates über das auf Schuldverhältnisse anzuwendende Recht (Rom I-VO) geregelt. **11**

> Die Verordnung verdrängt das bisher anwendbare Kollisionsrecht des römischen EWG-Übereinkommens über das auf vertragliche Schuldverhältnisse anzuwendende Recht vom 19.6.1980 (EVÜ), Art. 24 Rom I-VO. Sie gilt für die Verträge, die nach dem 17.12.2009 geschlossen worden sind (Art. 28 Rom I-VO). Die kollionsrechtlichen Vorschriften der Art. 27–37 EGBGB wurden zum 17.12.2009 aufgehoben.

Die Rom I-VO ist Gemeinschaftsrecht. **12**

> Die Rom I-VO findet direkte Anwendung. In Dänemark gilt weiterhin das EVÜ. Wir hingegen wenden im Verhältnis zu Dänemark die Rom I-VO an, vgl. *Martiny*, RIW 2009, 737, 739, anders *Brödermann/Wegen*, in: Prütting/Wegen/Weinreich, Art. 25 Rom I-VO Rn. 2. Da die EU-Staaten jetzt das gleiche

A. Einführung

Internationale Vertragsrecht anwenden, ist Forum Shopping (vgl. Rn. 7) mit Blick auf kollisionsrechtliche Aspekte in diesem Bereich weniger attraktiv.

13 Nach Art. 1 Abs. 1 Rom I-VO gilt die Verordnung für vertragliche Schuldverhältnisse, die eine Verbindung zum Recht verschiedener Staaten aufweisen. Der Bezug muss nicht zu einem EU-Staat bestehen. Es reicht der Bezug zu einem Drittstaat oder der Bezug zwischen Drittstaaten (Art. 2 Rom I-VO).

Ob die Kompetenz der Gemeinschaft so weit geht, steht auf einem anderen Blatt, vgl. *Wagner*, IPRax 2006, 372, 389 f.

14 Einheitliches Recht ist das kollisionsrechtliche Gemeinschaftsrecht nur dann, wenn es auch einheitlich ausgelegt wird. Es entscheidet nicht das nationale Begriffsverständnis. Die Regelungen der Rom I-VO sind aus sich selbst heraus auszulegen.

Martiny, in: Reithmann/Martiny, Rn. 37. Zur Auslegung des Begriffs „vertragliches Schuldverhältnis" siehe exemplarisch *Lüttringhaus*, RabelsZ 77 (2013), 31, 44 ff.

15 Bei der Auslegung sind die Entstehungsgeschichte und die Systematik der Rom I-VO zu berücksichtigen. An erster Stelle steht allerdings der Wortlaut. Gefordert wird, die mehr als 20 verschiedenen sprachlichen Fassungen der Verordnung zu berücksichtigen.

Vgl. etwa *Brödermann*, NJW 2010, 807, 810.

16 Die Praxis ist damit allerdings überfordert.

Zum Problem der Vielsprachigkeit im europäischen IPR *Rauscher*, IPRax 2012, 40 ff.

17 Auch das in Art. 27 ff. EGBGB kodifizierte frühere Recht war im Licht des EVÜ zu sehen.

BGH, Urt. v. 26.10.1993 – XI ZR 42/93, BGHZ 123, 380, 384.

18 Aus diesem Grunde kann, soweit die Rom I-VO früherem Recht entspricht, auf Rechtsprechung zu den Art. 27 ff. EGBGB zurückgegriffen werden (soweit diese Auslegungsgrundsätze beachtet wurden).

19 Über die Auslegung der Regelungen der Rom I-VO entscheidet letztlich der EuGH (Art. 267 AEUV). Vorlageberechtigt sind sämtliche Gerichte der Mitgliedsstaaten, die letztinstanzlichen Gerichte sind zur Vorlage verpflichtet (Art. 267 Abs. 3 AEUV).

b) **Vereinheitlichtes Kollisions- oder Sachrecht vorrangig**

20 Die kollisionsrechtlichen Regelungen der Rom I-VO werden verdrängt, soweit zwischenstaatlich vereinheitlichtes Kollisions- oder Sachrecht gilt, welches seinen Anwendungsbereich selbst regelt (Art. 25 Rom I-VO). Beispiel

II. Grundlagen des Internationalen Vertragsrechts

für vereinheitlichtes Sachrecht ist das ==Wiener UN-Übereinkommen über Verträge über den internationalen Warenkauf (CISG)==.

> Wiener UN-Übereinkommen über Verträge über den internationalen Warenkauf vom 11.4.1980 – CISG (BGBl II 1989, 588, berichtigt in BGBl II 1990, 1699). Dieses Übereinkommen kann auch im Rechtsverkehr mit Nichtvertragsstaaten zur Anwendung kommen (Art. 1 Abs. 1 lit. b) CISG). Zur Wahl und Abwahl dieses Übereinkommens Rn. 232 ff.

Ein anderes Beispiel für vereinheitlichtes Sachrecht ist das Übereinkommen über den Beförderungsvertrag im internationalen Straßengüterverkehr. **21**

> Genfer Übereinkommen über den Beförderungsvertrag im internationalen Straßengüterverkehr vom 19.5.1956 – CMR (BGBl II 1961, 1120).

c) Besondere Regeln für deutsche Schiedsgerichte: § 1051 ZPO *Arbitration*

Eine eigene Kollisionsregel für das Internationale Vertragsrecht der Schiedsgerichtsbarkeit enthält § 1051 ZPO. Die Vorschrift lautet: **22**

> (1) Das Schiedsgericht hat die Streitigkeit in Übereinstimmung ==mit den Rechtsvorschriften zu entscheiden, die von den Parteien als auf den Inhalt des Rechtsstreits anwendbar bezeichnet worden sind==. Die Bezeichnung des Rechts oder der Rechtsordnung eines bestimmten Staats ist, sofern die Parteien nicht ausdrücklich etwas anderes vereinbart haben, als unmittelbare Verweisung auf die Sachvorschriften dieses Staats und nicht auf sein Kollisionsrecht zu verstehen.
>
> (2) Haben die Parteien die anwendbaren Rechtsvorschriften nicht bestimmt, so hat das Schiedsgericht das Recht des Staats anzuwenden, mit dem der Gegenstand des Verfahrens die engsten Verbindungen aufweist.
>
> (3) Das Schiedsgericht hat nur dann nach Billigkeit zu entscheiden, wenn die Parteien es ausdrücklich dazu ermächtigt haben. Die Ermächtigung kann bis zur Entscheidung des Schiedsgerichts erteilt werden.
>
> (4) In allen Fällen hat das Schiedsgericht in Übereinstimmung mit den Bestimmungen des Vertrages zu entscheiden und dabei bestehende Handelsbräuche zu berücksichtigen.

§ 1051 ZPO beruht auf Art. 28 des UNCITRAL-Modellgesetzes über die internationale Handelsschiedsgerichtsbarkeit. **23**

> Zu Einzelheiten *Solomon*, RIW 1997, 981 ff.

Weithin wird angenommen, dass § 1051 ZPO neben der Rom I-VO Bestand haben kann. Das ist zweifelhaft. **24**

> *McGuire*, SchiedsVZ 2011, 257, 262 ff. Anders *Grimm*, SchiedsVZ 2012, 189, 190 ff.; *Saenger*, § 1051 ZPO Rn. 2.

3. Anknüpfungsregel des Internationalen Schuldvertragsrechts

Das geltende deutsche Internationale Schuldvertragsrecht bedient sich zur Bestimmung des auf den Vertrag anwendbaren Rechts einer Anknüpfungs- **25** regel, die subjektive und objektive Kriterien hintereinander schaltet. Das Vertragsstatut wird vorrangig bestimmt durch die Rechtswahl der Parteien.

 Zur Rechtswahl nachfolgend Rn. 28 ff.

26 Fehlt eine Rechtswahl, so ist der Schwerpunkt des Vertrags zu ermitteln.

 Zur fehlenden Rechtswahl nachfolgend Rn. 440 ff.

27 Nicht alle Fragen werden so angeknüpft. Denn nicht alles unterfällt dem Vertragsstatut. Welche Fragen dem Vertragsstatut unterworfen sind und welche gesondert angeknüpft werden, sagt die Rom I-VO durch Aufzählung von Beispielen, etwa in Art. 9, 10, 11, 13 und 17.

 Zum Geltungsbereich des Vertragsstatuts und zu gesondert anzuknüpfenden Themen nachfolgend Rn. 537 ff.

B. Die Rechtswahl

I. Grundsatz der Vertragsfreiheit

1. Parteiautonomie im Internationalen Vertragsrecht

a) Rom I-VO

In der Rom I-VO herrscht das Prinzip der Parteiautonomie: Es ist Sache der Vertragspartner, das anwendbare Recht zu bestimmen. Art. 3 Abs. 1 Satz 1 Rom I-VO sagt, „der Vertrag unterliegt dem von den Parteien gewählten Recht". 28

> Auch im außervertraglichen Schuldrecht gibt es unter bestimmten Voraussetzungen die Möglichkeit der Rechtswahl, vgl. Art. 14 Abs. 1 Rom II-VO; zur Rechtswahlfreiheit im europäischen Kollisionsrecht *Rühl*, in: Festschrift Kropholler, S. 187 ff.

b) Parteiautonomie in ausländischen Staaten

In Europa hat die Parteiautonomie eine lange Tradition. Der Grundsatz der kollisionsrechtlichen Parteiautonomie ist heute in den meisten Ländern anerkannt. 29

> *Juenger*, Am. J. Comp. L. 45 (1997), 195, 199–201; *v. Bar*, Rn. 412; *Amstutz/Vogt/Wang*, in: Basler Kommentar, Art. 116 IPRG Rn. 54; *Maultzsch*, RabelsZ 75 (2011), 60, 61; *Siehr*, in: Festschrift Keller, S. 485, 487.

Aber es gibt Ausnahmen, die bei der Vertragsgestaltung bedacht werden müssen. 30

> Siehe Rn. 35 ff.

Deshalb ist es irreführend, wenn pauschal behauptet wird, in internationalen Schuldverträgen seien die Parteien grundsätzlich frei, das anwendbare Recht zu bestimmen. 31

> So aber etwa *Gobert*, RIW 1998, 507; *Wagner*, IPRax 2008, 377, 378. Zu Fehlern, die aus solchen Vorstellungen resultieren, Rn. 207.

aa) Beispiele für Parteiautonomie

Beispiele für zugelassene Rechtswahlfreiheit sind: 32

Art. 116 des schweizerischen IPRG: 33

> „Der Vertrag untersteht dem von den Parteien gewählten Recht."
>
> Dazu *Amstutz/Vogt/Wang*, in: Basler Kommentar, Art. 116 IPRG m. w. N. vor Rn. 1.
> Anders aber Art. 120 Abs. 2 IPRG für Verbraucherverträge: „Eine Rechtswahl ist ausgeschlossen".

B. Die Rechtswahl

34 § 41 Satz 1 des Gesetzes der Volksrepublik China zur Anwendung des Rechts auf zivilrechtliche Beziehungen mit Außenberührung vom 28.10.2010 lautet:

„Die Parteien können das auf Verträge anwendbare Recht wählen."

Vgl. die Übersetzung von *Pissler*, RabelsZ 76 (2012), 161, 168; vgl. auch *Pissler*, RabelsZ 76 (2012), 1, 31 f.

bb) Beispiele für andere Konzepte

35 Einige Länder kennen die Parteiautonomie im Internationalen Schuldvertragsrecht nicht oder nur für bestimmte Fälle. Besitzen Gerichte eines dieser Staaten die internationale Zuständigkeit zur Entscheidung über eine Vertragsangelegenheit, so muss damit gerechnet werden, dass die in diesem Vertrag getroffene Rechtswahl nicht akzeptiert wird. Das gilt im Übrigen nicht nur für Staaten mit Rechtsordnungen älteren Datums. Auch neue Kodifikationen schließen die Parteiautonomie aus oder schränken sie ein.

Hinweise auf zahlreiche ausländische Kollisionsrechte etwa bei Staudinger/*Sturm* (2012), Einleitung zum IPR Rn. 682 ff.

(1) Saudi Arabien

36 Nicht anerkannt wird die kollisionsrechtliche Parteiautonomie beispielsweise in Saudi Arabien. Vertragliche Regelungen, die zur Anwendung ausländischen Schuldvertragsrechts führen, sind unwirksam.

Haberbeck/Bälz, in: *Geimer/Schütze*, Internationaler Rechtsverkehr, Saudi-Arabien, S. 3; *Krüger*, IPRax 2005, 386, 387; *ders.*, in Festschrift Schurig, S. 121, 126.

37 In anderen arabischen Ländern ist die Rechtswahl hingegen zulässig.

Vgl. *Basedow*, RabelsZ 75 (2011), 32, 36 f.

38 Die Regelung, der zufolge saudi-arabisches Recht Anwendung findet, wenn der Vertrag einen Bezug zu Saudi Arabien aufweist, wird auf den Koran zurückgeführt.

Nämlich auf Vers 140 der 4. Sure des Korans, welche lautet: „… Drum wird Allah richten zwischen Euch am Tag der Auferstehung, und nimmer wird Allah den Ungläubigen gegen die Gläubigen einen Weg geben", Vers 54 der 5. Sure, welche in ihrem maßgeblichen Teil lautet: „Und so richte du unter ihnen nach dem, was Allah hinab gesandt …" und Vers 55 der 5. Sure des Korans: „ … Wer aber besser richtet als Allah für verständige Leute?" (Zit.: nach *Krüger*, Fetwa und Siyar, S. 142).

39 Unterstützt wird das Interesse an der Durchsetzung des eigenen Rechts nicht selten durch Verordnungen, in denen staatlichen Institutionen untersagt wird, Verträge abzuschließen, die Klauseln enthalten, welche ausländische Gerichte für zuständig erklären oder den Vertrag einem anderen als dem heimischen Recht unterstellen.

So etwa in Saudi-Arabien, vgl. *Krüger*, in: Vertragspraxis und Streiterledigung, S. 62–75.

(2) Iran

Art. 968 des iranischen ZGB erlaubt die Wahl ausländischen Rechts nur, wenn der Vertrag im Ausland geschlossen wurde und eine ausländische Partei beteiligt ist. 40

> Zu Art. 968 ZGB *Yassari*, IPRax 2009, 451, 452 ff.
> Hingegen erlaubt Art. 27 Abs. 1 des iranischen Gesetzes zur Regelung internationaler Handelsschiedsgerichtsbarkeit vom 27.6.1997 die Rechtswahl, vgl. *Khatib-Shahidi*, RIW 1998, 265, 266. Für Staatsunternehmen gelten Sonderregeln.

(3) Südamerika

In einigen südamerikanischen Staaten begegnet man der Parteiautonomie mit Zurückhaltung. 41

> *Basedow*, RabelsZ 75 (2011), 32, 34 ff.; *Juenger*, Am. J. Comp. L. 45 (1997), 195; *Siehr*, in: Festschrift Keller, S. 485, 486, jeweils m. N.

So bestimmt etwa in Kolumbien Art. 869 Nuevo Código de Comercio vom Juni 1996: 42

> „La ejecución de los contratos celebrados en el exterior que deban cumplirse en el país, se regirá por la ley colombiana."

> Anders in der Schiedsgerichtsbarkeit, vgl. *Samtleben*, RIW 1997, 657, 659 mit Fußn. 11.

Auch kennen Brasilien und Uruguay die Parteiautonomie nicht. 43

> *Basedow*, RabelsZ 75 (2011), 32, 34 f.

(4) Vietnam

Ebenso hat bis vor kurzem das IPR-Gesetz von Vietnam vom 1.7.1996 die Parteiautonomie eingeschränkt, indem Art. 834 Abs. 2 des vietnamesischen Bürgerlichen Gesetzbuchs bestimmte: 44

> „The rights and obligations of parties in a civil contract shall be determined by the law of the country where performance of the contract takes place.
>
> The contracts that are concluded and performed wholly in Vietnam shall be governed by the law of the Socialist Republic of Vietnam.
>
> If the place of performance of a contract is not indicated then the place of performance shall be determined by the law of the Socialist Republic of Vietnam."

> Übersetzung entnommen der Schrift The Civil Code of the Socialist Republic of Vietnam, The National Politics Publishers, 1996, S. 596 f. Seit 2005 ist die Rechtswahl auch in Vietnam gestattet, vgl. Art. 759 des vietnamesischen Bürgerlichen Gesetzbuchs.

c) Parteiautonomie in der Praxis

45 Die Möglichkeit der Rechtswahl wird in der Praxis nicht immer ausreichend bedacht. Selbst bei gewichtigen Verträgen machen sich die Vertragsparteien häufig über das Vertragsstatut keine oder zumindest keine ausreichenden Gedanken.

Wenner, in: Festschrift Werner, S. 39.

46 Nicht selten fehlt eine Rechtswahl völlig. Häufig ist sie aber auch unglücklich, weil nicht zu Ende gedacht.

Tipps zur Rechtswahl bei *Thode/Wenner*, Rn. 124–161.

47 Maßgeblicher Gesichtspunkt bei der Auswahl des Vertragsstatuts ist vielfach die Vertrautheit der Parteien mit dem Recht.

Mankowski, RIW 2003, 2, 3 f.

48 Das Streben nach Vertrautem kann richtig sein. Nur wer das auf den Vertrag anwendbare Recht kennt, kann die ihm obliegenden Pflichten ermessen. Problematisch ist aber die Wahl des vertrauten Heimatrechts etwa dann, wenn die auf diese Weise mitgewählten Vorschriften über die AGB-Kontrolle dazu führen, dass einzelne Vertragsregelungen unwirksam sind.

Thode/Wenner, Rn. 138.

49 ==Jede Rechtswahl muss aus dem Blickwinkel des später zuständigen Gerichts betrachtet werden.== Einmal muss die Rechtswahl in diesem Forum gestattet sein. Zum anderen muss das Gericht mit dem Vertragsstatut umgehen können.

Thode/Wenner, Rn. 140.

50 Die Wahl ausländischen Rechts wird häufig viel zu naiv akzeptiert. Man vertraut darauf, dass fremdes Recht dem eigenen ähnlich ist. Im Zweifel ist das nicht so.

Thode/Wenner, Rn. 146 mit Beispielen in Rn. 147.

51 Die Wahl eines neutralen Rechts verlockt als Kompromiss.

Zur Wahl eines neutralen Rechts Rn. 78 ff.;
Mankowski, RIW 2003, 2, 5 f.

52 Aber auch hier ist zu prüfen, ob die Rechtswahl praktikabel ist. Lässt sich das ausländische Recht in der Praxis ermitteln? Verfügt das ausländische Recht über ausreichende Präjudizien, die die Rechtsanwendung erleichtern?

Wenner, in: Festschrift Werner, S. 39, 45.
Vgl. hierzu Rn. 92.

53 Verbreitet ist beispielsweise immer noch die Vorstellung, die Vereinbarung schwedischen materiellen Rechts sei – weil beiden Parteien entfernt und politisch neutral – ein für beide Parteien akzeptabler Kompromiss. Wer der schwedischen Sprache allerdings nicht mächtig ist, wird Schwierigkeiten haben, den Inhalt des schwedischen Rechts zu ermitteln. Zudem wird man feststellen,

I. Grundsatz der Vertragsfreiheit

dass man sich bei der Anwendung schwedischen Rechts viel weniger auf Rechtsprechung stützen kann als dies im deutschen Recht möglich ist.

> Die Schattenseiten eines angeblich aus sachlichen Gründen empfehlenswerten Rechts, nämlich die Wahl englischen Rechts oder des Rechts des Staates New York für Finanztransaktionen, zeigt *Mankowski*, RIW 2003, 2, 6.

2. Die Rechtswahlvereinbarung

Die Rechtswahl ist ihrerseits ein Vorgang, der anzuknüpfen ist, weil er rechtlich beurteilt werden muss. Die Rom I-VO verfährt so, dass sie die Gültigkeitserfordernisse zum einen Teil selbst regelt, zum anderen Teil dem gewählten (materiellen) Recht überlässt. 54

> Gültigkeit dieses Verweisungsvertrags einerseits und die Gültigkeit des Hauptvertrags andererseits sind gesondert zu beurteilen, *E. Lorenz*, RIW 1992, 697, 698; MünchKomm/*Martiny*, Art. 3 Rom I-VO Rn. 14 ff.

a) Beurteilung nach eigenem Internationalen Privatrecht

aa) Einigung der Parteien

Vom Kollisionsrecht selbst geregelt ist das Erfordernis, dass die Rechtswahl auf Konsens beruhen muss. Es wird die „Einigung der Parteien über das anzuwendende Recht" vorausgesetzt (so Art. 3 Abs. 5 Rom I-VO). 55

Ob Rechtswahlklauseln Sinn ergeben und wenn welchen, entscheidet also das Kollisionsrecht (notgedrungen) selbst. 56

> *Baumert*, RIW 1997, 805, 806 f.; *E. Lorenz*, RIW 1992, 697, 700; Palandt/*Thorn*, Art. 3 Rom I-VO Rn. 9. Ausführlich zu unklaren Rechtswahlklauseln Rn. 216 ff.

Beispiel 1 für eine unklare Rechtswahlklausel ist die Vertragsregelung, es solle das Recht des Abschlussorts gelten, obwohl sich die Parteien bei Vertragsabschluss in verschiedenen Staaten befanden. 57

> OLG Frankfurt, Urt. v. 1.6.1989 – 6 U 76/88, NJW-RR 1989, 1018. Hier ist zu untersuchen, ob sich ausreichende Anhaltspunkte dafür ergeben, welchen Ort die Parteien als Abschlussort angesehen haben. Ergeben sich diese Anhaltspunkte nicht, ist die Rechtswahl gescheitert. *E. Lorenz*, RIW 1992, 697, 704.

Beispiel 2 einer gescheiterten Rechtswahlklausel aus einem Vertrag zwischen einem deutschen Lebensmittelhersteller und einer niederländischen Kühlhausbetreiberin, wo es etwas naiv heißt: 58

> „Der Vertrag unterliegt europäischem Recht."

Diese Klausel lässt mangels europäischer materiellrechtlicher Vertragsnormen keinen Rückschluss auf das anwendbare Recht zu, *sodass das Vertragsstatut nach objektiven Kriterien bestimmt werden muss.* 59

B. Die Rechtswahl

Die Schwierigkeit des Vertrags über die Anmietung eines Kühlhauses bestand darin, dass der Vertrag formularmäßig vorsah: „Der Vertrag unterliegt deutschem/niederländischem/europäischem Recht". Das für den jeweiligen Vertrag anwendbare Recht musste markiert werden. Sind jetzt deutsches und niederländisches Recht als nicht anwendbar gestrichen, um den Vertrag (nicht vorhandenem) europäischem Recht zu unterstellen, so ist die objektive Anknüpfung des Vertrags nach Art. 4 Rom I-VO schwer. Denn der Klausel muss vielleicht entnommen werden, dass die im Rahmen der objektiven Bestimmung ernsthaft in Betracht kommenden Rechte der Niederlande und Deutschlands von den Parteien abgewählt werden sollten. Zu negativen Rechtswahlklauseln vgl. Rn. 182 ff.

60 **Beispiel 3** *einer unklaren Rechtswahlklausel: Der Vertrag unterliegt englischem Recht, „Subject to the Principals of Glorius Sharia'a".*

Shamil Bank of Bahrain v Beximco Pharmaceuticals Ltd., [2004] EWCA Civ 19, [2004] 1 WLR 1784. Beispiel bei Cheshire/North/Fawcett, S. 639. Zur Wahl Sharia'a-Rechts vgl. Rn. 86.

61 Nicht jeder Zweifel aber macht eine Rechtswahlklausel bedeutungslos. Bevor der Richter die Rechtswahlklausel wegen Sinnlosigkeit als gescheitert ansieht, wird er die Regeln der Vertragsauslegung, Vertragsergänzung und Vertragsanpassung anwenden, um dem Parteiwillen Rechnung zu tragen.

So für die Schweiz *Amstutz/Vogt/Wang*, in: Basler Kommentar, Art. 116 Rn. 48; *Schwander*, in: Festschrift Keller, S. 473, 483 f. Beispiel einer möglicherweise interpretationsfähigen Klausel bei Cheshire/North/Fawcett, S. 482: Vertragsstatut sollte Recht der Flagge des Schiffs sein, welches die Güter transportiert, obwohl Schiffe verschiedener Flaggen die Transporte tatsächlich ausführten; vgl. Compagnie D'Armement Maritime SA v Cie Tunisienne de Navigation SA, [1971] AC 572, [1970] 3 All ER 71.

62 Zu beachten ist: Der Parteiwille wird nur bis zu dem Punkt nach diesem Recht ermittelt, bis klar ist, welches Recht die Parteien gemeint haben. Ab dann entscheidet das gewählte Recht. Nach der lex fori beurteilen wir also die Rechtswahl nur, um zu bestimmen, auf welches Recht die Parteien tatsächlich verwiesen haben.

MünchKomm/*Martiny*, Art. 3 Rom I-VO Rn. 44.

63 Der Grund: Der Vertrag soll einschließlich der Rechtswahlvereinbarung möglichst nach einer Rechtsordnung beurteilt werden. Welche Konsequenzen es beispielsweise für das Vertragsstatut hat, wenn Parteien mit Allgemeinen Geschäftsbedingungen widersprechende Rechtswahlklauseln ausgetauscht haben, ist schon eine Frage, die sich nach dem (jeweiligen) Vertragsstatut entscheidet.

Dazu Rn. 74.

I. Grundsatz der Vertragsfreiheit

bb) Deutlichkeit

Selbst regelt die Rom I-VO, wie deutlich die Rechtswahlvereinbarung sein muss. Art. 3 Abs. 1 Satz 2 Rom I-VO bestimmt, dass die Rechtswahl „ausdrücklich erfolgen oder sich eindeutig aus den Bestimmungen des Vertrages oder den Umständen des Falles ergeben" muss. Ob dies der Fall ist, bestimmt sich nicht nach dem gewählten Recht, sondern nach der Rom I-VO und auf deren Grundlage zu bildenden europäisch autonomen Maßstäben. 64

> MünchKomm/*Martiny*, Art. 3 Rom I-VO Rn. 45;
> Staudinger/*Magnus* (2011), Art. 3 Rom I-VO Rn. 66.
> Ein Beispiel siehe Rn. 204. Art. 116 des schweizerischen IPRG bestimmt, dass sich die Rechtswahl „eindeutig aus dem Vertrag oder aus den Umständen ergeben muss".

cc) Kreis der zur Parteidisposition stehenden Rechte

Ebenfalls der Rom I-VO ist zu entnehmen, ob und welche Rechtsordnungen gewählt werden dürfen. Dieser Verordnung ist zu entnehmen, ob die Wahl eines neutralen oder außerstaatlichen Rechts zulässig ist. Gleiches gilt für die Frage, ob nur das materielle Recht oder auch das Kollisionsrecht eines anderen Staats gewählt werden darf. 65

> Zur Wahl eines neutralen Rechts Rn. 78–85;
> zur Wahl außerstaatlichen Rechts Rn. 93–141;
> zur Zulässigkeit der Wahl eines fremden Kollisionsrechts Rn. 87.

b) Beurteilung nach dem gewählten Recht

Im Übrigen entscheidet über das Zustandekommen der Rechtswahl und ihre Gültigkeit das gewählte Recht (Art. 3 Abs. 5 i. V. m. Art. 10 Rom I-VO). 66

> Zur Form vgl. Art. 11 Rom I-VO, siehe auch Art. 13 Rom I-VO, der den einen Vertragsteil vor der nicht erkannten Rechts-, Geschäfts- und Handlungsunfähigkeit des anderen Vertragsteils schützt. Kollisionsrechtlich gesondert angeknüpft wird unter Umständen auch die Bedeutung des Schweigens, vgl. dazu Rn. 615–622.
> Zu Art. 10 Rom I-VO noch Rn. 538 ff.

Das bedeutet: Nach dem Recht, das gewählt ist, wenn wirksam gewählt worden wäre, muss beurteilt werden, ob die Rechtswahl gültig getroffen ist, Art. 10 Abs. 1 Rom I-VO. Ein Paradox, das im IPR nicht selten ist: Münchhausen zieht sich am eigenen Zopf aus dem Sumpf. Oder auch nicht. Denn der Grundsatz gilt auch, wenn die Kraft einmal nicht reicht: Ist die Wahl nach dem gewählten Recht unwirksam, bleibt es dabei. Trotz Nichtigkeit des Vertrags ist die Rechtswahl gültig. 67

> Dies passiert nicht selten bei der Wahl des Formstatuts. Die Wahl deutschen Rechts bedeutet dem BGH zufolge auch die Wahl des deutschen Formstatuts (§ 311b BGB, der auch für ausländische

B. Die Rechtswahl

Grundstücke gilt), vgl. BGH, Urt. v. 9.3.1979 – V ZR 85/77, BGHZ 73, 391, 394.

68 Die Parteien können sich aber davor schützen, dass ihr Vertrag am gewählten Recht scheitert. Sie können nämlich eine mehrstufige Rechtswahlvereinbarung treffen, der zufolge eine zweite Rechtsordnung zur Anwendung gelangen soll für den Fall, dass die zuerst berufene Rechtsordnung den Vertrag als ungültig ansieht.

Schwander, in: Festschrift Keller, S. 473, 480.
Dazu auch Rn. 169.

69 Auch gibt es die Möglichkeit, die Rechtswahlklausel einem eigenen Statut zu unterstellen. Das empfiehlt sich manchmal bei Teilrechtswahlklauseln.

Amstutz/Vogt/Wang, in: Basler Kommentar, Art. 116 Rn. 35.

c) Rechtswahlklauseln in Allgemeinen Geschäftsbedingungen

70 Die Wahl eines Rechts kann auch in Allgemeinen Geschäftsbedingungen vereinbart werden.

BGH, Urt. v. 26.10.1993 – XI ZR 42/93, ZIP 1993, 1881; BGHZ 123, 380, 383;
BGH, Urt. v. 25.1.2005 – XI ZR 78/04, NJW-RR 2005, 1071;
Zu Gerichtsstands- und Schiedsgerichtsklauseln in Allgemeinen Geschäftsbedingungen transnationaler Verträge ausführlich *Sieg*, RIW 1998, 102 ff.; Staudinger/*Magnus* (2011), Art. 3 Rom I-VO Rn. 176–178.
Zur Vereinbarung eines neutralen Rechts in Allgemeinen Geschäftsbedingungen Rn. 85.
Zur Rechtswahl in Allgemeinen Geschäftsbedingungen im Internationalen Deliktsrecht gemäß Art. 14 Abs. 1 Rom II-VO vgl. *Landbrecht*, RIW 2010, 783, 785.

71 An Art. 3 Abs. 1 Satz 1 Rom I-VO wird gemessen, ob eine Rechtswahl durch Einbeziehung der Allgemeinen Geschäftsbedingungen stillschweigend zustande gekommen ist. Fraglich kann sein, ob sich die Vereinbarung der Rechtswahlklausel „eindeutig" aus den Umständen ergibt.

Ferrari, in: Ferrari/Kieninger/Mankowski, Art. 3 Rom I-VO Rn. 25. Zu Art. 27 Abs. 1 Satz 2 EGBGB vgl. *Jayme*, in: Festschrift W. Lorenz, S. 435, 438 f.; *Martiny*, ZEuP 1997, 107, 116; MünchKomm/*Martiny*, Art. 3 Rom I-VO Rn. 13; *W. Lorenz*, IPRax 1994, 429, 431; *Sieg*, RIW 1997, 811, 817.

72 Demgegenüber hat der XII. Zivilsenat des Bundesgerichtshofs das Zustandekommen einer Rechtswahlklausel zu Unrecht nach den Regelungen des Vertragsstatuts bemessen.

BGH, Urt. v. 26.10.1993 – XI ZR 42/93, BGHZ 123, 380, 383–384 = ZIP 1993, 1881: Wirksamkeit einer Rechtswahlklausel wurde an § 864a des österreichischen AGB-Gesetzes gemessen. Kritisch hierzu *Thode*, WuB IV.E. Art. 29 EGBGB 1.94.

Erst recht fehlerhaft ist es, Rechtswahlklauseln in Allgemeinen Geschäftsbedingungen, mit denen ausländisches Recht vereinbart wird, ohne Weiteres an den deutschen AGB-Vorschriften zu messen, obwohl diese nicht anwendbar sind. **73**

> So aber BGH, Urt. v. 19.7.2012 – I ZR 40/11, RIW 2013, 309, 313; dazu LMK 2013, 343552 (*Pfeiffer*);
>
> OLG Frankfurt, Urt. v. 1.6.1989 – 6 U 76/88, NJW-RR 1989, 1018; dazu *Huff*, EWiR 1989, 995;
>
> OLG Düsseldorf, Urt. v. 14.1.1994 – 17 U 129/93, ZIP 1994, 288 = RIW 1994, 420; dazu *Steiner*, EWiR 1994, 255;
>
> OLG Düsseldorf, Urt. v. 8.3.1996 – 17 U 179/95, RIW 1996, 681; kritisch hierzu *Jayme*, in: Festschrift W. Lorenz, S. 435, 437–439; *Mankowski*, RIW 1996, 1001; MünchKomm/*Martiny*, Art. 3 Rom I-VO Rn. 13.

Widersprechen sich die Allgemeinen Geschäftsbedingungen der Parteien hinsichtlich der Rechtswahl, weil etwa das Regelungswerk der einen Partei deutsches Recht vorsieht, das der anderen englisches, so befragen wir beide Rechte, ob eine Rechtswahl zustande gekommen ist. Nach deutschem Recht ist dies bei sich widersprechenden Allgemeinen Geschäftsbedingungen in der Regel zu verneinen. Bejaht das englische Recht hingegen eine Rechtswahl, so findet das englische Recht auf den Vertrag Anwendung. Bejahen beide Rechtsordnungen eine wirksame Rechtswahl, ist diese gescheitert, weil nicht zwei unterschiedliche Rechtsordnungen auf den gleichen Vertrag Anwendung finden können. **74**

> *Mankowski*, RIW 2003, 2, 4; *Tiedemann*, IPRax 1991, 424, 425 f.; *Sieg*, RIW 1998, 811, 817. Den notwendigen Schutz des deutschen Vertragspartners leistet Art. 10 Abs. 2 Rom I-VO, dazu Rn. 615–622.

3. Gegenstand der Rechtswahl

a) Staatliches Recht

Die Parteien sind frei, welchen Staats Privatrecht sie wählen. Ein anerkennenswertes Interesse an dem gewünschten Vertragsstatut ist nicht erforderlich. **75**

> *Ferrari*, in: Ferrari/Kieninger/Mankowski, Art. 3 Rom I-VO Rn. 14; *Mankowski*, RIW 2003, 2, 4; MünchKomm/*Martiny*, Art. 3 Rom I-VO Rn. 22.
>
> Zu Gründen für die Wahl des eigenen und zur Furcht vor der Wahl des fremden Rechts, *Oschmann*, in: Festschrift Sandrock, S. 25–36. Besonderheiten gibt es insbesondere bei Verbraucherverträgen (Art. 6 Rom I-VO, Art. 46b EGBGB), für Arbeitsverträge (Art. 8 Rom I-VO) sowie für Versicherungsverträge (Art. 7 Rom I-VO) und Transportverträge (Art. 5 Rom I-VO).

aa) Beziehung

76 Von Rechts wegen besteht kein Zwang, eine Privatrechtsordnung zu wählen, zu der die Parteien oder das Schuldverhältnis eine vorgegebene Beziehung in rechtlicher, räumlicher oder wirtschaftlicher Hinsicht haben. Es ist ohne Weiteres möglich und statthaft, das Recht eines Staats zu wählen, mit dem der Sachverhalt keinerlei Verbindung hat.

> Dies folgt aus Art. 3 Abs. 3 Rom I-VO, der eine besondere Regelung für Binnensachverhalte enthält, vgl. hierzu Rn. 324.

77 Ebenso wenig wird verlangt, dass die Wahl des anwendbaren Rechts durch die Wahl eines zuständigen Gerichts verstärkt werden müsste. Es ist nichts daran auszusetzen, das Recht eines Staats zu wählen, dessen Gerichte nicht international zuständig sind, den Rechtsstreit zu entscheiden. Dennoch kann sich ein Gleichlauf zwischen Vertragsstatut und Forum empfehlen. Die Praxis setzt die Grenzen: Vor deutschen Gerichten verzögert der Umstand, dass ausländischem Recht unterliegende Fragen zu beurteilen sind, den Prozess häufig erheblich. Denn wenn ein Gutachten über ausländisches Recht eingeholt werden muss, so dauert dessen Erstellung oft viele Monate, mitunter auch über ein Jahr.

> Zur Ermittlung ausländischen Rechts vgl. Rn. 314.

bb) Neutrales Recht

78 Weil ein beliebiges Recht gewählt werden kann, ist auch der Weg offen zur Wahl eines neutralen Rechts.

> OLG München, Urt. v. 18.12.1985 – 7 U 4049/84, IPRspr. 1985 Nr. 35; *Ferrari*, in: Ferrari/Kieninger/Mankowski, Art 3 Rom I-VO Rn. 14; Rauscher/*v. Hein*, Art. 3 Rom I-VO Rn. 47; *Rühl*, in: Festschrift Kropholler, S. 187, 192 f.

79 Das erscheint häufig deshalb so attraktiv, weil es beiden Seiten gleich fern steht. Ebenso mag es sich empfehlen, dass außer einem neutralen Recht auch eine neutrale Justiz gewählt wird, also eine Zuständigkeitsvereinbarung auf Gerichte getroffen wird, die an sich nicht international zuständig wären.

> Zu Patt-Situationen, in denen die Vereinbarung eines neutralen Rechts in Betracht kommt, Sandrock, RIW 1994, 381, 385.

80 Eine solche Vertragsregelung setzt natürlich voraus, dass das gewählte Recht die Wahl annimmt, die Gerichtsstandsvereinbarung also als wirksam ansieht. Es ist denkbar, dass im internationalen Rechtsverkehr besonders beliebte Gerichte, die eigentlich international nicht zuständig wären, ihre Zuständigkeit trotz Gerichtsstandsvereinbarung unter dem Gesichtspunkt des forum non conveniens verneinen.

> Zur Lehre vom forum non conveniens Schröder, Internationale Zuständigkeit, 487 ff.; *Geimer*, Rn. 1073–1080.

Zur Bestimmung des Prorogationsstatuts nach neuem Recht
v. Hein, RIW 2013, 97, 105.

Ob die Wahl eines neutralen Rechts möglich ist oder nicht, beurteilen wir vor deutschen Gerichten zwar nach der Rom I-VO. Muss aber die Rechtswahl vor einem ausländischen Forum Stand halten, ist bei der Wahl zu beachten, dass einige Staaten eine Beziehung zum gewählten Recht verlangen, also die Wahl eines neutralen Rechts nicht beachten. **81**

Beispielsweise lassen die Wahl eines neutralen Rechts mitunter US-amerikanische Gerichte nicht zu, sondern verlangen eine „Reasonable Relation" zwischen Sachverhalt und gewählter Rechtsordnung. **82**

Kegel/Schurig, S. 653.

Neutralität des gewählten Rechts ist nicht politisch zu verstehen. Allerdings ist es nicht selten, dass gerade auf das Recht „neutraler" Staaten ausgewichen wird. So kommt es nicht selten vor, dass die Parteien die Anwendung schwedischen Rechts vereinbaren. Häufig wird auch schweizerisches Recht gewählt. **83**

Mankowski, RIW 2003, 2, 5 f.

Vorschnell sollte man allerdings nicht zu neutralem Recht greifen. **84**

Vgl. Rn. 51; *Wenner*, in: Festschrift Werner, S. 39, 45.

Ein neutrales Recht kann auch in Allgemeinen Geschäftsbedingungen vereinbart werden. **85**

Staudinger/*Magnus* (2011), Art. 3 Rom I-VO Rn. 178; anders etwa Ulmer/Brandner/Hensen/*Schmidt*, Anhang § 310 BGB Rn. 653.

cc) Religiöses Recht

Nichts steht im Wege, (staatliches) religiöses Recht zu wählen (z. B. Sharia'a Recht in Saudi-Arabien). Aber zu empfehlen ist das natürlich unter gar keinen Umständen (Dunkelheit der Quellen, Streit der Schulen, Unübertragbarkeit des Rechtsbewusstseins usw.). **86**

Die h. M. verneint allerdings die Zulässigkeit der Wahl religiösen Rechts, vgl. Palandt/*Thorn*, Art. 3 Rom I-VO Rn. 4; Staudinger/*Magnus* (2011), Art. 3 Rom I-VO Rn. 40. Zweifelnd *Bälz*, IPRax 2005, 44, 45.

Zur Anwendung religiösen (Familien-) Rechts durch deutsche Gerichte BGH, Urt. v. 6.10.2004 – XII ZR 225/01, BGHZ 160, 332 = NJW-RR 2005, 81, 85.

Zur Anwendung islamischen Rechts in der Schiedsgerichtsbarkeit *Adolphsen/Schmalenberg*, SchiedsVZ 2007, 57 ff.

Die englische Rechtsprechung steht der Wahl religiösen Rechts ebenfalls ablehnend gegenüber, vgl. *Martiny*, in: Reithmann/Martiny Rn. 100.

dd) Wahl eines Kollisionsrechts

87 Rechtswahl bedeutet regelmäßig die Wahl eines materiellen Rechts unter Ausschluss der Kollisionsnormen (vgl. Art. 20 Rom I-VO). Können sich die Parteien aber auf die Wahl eines anwendbaren materiellen Rechts nicht einigen, so mag der Konsens immerhin so weit reichen, dass man sich über das anzuwendende Kollisionsrecht einigt. Ob die Wahl eines Kollisionsrechts zulässig ist, wird überwiegend verneint. Die Parteien sollen zur Wahl eines materiellen Rechts angehalten werden.

> W. *Lorenz*, IPRax 1987, 269, 276; MünchKomm/*Martiny*, Art. 20 Rom I-VO Rn. 6; Palandt/*Thorn*, Art. 3 Rom I-VO, Rn. 2; *Rühl*, in: Festschrift Kropholler, S. 187, 195:
> vgl. auch Rauscher/v. Hein, Art. 3 Rom I-VO Rn. 65, der den angeblich zwingenden Charakter von Art. 20 Rom I-VO betont.

88 Aber warum? Es ist nicht einzusehen, dass die Parteien eines Vertrags, denen die Rechtswahl erlaubt ist, bei der Auswahl nicht auch auf halbem Wege stehenbleiben dürfen.

> *Schröder*, IPRax 1987, 90, 92; ebenso Staudinger/*Magnus* (2011), Art. 3 Rom I-VO Rn. 19; Staudinger/*Hausmann* (2011), Art. 20 Rom I-VO Rn. 12.

89 Die Praxis hat durchaus ein Bedürfnis, sich lediglich auf das anwendbare Kollisionsrecht festzulegen.

> Ebenso Rauscher/*v. Hein*, Art. 3 Rom I-VO Rn. 65.
> Im Ost-West-Verkehr gibt es Klauseln, die z. B. schwedisches Kollisionsrecht wählen, vgl. *Boguslawskij*, S. 396 f.
> In der Schiedsgerichtsbarkeit tritt dieses Bedürfnis noch deutlicher hervor, weil häufig eine „lex fori" und damit das anwendbare Kollisionsrecht nicht vorgegeben ist.

90 Wer (lediglich) Kollisionsrecht wählen will, muss dies jedoch klar ausdrücken. Denn im Zweifel wird angenommen, dass die Parteien die Sachnormen wählen wollten.

91 *Beispiel:*

Die Parteien „vereinbaren die Geltung des italienischen Rechts". Das ist im Regelfall eine Wahl materiellen italienischen Rechts ohne Berücksichtigung des italienischen IPR (Art. 20 Rom I-VO).

> Zum Begriff der Sachnormverweisung vgl. Rn. 709.

ee) Zweckmäßigkeit

92 Überhaupt spielt die Zweckmäßigkeit einer Rechtswahl die entscheidende Rolle. Es hat keinen Sinn, irgendeine ausländische Rechtsordnung zu wählen, deren Inhalt nicht bekannt ist und schwer zu ermitteln sein wird. Schon die Sprachschwierigkeiten sind von großer Bedeutung (deshalb ist Schweizer Recht

für uns so attraktiv!). Präjudizienrecht (wie das angelsächsische Common Law) ist für uns problematischer zu handhaben als kodifizierte Rechtsordnungen. Gutachten über ausländisches Recht kosten Zeit und Geld. Häufig erfährt man den Inhalt des (gewählten) ausländischen Rechts zu spät. Gehandelt oder versäumt wurde zuvor. Gerade bei Langzeitverträgen empfiehlt sich die Wahl einer Rechtsordnung, deren Regeln für die Parteien (und nicht nur für die Anwälte und Gerichte) so leicht zu ermitteln sind, dass bei der täglichen Vertragsabwicklung auf diese Regeln zurückgegriffen werden kann. Mitunter lohnt sich der Streit um die Anwendung des in- oder ausländischen Rechts nicht einmal, weil die Unterschiede für die konkrete Konstellation vernachlässigenswert sind.

b) Außerstaatliches Recht

Nicht nur die Schiedsgerichtsbarkeit muss sich mit Klauseln befassen, durch die die Vertragsparteien den Vertrag einer außerstaatlichen Rechtsordnung unterstellen wollen. 93

> Varianten der Praxis bei *Böckstiegel*, in: Festschrift Beitzke, S. 443, 449.

aa) Völkerrecht

Ist an einem Schuldvertrag ein staatlicher Vertragspartner oder ein Staatshandelsunternehmen beteiligt, so finden sich Rechtswahlklauseln, die den Vertrag anstelle eines staatlichen Rechts dem Völkerrecht unterstellen. 94

(1) Völkerrechtsfähigkeit

Umstritten ist schon, ob beide Vertragspartner die Qualität eines Völkerrechtssubjekts besitzen müssen. Nach herrschender Auffassung würde das für (natürliche und juristische) Privatpersonen nicht zutreffen. Doch ist nicht einzusehen, warum nicht vereinbart werden dürfte, dass die Vertragspartner sich so zu verhalten und zu behandeln haben, wie es im Völkerrecht vorgesehen ist. 95

> Anders *Stoll*, RIW 1981, 808, 810; *Booysen*, RabelsZ 59 (1995), 245, 249; *Catranis*, RIW 1982, 19, 22–24. *Ferrari*, in: Ferrari/Kieninger/Mankowski, Art. 3 Rom I-VO Rn. 22; Palandt/*Thorn*, Art. 3 Rom I-VO, Rn. 4.

Das Institut de Droit International hat sich dementsprechend mehrfach, so etwa auf seiner Sitzung in Santiago de Compostela im September 1989, dafür ausgesprochen, dass Wirtschaftsverträge zwischen Staaten und Privaten (auch) vom Völkerrecht (International Law) beherrscht werden können, wenn die Vertragspartner eine diesbezügliche Rechtswahl treffen. 96

> Resolution on Arbitration Between States, State Enterprises or State Entities, and Foreign Enterprises (RabelsZ 54 (1990), 160–175):

B. Die Rechtswahl

Art. 4

Where the validity of the agreement to arbitrate is challenged, the tribunal shall resolve the issue by applying one or more of the following: the law chosen by the parties, the law indicated by the system of private international law stipulated by the parties, general principles of public or private international law, general principles of international arbitration, or the law that would be applied by the courts of the territory in which the tribunal has its seat. In making this selection, the tribunal shall be guided in every case by the principle in favorem validitatis.

Art. 6

The parties have full autonomy to determine the procedural and substantive rules and principles that are to apply in the arbitration. In particular, (1) a different source may be chosen for the rules and principles applicable to each issue that arises and (2) these rules and principles may be derived from different national legal systems as well as from non-national sources such as principles of international law, general principles of law, and the usages of international commerce.

To the extent that the parties have left such issues open, the tribunal shall supply the necessary rules and principles drawing on the sources indicated in Article 4.

(2) Allgemein anerkannte Regeln des Völkerrechts

97 Inhaltlich ist das (gewählte) Völkerrecht als Privatrechtsquelle indessen eher dürftig. Das pacta servanda sunt, bedeutet keine andere Bindung, als sie das Privatrecht auch ausspricht.

98 *Beispiel für den dünnen Boden, den das Völkerrecht bietet, ist der bekannte Schiedsspruch der Weltbank, der die Verbindlichkeit einer schuldrechtlichen Vereinbarung zwischen der Volksrepublik Kongo und der italienischen Konzernmutter AGIP gerade nicht aus dem (gewählten) Völkerrecht, sondern aus dem (ebenfalls gewählten) kongolesischen Vertragsrecht hergeleitet hat:*

AGIP/Brazzaville war eine kongolesische Tochtergesellschaft, deren Aktien zu 90 % der italienischen Muttergesellschaft AGIP/Rom und zu 10 % der Schweizer Holding Hydrocarbons International/Zürich (der ENI-Gruppe) gehörten. Als die Volksrepublik Kongo daran ging, ausländische Ölgesellschaften zu enteignen, schloss die AGIP-Mutter mit der Regierung Kongo einen Vertrag, demzufolge sich AGIP verpflichtete, dem Staat Kongo 50 % der Aktienanteile zu übertragen, während der Kongo sich verpflichtete, die AGIP-Tochter nicht zu enteignen, sondern Maßnahmen zu ihrer Erhaltung und Förderung zu treffen.

Der Vertrag zwischen Kongo und AGIP enthielt neben der Weltbank-Schiedsklausel eine Rechtswahlvereinbarung: „La loi congolaise, complétée le cas échéant par tout principe de droit international, sera applicable".

Einige Jahre später enteignete der Kongo die AGIP-Tochter dennoch. Das war Vertragsbruch, entscheidet das Schiedsgericht, der schadensersatzpflichtig macht.

I. Grundsatz der Vertragsfreiheit

Die Verpflichtung zur Einhaltung und Erfüllung des Vertrags folge aus Art. 1134 Code Civil (also nicht aus einem völkerrechtlichen Grundsatz, dass pacta servanda sunt). Das Völkerrecht stehe umgekehrt der Bindung des Staats nicht entgegen, weil er sich freiwillig verpflichtet habe. Die Stabilisierungsklausel beeinträchtige die staatliche Souveränität nicht, weil der Kongo frei geblieben sei, andere Gesellschaften zu enteignen.

> Centre international pour le Règlement des différends relatifs aux investiments, Schiedsspruch vom 30.11.1979 (Schiedsrichter: Trolle, Dupuy, Rouhani), Rev.crit.droit int.priv. 1982, 92 mit Anm. Batiffol. Dagegen (aber nicht überzeugend) *Wengler*, ZfRV 1982, 11–40 = Rev.crit. droit int. priv. 1982, 467–501.

Weiteres **Beispiel***, diesmal aus einem Ölausbeutungsvertrag:* 99

> „... the governing substantive law shall be the law of Quatar and, in case the Tribunal should determine that it is relevant to an issue, public international law."
>
> Wintershall v. Quatar, ILM 1989, 795, 802.

Mit der Wahl allgemein anerkannter Grundsätze des Völkerrechts ist in privatrechtlichen Vereinbarungen durchweg wenig anzufangen. Insbesondere im Verhältnis zu Vertragspartnern aus Entwicklungsländern entsteht häufig die Schwierigkeit, dass dort ein sog. Entwicklungsvölkerrecht im Entstehen begriffen ist, das anderen Zielsetzungen verpflichtet ist als das sog. klassische Völkerrecht. Überdies enthält das Völkerrecht keine privatrechtlich brauchbaren Regeln im Falle von Leistungsstörungen. 100

> Vgl. dazu *Drobnig*, in: Festschrift für Riesenfeld, S. 31.
>
> Zur Ableitung privatrechtlicher Normen aus dem Völkerrecht *Booysen*, RabelsZ 59 (1995), 245, 253–256.

Deshalb ist das Völkerrecht allenfalls als Stabilisierungsrahmen geeignet, nicht aber zur Lösung zivilrechtlicher Standardprobleme. Es sollte daher niemals für sich allein, sondern immer nur (allenfalls) als Ergänzung einer (gewählten) staatlichen Privatrechtsordnung berufen werden (wie das im AGIP-Fall geschehen ist). Aber das ist häufig das Problem. Wenn Parteien das wenig taugliche Völkerrecht wählen, wird es ihnen in der Regel gerade nicht gelungen sein, sich auf staatliches Recht zu einigen. 101

bb) Wahl allgemeiner Rechtsgrundsätze

Anstelle des Völkerrechts können die Parteien auch sog. allgemeine Rechtsgrundsätze wählen, wenn sie der Anwendung einer staatlichen Rechtsordnung entgehen wollen. 102

> Sehr streitig, vgl. Rn. 114 und zur mit der Wahl solcher Grundsätze verbundenen Abwahl staatlicher Rechtsordnungen Rn. 135.

B. Die Rechtswahl

(1) Common Principles

103   So wollen die Qual der Rechtswahl manche dadurch erleichtern, dass sie die Prinzipien berufen, die den Rechtsordnungen gemeinsam sind, welche zum konkreten Sachverhalt in Bezug stehen.

104   *Beispiel aus einem Ölkonzessionsvertrag:*

„This Concession shall be governed by and interpreted in accordance with the principles of law of Libya common to the principles of international law and in the absence of such common principles then by and in accordance with the general principles of law, including such of those principles as may have been applied by international tribunals."

BP v. Libya, Yearbook of Commercial Arbitration 1980, 143, 149.

105   Ein weiteres *Beispiel* ist die Rechtswahlklausel im Kanaltunnelvertrag, die überdies erahnen lässt, wie die Parteien um das anwendbare Recht gerungen haben müssen. Die Klausel lautet:

„The construction, validity and performance of the contract shall in all respects be governed by and interpreted in accordance with the principles common to both English law and French law, and in the absence of such common principles by such general principles of international trade law as have been applied by national and international tribunals. Subject in all cases, with respect to the works to be respectively performed in the French and in the English part of the site, to the respective French or English public policy (ordre public) provisions."

Channel Tunnel Group Ltd. v. Balfour Beatty Construction Ltd., W.L.R. 1993, 262, 271. Dazu noch Rn. 112. Zum praktischen Umgang mit dieser Klausel im Kanaltunnelvertrag *Raoul-Duval*, IBL 1997, 181 f.; *Nouel*, IBL 1996, 22–25.

106   Situationen, in denen die Parteien zu solchen Klauseln greifen, sind nicht selten. Häufig ist es die Beteiligung eines Staats am Vertrag, welche es schwierig macht, sich auf ein lokales Recht zu einigen. Eine Klausel, die der Rechtswahlklausel des Kanaltunnelvertrags ähnlich ist, findet sich beispielsweise in einem Vertrag aus dem Jahr 1954, an dem der Iran, eine iranische Staatsgesellschaft sowie eine Gruppe US-amerikanischer, britischer, niederländischer und französischer Unternehmen beteiligt waren. Die Klausel lautete:

„In view of the diverse nationalities of the parties to this Agreement it shall be governed by and interpreted and applied in accordance with the principles of law common to Iran and the several nations in which the other parties to this Agreement are incorporated, and, in absence of such common principles, then by and in accordance with the principles of law recognized by civilized nations in general, including such of those principles as may have been applied by international tribunals."

Zit.: nach *Wetter*, Salient Clauses in International Investment Contracts, 17 Bus. Lawyer. 1962, 967, 977. Ähnlich eine Klausel von der Clagett, § 12.05[2][a], berichtet.

Die gemeinsamen Prinzipien verschiedener Staaten werden sogar schon in einem Vertrag aus dem Jahre 1872 zwischen der Türkei und einer österreichischen Gesellschaft berufen: 107

> „… les principes appliqués dans les circonstances analogues dans les autres grands Etats de L'Europe, tel que l'Autriche, l'Italie, la France et l'Allemagne".

> So der Eisenbahnvertrag zwischen der Türkei und der österreichischen Gesellschaft Compagnie générale pour l'exploitation des chemins de fer de la Turquie Europe vom 18.5.1872, zit.: bei *Berger*, Formalisierte oder „schleichende" Kodifizierung des transnationalen Wirtschaftsrechts, S. 31.

(2) Lex mercatoria

Vor allem in der Schiedsgerichtsbarkeit ist die Wahl der lex mercatoria zu beobachten. Dies sind Regeln und Gebräuche, die sich im internationalen Handel gebildet haben sollen. 108

> Vgl. die umfassende Darstellung bei Berger, Formalisierte oder „schleichende" Kodifizierung des transnationalen Wirtschaftsrechts. Regeln der lex mercatoria stellt *Berger*, a. a. O., 217–244, zusammen. Siehe auch *Berger*, RIW 2002, 256; *Martiny*, in: Reithmann/Martiny, Rn. 102 f.

> Eine Rechtswahlklausel zur Berufung der lex mercatoria – mit ergänzender Berufung einer staatlichen Rechtsordnung – schlägt *Kappus*, IPRax 1993, 137, 138 vor. Auch im Bereich des Internationalen Bauvertrags- und Anlagenvertragsrechts wird behauptet, dass sich eine lex mercatoria, „lex constructionis" genannt, gebildet habe, vgl. *Molineaux*, Journal of International Arbitration 1997, 55–66.

(3) UNIDROIT-Prinzipien

Geworben wird auch für die Wahl der UNIDROIT-Prinzipien für internationale Wirtschaftsverträge, mit denen versucht worden ist, international gebräuchliche Regelungen niederzuschreiben. 109

> Die UNIDROIT Principles of International Commercial Contracts 2010 finden sich auf http://www.unidroit.org. Zu den Änderungen gegenüber der Fassung von 2004 siehe *Gabriel*, RabelsZ 77 (2013), 158; *Vogenauer*, ZEuP 2013, 7.

Nach ihrer Präambel wollen die UNIDROIT-Prinzipien angewandt werden, wenn die Parteien allgemeine Rechtsgrundsätze, die lex mercatoria oder Ähnliches als Vertragsstatut berufen haben. 110

> Zur Anwendung der UNIDROIT-Prinzipien durch Schiedsgerichte und staatliche Gerichte Wichard, RabelsZ 60 (1996), 269.

(4) Zweckmäßigkeit

111 Die Wahl allgemeiner Rechtsgrundsätze als Vertragsstatut ist in der Regel nicht empfehlenswert.

>*Wenner*, in: Festschrift Werner, S. 39, 41.
>Anders für den Notfall *Wetter*, 17 Bus. Lawyer 1962, 967, 977.

112 Von staatlichen Gerichten kann man gegenwärtig nicht sicher erwarten, dass sie sich der Mühe unterziehen, die eine solche Rechtswahlklausel für den Rechtsanwender mit sich bringt. Dementsprechend hat das englische House of Lords die im Kanaltunnelvertrag enthaltene Rechtswahlklausel nicht angewandt. Die Klausel führe zu einem „Indeterminate Law". Die Rechtswahl war damit gescheitert.

>Channel Tunnel Group Ltd. v. Balfour Beatty Construction Ltd. [1993] W.L.R. 262.
>Die Rechtswahlklausel des Kanaltunnelvertrags ist zitiert bei Rn. 105.
>Über die Schwierigkeiten, auf der Grundlage der Rechtswahlklausel des Kanaltunnelvertrags Recht zu finden, berichtet *Raoul-Duval*, IBL 1997, 181 f. Optimistischer *Nouel*, IBL 1996, 22–25, der über den Umgang der Parteien mit der Rechtswahlklausel des Kanaltunnelvertrags während dessen Durchführung berichtet. In einem sich an die Erstellung des Vertrags anschließenden Schiedsverfahren der Parteien soll man sich inzwischen auf die Anwendung der UNIDROIT-Prinzipien geeinigt haben, vgl. *Schlechtriem*, in: Festschrift v. Craushaar, S. 157.

113 Doch selbst wenn sich für entsprechende allgemeine Rechtsgrundsätze Regeln ermitteln lassen, kann schon der zivilistische Alltag eines Lieferungsvertrags auf diese Weise kaum bewältigt werden, geschweige denn ein Langzeitvertrag, wie etwa der Vertrag über die Errichtung einer Anlage.

>Vgl. *Thode/Wenner*, Rn. 77. Das gilt auch für die Vereinbarung Europäischen Kaufrechts. Hier bestehen erhebliche Unsicherheiten in der Anwendung, schon weil Präjudizien gänzlich fehlen. Ob für ein Gemeinschaftliches Europäisches Kaufrecht Bedarf besteht, ist nicht zuletzt im Licht des dürftigen Erfolgs des UN-Kaufrechts (dazu Rn. 235) zweifelhaft, vgl. *Herresthal*, EUZW 2011, 7, 8.

(5) Zulässigkeit

114 Eine andere Frage ist, ob die Wahl allgemeiner Rechtsgrundsätze zulässig ist. Es gibt zahlreiche Stimmen im Inland und Ausland, die unter der Geltung von Art. 3 Rom I-VO nur die Wahl eines staatlichen Rechts zulassen wollen.

>*Ferrari*, in: Ferrari/Kieninger/Mankowski, Art. 3 Rom I-VO Rn. 19, 21; MünchKomm/*Martiny*, Art. 3 Rom I-VO Rn. 15; *Pfeiffer*, EuZW 2008, 622, 624; Ringe, in: jurisPK-BGB, Art. 3 Rom I-VO Rn. 38 (das Ergebnis allerdings bedauernd); *Rühl*, in: Festschrift Kropholler, S. 187, 189 f.; Staudinger/*Magnus* (2011),

I. Grundsatz der Vertragsfreiheit

Art. 3 Rom I-VO Rn. 14 m. w. N.; *Thiede*, in: Verschraegen, 51, 55; *Verschraegen*, in: Verschraegen, 111, 120;
ebenso die herrschende Meinung zum früheren Recht OLG Köln, Urt. v. 8.4.1994 – 20 U 226/92, IPRspr. 1994 Nr. 32.
Streitstand bei *Reimann*, in: Verschraegen, 1, 23 f.

Unpraktikabilität und Unzulässigkeit werden gleichgesetzt. Gegen die Zulässigkeit der Wahl allgemeiner Rechtsgrundsätze soll insbesondere ihre Lückenhaftigkeit sprechen. **115**

So etwa *Diedrich*, RIW 2009, 378, 382; *Ferrari*, in: Ferrari/Kieninger/Mankowski, Art. 3 Rom I-VO Rn. 21: Wahl der lex mercatoria unzulässig, „weil nicht präzise genug"; *Spickhoff*, RabelsZ 56 (1992), 116, 123 ff.; *J. Stoll*, RIW 1981, 808, 809. Wegen der recht hohen Regelungsdichte der UNIDROIT-Prinzipien hält diese für wählbar Wichard, RabelsZ 60 (1996), 269, 285.

Aber Praktikabilität ist kein geeigneter Maßstab. Manch staatliche Rechtsordnung ist lückenhaft, schlecht zu ermitteln oder aus anderen Gründen schwerer anzuwenden als ausformulierte Rechtsgrundsätze. **116**

Die Wahl außerstaatlichen Rechts wird für zulässig gehalten etwa von *E. Lorenz*, RIW 1987, 569, 573; *Kappus*, IPRax 1993, 193 ff.; *Kronke*, RIW 1998, 257, 262.

Die Praxis scheint die Kritiker ohnehin zu überrollen. Schiedsgerichte greifen zunehmend auf die allgemeinen Rechtsgrundsätze zurück. **117**

C. A. Deutsche Schachtbau- und Tiefbohrgesellschaft mbH v. R`as al Khaimah National Oil Co., [1987] 2 Lloyd's L. Rep. 246, 252; *Berger*, Internationale Wirtschaftsschiedsgerichtsbarkeit, 1992, 372 m. N.; *Martiny*, in: Reithmann/Martiny, Rn. 103 m. N.

Die lex mercatoria kommt im Einzelfall sogar dann zu Ehren, wenn eine ausdrückliche Rechtswahl fehlt. **118**

ICC Schiedsspruch Nr. 3572, YCA 1989, 111, 117.

Auch staatliche Gerichte haben diese schiedsgerichtliche Praxis akzeptiert oder z. B. die lex mercatoria sogar unmittelbar angewandt. **119**

Öst. OGH, Urt. v. 18.11.1982 – 8 Ob 520/82, IPRax 1984, 97, 99; Cass. civ., Urt. v. 22.10.1991 – 89-21528. Rev. arb. 1992, 457;
OG Zürich, Urt. v. 9.5.1985, BlZüRspr. 85 (1986) Nr. 23 im Rahmen einer Auslegungsfrage; *Berger*, IPRax 1993, 281, 285; *Martiny*, in: Reithmann/Martiny, Rn. 62.

Heute sagt Art. 21 Nr. 1 der ICC-Schiedsgerichtsordnung in der Fassung vom 1.1.2012 ausdrücklich: **120**

„Die Parteien können die Rechtsregeln, die das Schiedsgericht bei der Entscheidung in der Sache über die Streitigkeit anwenden soll, frei vereinbaren. Fehlt eine solche Vereinbarung, so wendet das Schiedsgericht diejenigen Rechtsregeln an, die es für geeignet erachtet."

B. Die Rechtswahl

121 Mit dem Terminus „Rechtsregeln" ist klargestellt, dass das Schiedsgericht auch nicht staatliches Recht, also z. B. allgemeine Rechtsgrundsätze, zur Anwendung bringen kann. Dies gilt nicht nur, wenn die Parteien die Anwendung solcher Rechtsregeln in einem Vertrag vereinbart haben. Das Schiedsgericht kann nach Art. 21 Abs. 1 Satz 2 der ICC-Schiedsgerichtsordnung allgemeine Rechtsgrundsätze sogar dann anwenden, wenn eine Rechtswahl fehlt.

122 Nicht ganz so weit geht § 1051 ZPO (Rn. 22). Aber immerhin: Nach § 1051 Abs. 1 ZPO hat das Schiedsgericht „die Streitigkeit in Übereinstimmung mit den Rechtsvorschriften zu entscheiden, die von den Parteien als auf den Inhalt des Rechtsstreits anwendbar bezeichnet worden sind". Wiederum signalisiert der Terminus „Rechtsvorschriften", dass auch die Anwendung außerstaatlichen Rechts vereinbart werden kann. Lediglich für den Fall fehlender Rechtswahl heißt es in § 1051 Abs. 2 ZPO, dass das Schiedsgericht „das Recht des Staats anzuwenden hat, mit dem der Gegenstand des Verfahrens die engsten Verbindungen aufweist". Wenn Abs. 2 auf das „Recht des Staats" verweist, so soll damit nämlich deutlich gemacht werden, dass das Schiedsgericht bei fehlender Rechtswahl eine staatliche Rechtsordnung zugrunde zu legen hat.

> Wie allerdings der von der herrschenden Auffassung gesehene Widerspruch zwischen Art. 3 Abs. 1 Rom I-VO und § 1051 ZPO gelöst wird, ist offen (vgl. Rn. 24).

123 Ebenso gestattet die Resolution des Institut de Droit International vom September 1989, dass die Parteien allgemeine Rechtsgrundsätze zum Vertragsstatut berufen.

> Vgl. Rn. 96 den Text von Art. 6 Abs. 1 der Resolution, vollständig abgedruckt in: RabelsZ 54 (1990) 160, 165.

124 Nichts anderes sollte für Art. 3 Abs. 1 Rom I-VO gelten. Allgemeine Rechtsgrundsätze sind „Recht" im Sinne dieser Vorschrift, können also Gegenstand der kollisionsrechtlichen Rechtswahl sein.

> Die Erwägung 13 der Rom I-VO spricht davon, dass die Parteien im Vertrag „auf ein nicht staatliches Regelwerk oder ein internationales Übereinkommen" Bezug nehmen können. Dennoch spricht die Historie der Verordnung eher dafür, dass der Verordnungsgeber der Zulässigkeit der Wahl allgemeiner Rechtsgrundsätze ablehnend gegenüberstand, vgl. Staudinger/*Magnus* (2011), Art. 3 Rom I-VO Rn. 40.

125 Wem das zu weit geht, der muss die Wahl materiellrechtlich berücksichtigen.

> So die ganz herrschende Auffassung, vgl. *Diedrich*, RIW 2009, 378, 384; *Mankowski*, RIW 2003, 13 f.; *Martiny*, in: Reithmann/Martiny, Rn. 103; *Ringe*, in: jurisPK-BGB, Art. 3 Rom I-VO Rn. 38; Staudinger/*Magnus* (2011), Art. 3 Rom I-VO Rn. 40; Praktikabler als die kollisionsrechtliche Berücksichtigung dürfte das nicht sein.

cc) Einheitsrecht

Auch kommt es vor, dass Parteien völkerrechtliche Abkommen wählen. 126

Beispiel: 127

Die Parteien einigen sich im Laufe eines Rechtsstreits auf die Anwendung des CISG.

> OLG Jena, Urt. v. 26.5.1998 – 8 U 1667/97, IPRspr. 199 Nr. 25.

Denkbar wäre auch die Vereinbarung des Gemeinsamen Europäischen Kaufrechts, welches gegenwärtig als Vorschlag vorliegt. 128

> Vgl. den Vorschlag für eine Verordnung über das Gemeinsame Europäische Kaufrecht der europäischen Kommission, KOM (2011), 635 endg. vom 11.10.2011. Kritische Posten- und Nutzenanalyse bei Grundmann, AcP 212, 502.

Dieses Kaufrecht empfiehlt sich selbst zur Anwendung, wenn es in Art. 8 Abs. 1 Satz 1 des Vorschlags lautet: 129

> „Die Verwendung des Gemeinsamen Europäischen Kaufrechts muss von den Parteien vereinbart werden."

> Zu kollisionsrechtlichen Aspekten *Mankowski*, RIW 2012, 97 ff.

Überwiegend wird auch dies für unzulässig gehalten. 130

> MünchKomm/*Martiny*, Art. 3 Rom I-VO Rn. 31; Staudinger/*Magnus* (2011), Art 3 Rom I-VO Rn. 62.
> Anders OLG Jena, Urt. v. 26.5.1998 – 8 U 1667/97, IPRspr. 1999, Nr. 25, ohne allerdings auf die kollisionsrechtliche Problematik einzugehen. In der Tat spricht nichts dagegen, zumindest eine kollisionsrechtliche Teilrechtswahl anzunehmen.

Schiedsgerichte sind hier wiederum großzügiger. 131

> *Janssen/Spilker*, RabelsZ 77 (2013), 131, 135.

dd) Rechtsordnungslose Verträge

Es ist, zumal wenn sehr umfangreiche und erschöpfende Vertragswerke ausgehandelt und unterzeichnet worden sind, naheliegend und verständlich, dass die Parteien vereinbaren, ihre Rechtsbeziehungen sollten nach Art einer Privatkodifikation einzig und allein aus sich selbst heraus verstanden und angewandt werden. 132

> Zu Beweggründen *Amissah*, The Autonomous Contract, http://www.jus.uio.no/lm/the.autonomous.contract.7.10.1997.amissah/doc.html.

So findet sich in einem (Joint Venture) Vertrag zwischen der liechtensteinischen Gesellschaft Maritime International Nominees Establishment und der Republik Guinea die Klausel: 133

> „The law between the parties is the contract itself."

Maritime International Nominees Establishment (MINE) v.
Republic of Guinea, 693 F. 2d 1094 (U.S.C.A., Distr. of
Columbia Circ. 1982).

Nicht jede Klausel dieser Art hat allerdings die Intention, sämtliche staatlichen Rechtsordnungen abzuwählen. Art. 1134 Abs. 1 des französischen Code Civil zeigt dies. Dort heißt es nämlich sinngemäß auch, dass der Vertrag das anzuwendende Recht ist: „Les conventions légalement formées tiennent lieu de loi à ceux qui les ont faites." Gemeint ist dort aber nur, dass der Richter sich über die vertraglichen Regelungen nicht hinwegsetzen soll, vgl. Dalloz, Code Civil Art. 1134 Anm. 1. Stammen Klauseln aus dem französischen Rechtskreis, so wird man dies bei der Auslegung der Rechtswahlabrede zu berücksichtigen haben.

134   In einem Vertrag über die Lieferung von Kaninchen der Rasse „Grimaud" zwischen einem slowenischen Unternehmen und einem italienischen Käufer heißt es zum Vertragsstatut:

„...shall be governed by the laws and regulations of the International Chamber of Commerce of Paris (France)."

Trib. di Padova, 11.1.2005, http://cisgw3.law.pace.edu/cases/050111i3.html.

(1) Zulässigkeit

135   Verträge, in denen alle staatlichen Rechtsordnungen abgewählt werden, nennt man im einschlägigen Schrifttum „Selfregulatory Contracts" oder „contrats sans lois". Ganz überwiegend wird bestritten, dass die international-privatrechtliche Parteiautonomie die Befugnis gebe, einen Vertrag von der Herrschaft eines jeden staatlichen Rechts freizustellen.

So zu Art. 3 Rom I-VO *Ferrari*, in: Ferrari/Kieninger/Mankowski, Art. 3 Rom I-VO Rn. 15; *Martiny*, in: Reithmann/Martiny, Rn. 104; Staudinger/*Magnus* (2011), Art. 3 Rom I-VO Rn. 55; vgl. auch *Kondring*, IPRax 2006, 425; *Mankowski*, RIW 2005, 481, 492; *Reimann*, S. 49 ff., 80 ff.; *Spickhoff*, RabelsZ 56 (1992), 116, 126.

Insgesamt werden die Bedenken, die gegen die Zulässigkeit der Wahl allgemeiner Rechtsgrundsätze sprechen (Rn. 114–125) auch hier vorgebracht.

136   An diesen Bedenken ist nur so viel richtig, dass die Auslegung und Ergänzung eines (rechtsordnungslosen) Vertragswerks nicht selten außerordentliche Schwierigkeiten bereitet. Die internationale Schiedsgerichtspraxis nimmt diese Belastung aber in Kauf und hält derartige (negative) Rechtswahlklauseln für beachtlich.

Zu negativen Rechtswahlklauseln siehe auch Rn. 182.

137   Staatliche Gerichte können durchaus ebenso verfahren. Ein ausführliches Vertragswerk ohne begleitende und unterstützende staatliche Rechtsordnung ist besser zu handhaben als die Wahl eines nationalen Rechts, dessen Inhalt unsicher und schwer feststellbar ist. Im Falle von Vertragslücken oder

I. Grundsatz der Vertragsfreiheit

Unklarheiten wird der Rechtsanwender behutsam allgemeine Rechtsgrundsätze zu Hilfe nehmen, um dann weiterzukommen, wenn der Vertrag nicht weiterhilft.

> *Wenner*, in: Festschrift Werner, S. 39, 41 f.
> Es versteht sich, dass die Abwahl aller Rechtsordnungen nicht die „missbräuchliche Flucht vor zwingendem Recht" (*E. Lorenz*, RIW 1987, 569, 574) bedeutet. Die Rechtswahl berührt nicht die Anwendbarkeit der Eingriffsnormen.
> Zu den Grenzen der Rechtswahl Rn. 217 ff.

Das Bedürfnis der Praxis nach rechtsordnungslosen Verträgen entsteht insbesondere bei Verträgen zwischen Staat und Privaten. 138

> *Lorenz*, RIW 1987, 569, 573.

(2) Zweckmäßigkeit

Im Stadium der Vertragsabfassung empfiehlt es sich natürlich dennoch, bezüglich der Auslegung und Ergänzung des (kodifikatorisch verstandenen) Vertragswerks einen subsidiären Rekurs auf ein nationales Recht vorzusehen. So hatten es die Parteien zweckmäßigerweise in einem Fall getan, den das US-Bundesberufungsgericht für den Regierungsbezirk Columbia 1982 zu entscheiden hatte. Dort heißt es im Anschluss an den Eingangssatz, dass der Vertrag selbst das zwischen den Parteien maßgebliche Recht sein solle: 139

> „Guinean laws shall be used for the interpretation and the implementation of this Agreement only accessorily and only in the case where the Agreement would leave a problem unsolved."
> MINE v. Guinea, 693 F. 2d 1094.

ee) Billigkeit

Einen Ausschluss aller nationalen Rechtsordnungen bedeutet auch die Vereinbarung der Parteien, dass ihre Rechtsbeziehungen gemäß der Billigkeit, ex aequo et bono, nach Equity etc. beurteilt und entschieden werden sollen. 140

> § 1051 Abs. 3 ZPO erlaubt Schiedsgerichten die Entscheidung nach Billigkeit, wenn die Parteien das Gericht hierzu ausdrücklich ermächtigt haben.

Juristische Details sind aufgrund einer solchen Rechtsfindungsmethode schwer zu ergründen. Doch ist der Glaube an den Gerechtigkeitssinn der Schiedsgerichte gerade in diesem Punkt unerschütterlich. 141

c) Totes und versteinertes Recht

aa) Totes Recht

Die Wahl toten Rechts, etwa die Wahl einer antiken Ordnung, führt ebenfalls zur Abwahl einer staatlichen – geltenden – Rechtsordnung. Auch sie wird deshalb vielfach für unzulässig gehalten. 142

Ferrari, in: Ferrari/Kieninger/Mankowski, Art. 3 Rom I-VO Rn. 14; MünchKomm/*Martiny*, Art. 3 Rom I-VO Rn. 23; ebenso für die Schweiz *Amstutz/Vogt/Wang*, in: Basler Kommentar, Art. 116 Rn. 20.

bb) Versteinerungsklauseln – Freezing Clauses

143 Insbesondere dann, wenn Vertragspartner ein Staat oder ein Staatsunternehmen ist, finden sich Versteinerungsklauseln (Freezing Clauses), die einen bestimmten Rechtszustand festschreiben wollen. Der Staat als Vertragspartner soll sich verpflichten, keine dem Gegner abträglichen Gesetzesänderungen des berufenen Rechts vorzunehmen. Die Rechtslage soll vielmehr so bleiben, wie sie bei Vertragsschluss war („stabil", deshalb werden Versteinerungsklauseln auch Stabilisierungsklauseln genannt). Dahinter steckt die Befürchtung, dass der staatliche Vertragspartner am längeren Hebel sitzt und seine Rechtsordnung nach Abschluss des Vertrags zum Nachteil des privaten Partners ändern könnte.

Clagett, § 12.5[2][a]; Sandrock, in: Festschrift Riesenfeld, S. 211–236; Beispiel ist der Fall Kongo, AGIP, in der die Volksrepublik Kongo die kongolesische AGIP-Tochter trotz Stabilisierungsklausel später enteignete, dazu Rn. 98.

144 Internationale Wirtschaftsverträge enthalten darum manchmal die Klausel, dass der Staat als Vertragspartner sich verpflichtet, keine abträglichen Gesetzesänderungen des berufenen Rechts mit Wirkung auf den Vertrag vorzunehmen. Die Rechtslage soll vielmehr so bleiben, wie sie bei Vertragsabschluss war.

145 *Beispiel:*

Im Fall AGIP; Kongo (Rn. 98) hatte sich die Regierung der Volksrepublik Kongo verpflichtet, die kongolesische AGIP-Tochter nicht zu enteignen. Später ergingen trotzdem Enteignungsgesetze, die somit einen Vertragsbruch darstellten. Sie verstießen gegen die vereinbarte Stabilisierungsklausel.

146 Weiteres *Beispiel*, diesmal aus einem libyschen Ölkonzessionsvertrag:

„This Concession shall throughout the period of its validity be construed with the Petroleum Law and the Regulation in force on the date of execution of this agreement. Any amendment to or repeal of such Regulation shall not affect the contractual rights of the Company without its consent."

147 Die Zulässigkeit von Versteinerungsklauseln wird mit Hinweis darauf bezweifelt, dass Rechtswahlen nicht zu einem toten Recht führen sollen.

Erman/*Hohloch*, Art. 3 Rom I-VO Rn. 10; *Ferrari*, in: Ferrari/Kieninger/Mankowski, Art. 3 Rom I-VO Rn. 17; MünchKomm/*Martiny*, Art. 3 Rom I-VO Rn. 26.

Zur Wahl toten Rechts Rn. 142. Hinter dem Einwand, Stabilisierungsklauseln führten zu totem Recht, steckt die herrschende Sichtweise, die Wahl nicht staatlichen Rechts („nicht mehr staatlichen Rechts") sei unzulässig.

I. Grundsatz der Vertragsfreiheit

Weiter findet sich häufig der Einwand des staatlichen Vertragspartners, Stabilisierungsklauseln verstießen gegen seine (legislative) Souveränität und seien deshalb nichtig. In Wahrheit gibt es kein Souveränitätsproblem. Natürlich steht es dem Staat frei, seine Rechtsordnung trotz einer Versteinerungsklausel zu ändern. Die Änderung hat lediglich keine Auswirkung auf die vertragliche Beziehung. **148**

> Schiedsgerichte haben Versteinerungsklauseln vielfach anerkannt. Nachweise bei *Martiny*, in: Reithmann/Martiny, Rn. 110. Jedenfalls sind Stabilisierungsklauseln und vergleichbare Regelungen als materiellrechtliche Verweisung zuzulassen. Über die Wirksamkeit der Klauseln entscheidet dann die jeweils geltende lex causae; vgl. *Martiny*, in: Reithmann/Martiny, Rn. 110.

d) Teilrechtswahl

Endlich geht die Vertragsfreiheit der Parteien so weit, dass es ihnen unbenommen ist, ein Recht teilweise oder Bruchstücke verschiedener Rechte teilweise zur Anwendung zu berufen. In diesem Sinne besagt Art. 3 Abs. 1 Satz 3 Rom I-VO, dass die Parteien „die Rechtswahl für ihren ganzen Vertrag oder nur für einen Teil desselben treffen" können. **149**

> So auch schon Art. 27 Abs. 1 Satz 3 EGBGB und Art. 3 Abs. 1 Satz 3 EVÜ. Art. 116 des schweizerischen IPRG hingegen schweigt. Die Materialien ergeben aber, dass der schweizerische Gesetzgeber es dort ebenfalls den Parteien überlassen wollte, bestimmte Fragen unterschiedlichen Rechtsordnungen zuzuweisen, vgl. *Amstutz/Vogt/Wang*, in: Basler Kommentar, Art. 116 IPRG Rn. 13.

aa) Wahl für Teil des Vertrags

Die Parteien können das anwendbare Vertragsrecht für einen Teilbereich des Vertrags wählen, andere Bereiche der gesetzlichen Anknüpfung gemäß Art. 4 Rom I-VO überlassen. **150**

> Zur objektiven Anknüpfung Rn. 440 ff.

Beispiel aus einem Liefervertrag zwischen einem deutschen Produzenten und einem südkoreanischen Abnehmer: **151**

> „Die Gewährleistungsansprüche des Käufers richten sich nach dem Recht von Südkorea."

In einem solchen Fall kann es sein, dass für das Gewährleistungsrecht südkoreanisches Recht zur Anwendung gelangt, während im Übrigen im Wege der objektiven Anknüpfung das am Sitz des Verkäufers geltende Recht zur Anwendung kommt. Im Zweifel gilt allerdings, dass die Parteien eine solche Abspaltung eines Teils nicht wollen, vielmehr ein Recht insgesamt in Bezug genommen werden sollte. **152**

> RG, Urt. v. 4.4.1908 – I 274/07, RGZ 68, 203, 207; BGH, Urt. v. 24.11.1989 – V ZR 240/88, NJW-RR 1990, 248, 249: Wahl des

Formstatuts als Indiz für Wahl des Vertragsstatuts.
Denkbares Ergebnis einer Auslegung kann auch sein, dass die Parteien für einen Teil des Vertrag kollisionsrechtlich ein Recht gewählt haben, für einen weiteren Teil des Vertrags aber materiellrechtlich auf eine andere Rechtsordnung verweisen, vgl. W. *Lorenz*, IPRax 1987, 269, 272 f.

153 Nicht jede Teilrechtswahl ist aber ein Zweifelsfall. Man muss angesichts der Zulässigkeit der Teilrechtswahl stets gewahr sein, dass die Parteien die von der Rechtswahl nicht angesprochenen Rechtsfragen möglicherweise einer objektiven Anknüpfung nach Art. 4 Rom I-VO unterwerfen wollten.

Martiny, in: Reithmann/Martiny, Rn. 94.

bb) Wahl mehrerer Rechte

154 Aus der Zulässigkeit der Teilrechtswahl ergibt sich ferner, dass ein Vertragswerk von verschiedenen gewählten Teilrechtsordnungen geregelt werden kann.

155 Es steht den Parteien frei, eine kleine oder große Vertragsspaltung zu wählen. Kleine Vertragsspaltung heißt: Jede Partei soll nach Maßgabe ihres Wohnsitz-, Niederlassungs- oder Heimatrechts verpflichtet sein. Große Vertragsspaltung bedeutet: Das Zustandekommen einer Vereinbarung richtet sich nach einem anderen Recht als die Rechtsfolgen des Vertrags. Oder: Der Abschluss beurteilt sich nach der Rechtsordnung X, die Erfüllung regelt sich nach der Rechtsordnung Y.

156 Aber auch kleinere Teilbereiche des Vertrags können durch kollisionsrechtliche Wahl besonders behandelt werden. So kann etwa für Währungsfragen das Recht eines anderen Staats als das allgemeine Vertragsstatut gewählt werden. Ebenso werden mitunter Formfragen einem anderen Statut als der Vertrag im Übrigen unterstellt.

BGH, Urt. v. 24.11.1989 – V ZR 240/88, NJW-RR 1990, 248, 249;
OLG Hamm, Urt. v. 13.11.1995 – 22 U 170/94, IPRspr. 1995 Nr. 36; Palandt/*Thorn*, Art. 3 Rom I-VO Rn. 10.

157 Gewählt werden kann das Recht verschiedener Staaten für die unterschiedlichen Teilfragen. Genauso ist es aber zum anderen möglich und statthaft, staatliches und zwischenstaatliches Recht zu kumulieren oder staatliches Recht mit allgemeinen Rechtsgrundsätzen anzuwenden usw.

Zur Zulässigkeit der Wahl nicht staatlichen Rechts Rn. 93–141, dort auch zur abweichenden h. M.

cc) Abspaltbarkeit

158 Voraussetzung für die Teilrechtswahl ist jedoch: Der abgetrennte Teil des Vertrags muss wirklich abspaltbar sein. An dieser Abspaltbarkeit kann es

beispielsweise fehlen, wenn bei der sog. kleinen Vertragsspaltung ein Vertrag nach zwei Rechtsordnungen gleichzeitig rückabgewickelt werden soll. Immerhin führt nicht jedes widersprüchliche Ergebnis dazu, dass Abspaltbarkeit zu verneinen ist.

> Erman/*Hohloch*, Art. 3 Rom I-VO Rn. 21; *Martiny*, in: Reithmann/Martiny, Rn. 95.

dd) Zweckmäßigkeit

Ob eine Teilrechtswahl zweckmäßig ist, steht wiederum auf einem anderen Blatt. Stets besteht die Gefahr unleidlicher Reibungen und Widersprüche, die erst durch Kunstgriffe – insbesondere Angleichung – behoben werden müssen. Deshalb will eine Teilrechtswahl genau bedacht sein. **159**

> Vgl. *Lorenz*, RIW 1987, 569, 573.

Beispiel einer nicht glücklichen Teilrechtswahl aus einem Anlagenvertrag zwischen einem deutschen Anlagenbauer und einem indonesischen Besteller: **160**

> „For purpose of performance of obligations under this contract, obligations being performed in Indonesia shall be subject to the applicable laws of Indonesia and, all other obligations shall be subject to applicable laws of the Federal Republic of Germany."
>
> Ob das funktionieren kann, ist zweifelhaft. Betroffen ist das Synallagma, dass in der Regel nicht spaltbar ist, vgl. Palandt/*Thorn*, Art. 3 Rom I-VO, Rn. 10; *Wenner*, in: Festschrift Werner, S. 39, 42.

Empfohlen worden ist eine nachträgliche Teilrechtswahl für den Fall, dass nach dem ursprünglich gewählten Vertragsstatut eine vereinbarte Regelung unwirksam ist. **161**

> *Kondring*, IPRax 2006, 425, 431, der für den Fall, dass sich die Parteien auf das ersatzweise anzuwendende Recht nicht einigen können, sogar nahelegt, die Wahl des dann anwendbaren Rechts auf einen Dritten zu übertragen.

Das wird nicht immer der richtige Weg sein. Die Rechtsfolge der Unwirksamkeit mag (jedenfalls für eine der Vertragsparteien) gute Gründe haben. Auch mag es sein, dass die ursprüngliche Rechtsordnung die Folgen der entstandenen Vertragslücke selbst angemessen regelt. **162**

ee) Unterwerfungsklauseln

Keine Teilrechtswahl liegt in der Regel vor, wenn die Parteien in einer Rechtswahlklausel die Anwendung „zwingender Vorschriften" erwähnen. **163**

> BGH, Urt. v. 7.12.2000 – VII ZR 404/99, NJW 2001, 1936, 1937; *Wenner*, in: Festschrift Thode, S. 661, 665.

B. Die Rechtswahl

164 *Beispiel:*

"Es gilt deutsches Recht, soweit nicht zwingende Vorschriften des US-amerikanischen Rechts entgegenstehen."

Zum Hintergrund solcher Klauseln *Amstutz/Vogt/Wang*, in: Basler Kommentar, Art. 116 IPRG Rn. 14. Die Beispielsklausel lässt allerdings unglücklicherweise offen, ob international zwingende Bestimmungen (Eingriffsnormen, vgl. Rn. 366) oder alle intern zwingenden Bestimmungen des US-amerikanischen Rechts gemeint sind, vgl. *Martiny*, in: Reithmann/Martiny, Rn. 98 zu einer ähnlichen Vertragsregelung.

165 Normalerweise wollen Parteien mit einer solchen Einschränkung nur auf das Unabänderliche hinweisen, nämlich dass nicht abwählbares Ordnungsrecht zu beachten ist.

Vgl. *Martiny*, in: Reithmann/Martiny, Rn. 98.

4. Art der Rechtswahl

166 Die Rechtswahlfreiheit beschränkt sich nicht darauf, eine bestimmte Rechtsordnung ganz oder teilweise zu berufen. Es ist auch zulässig, sich beispielsweise nur negativ zu äußern oder Mechanismen vorzusehen, anhand derer später das anwendbare Recht bestimmt wird.

a) Bedingte Rechtswahl

167 Die Parteien können die Rechtswahl unter eine Bedingung stellen. Sie können etwa bestimmen, dass die Rechtswahl nicht gelten soll, wenn sie ungültig ist oder das anwendbare Recht eine bestimmte Änderung erfährt.

Ebenso für das schweizerische Recht *Amstutz/Vogt/Wang*, in: Basler Kommentar, Art. 116 IPRG Rn. 16.

168 Die Bedingung kann zu einer mehrstufigen Rechtswahlvereinbarung führen. Das zeigt folgendes Beispiel einer vertraglichen Regelung:

169 *Beispiel:*

"Anwendbar ist das deutsche Recht. Ist diese Rechtswahl unwirksam, soll schweizerisches Recht zur Anwendung gelangen."

Dazu Rn. 68 und *Schwander*, in: Festschrift Keller, S. 473, 480.

170 Ein großes Vertrauen in die Fähigkeiten der Rechtsanwender hatten die Verfasser folgender Klausel:

"The parties agree that the laws of France and Germany apply to their contract. In case these legal systems provide conflicting rules, Swiss law shall apply."

Zit.: nach *Berger*, International Economic Arbitration, 493, Fn. 94.

I. Grundsatz der Vertragsfreiheit

b) **Alternative Rechtswahlklauseln – Floating Choice-of-Law Clauses**

Gestalten sich die Verhandlungen über das Vertragsstatut schwierig, so regeln die Parteien mitunter, der Vertrag unterstehe entweder insgesamt dem einen oder dem anderen Recht, je nachdem, welche Partei klagt oder wo geklagt wird. 171

Beispiel 1: 172

„Alle Fragen bezüglich der Interpretation oder der Gültigkeit dieses Vertrages sind nach englischen Gesetzen zu entscheiden, wenn die Verweisung an das Schiedsgericht vom Käufer ausgeht und nach den Gesetzen der Bundesrepublik Deutschland, wenn die Verweisung vom Lieferanten ausgeht."

So lautete die Schiedsgerichtsklausel im Fall OLG München, Urt. 27.3.1974 – 7 U 1406/73, IPRspr. 1974, Nr. 26.

Beispiel 2: 173

„Es gilt das Recht des Klägers."

Wenner, in: Festschrift Werner, S. 39, 44.

Beispiel 3: 174

„Es gilt das Recht des Beklagten."

Wenner, in: Festschrift Werner, S. 39, 44.

Häufig finden sich auch Klauseln, nach denen sich nicht nur das Vertragsstatut sondern auch der Gerichtsstand danach richtet, welche Partei klagt: 175

Beispiel 1: 176

„In case of a conflict, the Court of competent jurisdiction of the defending party headquarters will be chosen.
The law applied is that of the defending party."

Beispiel 2: 177

„For claims and lawsuits against the First Party, the International Court of Arbitration shall have exclusive jurisdiction. In case of the aforementioned jurisdiction, the law of Abu Dhabi shall apply.

For claims and lawsuits against the Second Party, the International Court of Arbitration shall have exclusive jurisdiction. In case of the aforementioned jurisdiction, the law of Germany shall apply."

Solche Klauseln sind zulässig, aber völlig unpraktikabel. Das gilt insbesondere für Verträge mit komplexem Leistungsbild. Gerade hier benötigen die Vertragsparteien klare Rechtsvorgaben, die man nicht hat, wenn man das Vertragsstatut nicht kennt. 178

Wenner, in: Festschrift Werner, S. 39, 44.

Das Problem dieser Klauseln ist die sich jeweils stellende Frage, welches Recht bis zum Zeitpunkt der Klageerhebung gilt. Zwar wirkt die „Rechtswahl 179 durch Klageerhebung" regelmäßig auf den Zeitpunkt des Vertragsschlusses zurück.

> Das folgt nicht erst aus der Zweifelsregel, die im Rahmen der Grundsätze der nachträglichen Rechtswahl entwickelt worden ist (vgl. Rn. 190), sondern schon aus der Eigenart der Floating Choice-of-Law Clauses und dem aus ihnen abzuleitenden Willen der Parteien zur Rückwirkung.

180 Aber bis zur Klageerhebung müssen die Parteien handeln, *sodass* sich fragt, nach welchem Recht sie sich richten sollen. Einige wollen das Vertragsstatut bis zum Zeitpunkt der Klage objektiv anknüpfen, also nach den Regeln des Art. 4 Rom I-VO bestimmen (dazu Rn. 440 ff.).

> So *Martiny*, in: Reithmann/Martiny, Rn. 90.

181 Das ist jedoch zweifelhaft. Eine objektive Anknüpfung wird dem Parteiwillen häufig nicht entsprechen. Man muss auf den Einzelfall abstellen. Die Umstände mögen ergeben, dass die Parteien das Risiko der Unwirksamkeit der vorgenommenen Handlung in Kauf nehmen wollten. So ist denkbar, dass die Parteien es darauf ankommen lassen wollten, wer als erster Klage erhebt. In anderen Fällen mag man es ausreichen lassen, dass eine Parteihandlung nach einem der alternativ berufenen Rechte wirksam ist.

> Letzteres wollen generell annehmen *Amstutz/Vogt/Wang*, in: Basler Kommentar, Art. 116 IPRG Rn. 15.

c) Negative Rechtswahlklausel

182 Es ist zulässig, dass die Parteien nur bestimmen, welche Rechtsordnung nicht zur Anwendung kommen soll.

> Ebenso für die Schweiz *Amstutz/Vogt/Wang*, in: Basler Kommentar, Art. 116 Rn. 19. Anders *Schwander*, in: Festschrift Keller, S. 473, 480 f.
>
> Zur Abwahl aller Rechtsordnungen Rn. 132–139.

183 *Beispiel:*

> „Die Anwendung schweizerischen Rechts wird ausgeschlossen."

184 Unproblematisch ist eine solche Klausel, wenn nach objektiver Anknüpfung gemäß Art. 4 Rom I-VO (Rn. 440 ff.) beispielsweise deutsches Recht zur Anwendung kommt. Anders, wenn Art. 4 Rom I-VO auf schweizerisches Recht verweist, die Parteien also die objektive Anknüpfungsregel ausschalten. Anstatt hier die negative Rechtswahl rigoros scheitern zu lassen, sollte man die Motive der Parteien für ihre Wahl erforschen.

> *Amstutz/Vogt/Wang*, in: Basler Kommentar, Art. 116 Rn. 19 wollen die lex fori anwenden.

d) Wahl durch Los

Die Bestimmung, dass das Los über das anzuwendende Recht entscheidet, ist zulässig. 185

> Beispiel aus der Schiedsgerichtsbarkeit: BGH, Urt. v. 3.10.1956 –
> V ZR 32/55, BGHZ 21, 365, 369 f. Ist das Recht ausgelost, so
> stellen die sich unter Rn. 180 dargestellten Probleme.

5. Zeitpunkt der Rechtswahl

a) Jederzeit

Eine Rechtswahl kann jederzeit vereinbart werden, d. h. vor, bei oder nach Vertragsabschluss (Art. 3 Abs. 2 Satz 1 Rom I-VO). 186

> Ebenso Art. 116 Abs. 3 Satz 1 des schweizerischen IPRG.

Das bedeutet dreierlei: 187

- Eine frühere Rechtswahl (X) kann durch eine spätere Rechtswahl (Y) geändert und ersetzt werden.
- Eine frühere Rechtswahl (X) kann ersatzlos aufgehoben und durch die gesetzliche Schwerpunktanknüpfung (Y) ersetzt werden.
- Die bislang bestehende gesetzliche Schwerpunktanknüpfung (X) kann durch eine spätere Rechtswahl (Y) beseitigt und ersetzt werden.

Die Zulässigkeit der nachträglichen Rechtswahl richtet sich nach der lex fori. Was das zunächst gewählte oder nach objektiven Grundsätzen zur Anwendung kommende Recht zur nachträglichen Rechtswahl sagt, ist einerlei. 188

> So richtig *Amstutz/Vogt/Wang*, in: Basler Kommentar, Art. 116
> IPRG Rn. 49.
> Hinsichtlich der Form der nachträglichen Rechtswahl auch BGH,
> Urt. v. 22.1.1997 – VIII ZR 339/95, WM 1997, 1713, 1715.

b) Stillschweigende Rechtswahl im Prozess

Ebenso wie die ursprüngliche kann auch die nachträgliche Rechtswahl stillschweigend erfolgen. Eine nachträgliche stillschweigende Rechtswahl kann nach deutschem IPR auch im Prozess erfolgen. Deutsche Gerichte nehmen dies zum Anlass, aus dem Prozessverhalten der Parteien eine nachträgliche stillschweigende Rechtswahl zu konstruieren, häufig zugunsten des eigenen Rechts. 189

> Vgl. dazu ausführlicher Rn. 281.

c) Wirkung eines Statutenwechsels

aa) Rückwirkung

Welche Auswirkungen der kraft Parteiwillens (Wahl oder Abwahl) eintretende Statutenwechsel hat, ist eine Frage der Auslegung. Das Schweizer IPR-Gesetz 190 hilft mit einer Auslegungsregel (Art. 116 Abs. 3 Satz 2 IPRG), die eine tatsächliche Vermutung enthält, welche dem Parteiwillen am nächsten kommen dürfte. Danach gilt im Zweifel: Wird die Rechtswahl „nach Vertragsabschluss getroffen oder geändert, so wirkt sie auf den Zeitpunkt des Vertragsabschlusses zurück" (Art. 116 Abs. 3 Satz 2 IPRG). Es ist nämlich anzunehmen, dass die Parteien nicht sukzessiv zwei verschiedene Rechtsordnungen auf ihren Vertrag zur Anwendung gebracht haben wollen, sondern dass retrospektiv nur eine einzige, nämlich die letzte Rechtsordnung eingreifen soll.

> Erman/*Hohloch*, Art. 3 Rom I-VO Rn. 23; *Ferrari*, in: Ferrari/Kieninger/Mankowski, Art. 3 Rom I-VO Rn. 40; Palandt/*Thorn*, Art. 3 Rom I-VO Rn. 11; *Reinhart*, IPRax 1995, 365, 368; *Martiny*, in: Reithmann/Martiny, Rn. 130; anders OLG Frankfurt, Urt. v. 13.2.1992 – 16 U 229/88, IPRspr. 1992, Nr. 31.

191 Aus der Rückwirkung der Rechtswahländerung oder -aufhebung können allerdings materiellrechtliche Schwierigkeiten erwachsen, wenn das letzte (maßgebliche) Recht Verhaltenspflichten etc. vorsieht, deren Wahrung inzwischen versäumt ist, weil das frühere Recht sie nicht aufstellte. Möglicherweise entspricht es in einem solchen Fall dem Parteiwillen, den Statutenwechsel als Entlastungsgrund gelten zu lassen.

> Zu einer ähnlichen Problematik, die bei der Anwendung von Floating Choice-of-Law Clauses entstehen kann, vgl. Rn. 179.

bb) Form

192 Es kann vorkommen, dass die Vertragsform unter dem alten Recht gewahrt war, während sie nach dem jetzt gewählten Recht verletzt ist. Umgekehrt ist denkbar, dass der Vertrag zunächst formnichtig war, mit dem Statutenwechsel aber formwirksam wird. Art. 3 Abs. 2 Satz 2 Rom I-VO bestimmt hierzu, dass die Formgültigkeit des Vertrags durch eine Änderung der Bestimmung des anzuwendenden Rechts nach Vertragsschluss nicht berührt wird. Das heißt: Es gilt das jeweils schwächere Formerfordernis.

> Palandt/*Thorn*, Art. 3 Rom I-VO Rn. 11; *Martiny*, in: Reithmann/Martiny, Rn. 132.

193 Der zunächst formwirksame Vertrag wird durch den Statutenwechsel nicht unwirksam.

194 *Beispiel:*

Ein Grundstück wird privatschriftlich verkauft. Das ist nach Maßgabe des zunächst anwendbaren italienischen Rechts formwirksam. Dann wird deutsches Recht gewählt (einschließlich des Formstatuts). Nach dem damit anwendbaren § 311b BGB ist die geforderte Form nicht mehr gewahrt. Trotzdem bleibt der Kaufvertrag auch unter Herrschaft des nun gewählten deutschen Rechts formgültig.

195 Der formunwirksame Vertrag wird durch den Statutenwechsel in der Regel geheilt.

II. Der Vorgang der Rechtswahl

Beispiel: 196

Ein Grundstück wird privatschriftlich verkauft. Nach dem zunächst anwendbaren deutschen Recht ist der Vertrag formnichtig. Mit der nachträglichen Wahl italienischen Rechts (einschließlich des Formstatuts) entspricht er aber nun den Formvorschriften des gewählten Statuts. Damit ist der zunächst formnichtige Vertrag als formwirksam anzusehen.

Das schweizerische Recht kennt eine Art. 3 Abs. 2 Satz 2 Rom I-VO entsprechende Regelung nicht. Dennoch wird auch dort angenommen, dass die Formgültigkeit eines Vertrags durch eine nachträgliche Rechtswahl nicht berührt wird. 197

Siehr, in: Festschrift Keller, S. 485, 496.

Art. 3 Abs. 2 Satz 2 Rom I-VO ist Ausdruck des regelmäßigen Parteiwillens. Deshalb kann dieser im Einzelfall ergeben, dass entgegen dieser Regel stärkere Formerfordernisse gelten sollen. 198

cc) Rechte Dritter

Rechte Dritter werden durch eine nachträgliche Rechtswahl nicht berührt, sagt Art. 3 Abs. 2 Satz 2 Rom I-VO. Das soll wohl bedeuten, dass die Parteien die einmal geschaffene Position eines Dritten nicht beeinträchtigen können. 199

Ähnlich Art. 116 Abs. 3 Satz 2 IPRG: „Die Rechte Dritter sind vorbehalten."

Verbesserungen hingegen sind erlaubt, wenn natürlich in der Regel auch nicht beabsichtigt. 200

Martiny, in: Reithmann/Martiny, Rn. 133.

II. Der Vorgang der Rechtswahl

Die Rechtswahl erfolgt ausdrücklich oder ergibt sich eindeutig aus den Bestimmungen des Vertrags oder den Umständen des Falls (Art. 3 Abs. 1 Satz 2 Rom I-VO). 201

Das ist keine Selbstverständlichkeit, so verlangte etwa Art. 24 des türkischen IPR-Gesetzes von 1982 eine ausdrückliche Rechtswahl. Vgl. jetzt aber Art. 24 Abs. 1 des türkischen IPRG von 2007.

1. Ausdrückliche Erklärung

a) Bezeichnung des anwendbaren Rechts

Eine Rechtswahl ist „ausdrücklich", wenn sie selbst den klaren und unmissverständlichen Ausspruch enthält, welches Recht anzuwenden sein soll. Ob 202 das der Fall ist, beurteilt sich nicht nach dem gewählten Recht, sondern nach der lex fori, also nach autonomen Auslegungskriterien, die auf der Grundlage der Rom I-VO zu entwickeln sind.

Zur Auslegung der Rechtswahlvereinbarung Rn. 61.

203 Eine ausdrückliche Rechtswahl kann auch dann vorliegen, wenn sich die Parteien nicht präzise ausdrücken.

204 *Beispiel:*

Anglo-amerikanische Vertragsparteien vereinbaren: „*This contract shall be construed in accordance with the laws of Illinois*". *Die Auslegung ergibt: Nach dem Wortlaut der Klausel soll sich lediglich die Vertragsauslegung nach dem Recht von Illinois richten. Bei der Auslegung ist aber zu berücksichtigen, wer spricht. In den USA (und in England) werden Construction Clauses wie die vorliegende als ausdrückliche Rechtswahl angesehen. Dementsprechend wollen die Parteien das auf den Vertrag insgesamt anwendbare Recht mit dieser Klausel bezeichnen. Es handelt sich um eine ausdrückliche Rechtswahl.*

> Hier wird US-amerikanisches Recht nicht als lex causae angewendet, sondern der US-amerikanische Hintergrund als tatsächlicher Umstand berücksichtigt. Schröder, IPRax 1985, 131, 132; *Martiny,* in: Reithmann/Martiny, Rn. 125;
>
> OLG München, Urt. v. 25.2.1988 – 29 U 2759/86, IPRax 1989, 42, 44 mit Anm. *W. Lorenz,* ebenda, 22, 24. Anders LG München, Urt. v. 25.11.1982 – 12 HKO 20 848/81, IPRax 1984, 318;
>
> OLG München, Urt. v. 25.2.1988 – 29 U 2759/86, IPRax 1984, 319, die lediglich – im Zusammenhang mit anderen Indizien – eine stillschweigende Rechtswahl annehmen wollen. Ebenso MünchKomm/*Martiny*, Art. 3 Rom I-VO Rn. 57.
>
> Anders auch *Ferrari,* in: Ferrari/Kieninger/Mankowski, Art. 3 Rom I-VO Rn. 33, der dazu neigt, eine Teilrechtswahl anzunehmen.

205 Die in Allgemeinen Geschäftsbedingungen vereinbarte Rechtswahl ist auch dann ausdrücklich, wenn die Allgemeinen Geschäftsbedingungen lediglich stillschweigend vereinbart wurden.

> *Ferrari,* in: Ferrari/Kieninger/Mankowski, Art. 3 Rom I-VO Rn. 24; *E. Lorenz,* RIW 1992, 697, 698 ff.

b) Fehler bei der Rechtswahl

206 In der Praxis gelingen Rechtswahlklauseln nicht immer. Die möglichen Fehlerquellen bei Auswahl einer Rechtsordnung und Abfassung der Rechtswahlklausel sind vielfältiger Natur.

aa) Vertragsstatut und Gerichtsstand

207 Die meisten Fehler bei der Vereinbarung eines Vertragsstatuts werden wohl deshalb gemacht, weil die Rechtswahlklausel nicht mit dem Recht des Staats

II. Der Vorgang der Rechtswahl

abgestimmt wird, dessen Gerichte möglicherweise die internationale Zuständigkeit zur Entscheidung einer im Zusammenhang mit dem Vertrag stehenden Frage besitzen. Die Folge: Rechtswahlklauseln werden von den zuständigen Gerichten nicht beachtet oder anders ausgelegt, als dies beabsichtigt war.

Beispiel 1: 208

In einem Handelsvertretervertrag zwischen einem deutschen Unternehmen und einem Handelsvertreter mit Sitz in Saudi-Arabien ist die Geltung deutschen Rechts vereinbart. Der Handelsvertreter klagt vor saudiarabischen Gerichten, deren Zuständigkeit nicht wirksam abbedungen werden kann. Das saudiarabische Gericht wendet materielles saudi-arabisches Recht an. Der Grundsatz der kollisionsrechtlichen Parteiautonomie ist in Saudi-Arabien unbekannt.

> *Krüger,* in: Deutsche Unternehmen in den arabischen Golfstaaten, S. 237, 269; *ders.,* RIW 1997, 833, 837; Martinek/Semler/Habermeier/*Flohr,* § 76 Rn. 76.
> Siehe auch Rn. 36–39.

Beispiel 2: 209

Vereinbart wird die Geltung eines neutralen Rechts. Nach der lex fori des international zuständigen Gerichts ist die Wahl eines neutralen Rechts nicht möglich. Dieses Gericht wird möglicherweise den Vertrag mangels wirksamer Rechtswahl nach objektiven Kriterien anknüpfen. Das kann zur Anwendung eines Rechts führen, auf dessen Grundlage die Parteien nicht gehandelt haben und dessen Anwendung sie nicht wollten.

> Einen Sachzusammenhang zwischen Sachverhalt und der gewählten Rechtsordnung verlangen mitunter US-amerikanische Gerichte, dazu und zur Vereinbarung eines neutralen Rechts Rn. 78, 82.

Beispiel 3: 210

Die Parteien vereinbaren „die Geltung kalifornischen Rechts", übersehen aber die vielfältigen Fragen, die sich dabei stellen. Vor dem international zuständigen kalifornischen Gericht stellt sich nämlich zunächst die Frage, ob die Rechtswahl nur auf materielles oder auch auf Verfahrensrecht abzielt. In Frage steht etwa weiter, ob US-amerikanisches Bundesrecht abgewählt ist. Dementsprechend wird vor unbedachter Formulierung einer Rechtswahlklausel, die von US-amerikanischen Gerichten beurteilt werden müßte, zu Recht gewarnt.

> „The case law interpreting these clauses unrealistically requires the drafters of international contracts – who frequently are not US lawyers – to have a sophisticated understanding of the US legal system and the law of 51 jurisdictions. That is because the courts have seized upon small „ambiguities" in language to frustrate enforcement of the clauses or to interpret them in ways that the parties probably never intended.", *Sesser,* IBL 1992, 397.

B. Die Rechtswahl

211 Beispiel 4:

Das Kollisionsrecht des Gerichtsstaats kennt zwar die Rechtswahl. Zugleich setzen sich aber so viele zwingende Bestimmungen der lex fori durch, dass das gewählte Vertragsstatut völlig durchlöchert wird und deshalb praktikabel nicht mehr gehandhabt werden kann. So kann es sich etwa bei Handelsvertreterverträgen verhalten, die mit arabischen Golfstaaten abgeschlossen werden, in denen die Rechtswahl möglich ist.

> *Krüger* in: Deutsche Unternehmen in den arabischen Golfstaaten, S. 237, 269 f.

bb) Exkurs: Gerichtsstandsvereinbarungen

212 Weil die Wirksamkeit einer Rechtswahlvereinbarung nach der lex fori des international zuständigen Gerichts beurteilt wird, ist es bei internationalen Wirtschaftsverträgen wichtig, dass die Zuständigkeit von Foren ausgeschlossen wird, in denen die Rechtswahl der Parteien keinen Bestand hat. Das wiederum ist nicht nur mit Blick auf den prorogierten, sondern auch den derogierten Gerichtsstand zu prüfen.

> Ausführlich zu Vereinbarungen über den Gerichtsstand *Geimer*, Rn. 1596–1812.
> Die Rom I-VO findet auf Gerichtsstands- und Schiedsvereinbarungen keine Anwendung (Art. 1 Abs. 2 lit. e) Rom I-VO).

213 Können die Parteien die Zuständigkeit eines Gerichtsstaats nicht wirksam ausschließen, so ist die Rechtswahlklausel stets auch unter Berücksichtigung der lex fori dieses Gerichtsstaats zu formulieren.

> Zur Frage, wann eine die deutsche Gerichtsbarkeit ausschließende Klausel vorliegt, BGH, Urt. v. 18.3.1997 – XI ZR 34/96, RIW 1997, 778, 779.

214 Bei der Formulierung von Gerichtsstandsvereinbarungen ist zu berücksichtigen, dass eine Reihe von Staaten Gerichtsstandsvereinbarungen nicht ohne Weiteres als ausschließlich ansehen, vielmehr feinsinnig unterscheiden. So stellen beispielsweise US-amerikanische Gerichte strenge Anforderungen.

> *Symeonides*, 61 American Journal of Comparative Law [2013], S. 252.

215 Beispiel:

Die Klausel „Place of Jurisdiction is Sao Paulo/Brazil" ist aus Sicht US-amerikanischer Gerichte keine ausschließliche Gerichtsstandsvereinbarung, lässt also die Klage vor US-amerikanischen Gerichten zu. Damit wiederum muss auch die Rechtswahlklausel des Vertrags den Anforderungen genügen, welche US-amerikanische Gerichte stellen.

> Citro Florida, Inc. v. Citrovale S.A., 760 F 2d 1231, 1232: „non-exclusive consent to jurisdiction".

Beispiele ausreichender Formulierungen finden sich bei
W. *Lorenz*, IPRax 1989, 22, 24. US-amerikanische Gerichte
beurteilen Gerichtsstandsvereinbarungen nach der lex fori, wenn
sie nicht von einer Rechtswahlklausel begleitet werden. Haben
die Parteien gleichzeitig das anwendbare Vertragsstatut gewählt,
legt ein Teil der Rechtsprechung die Gerichtsstandsklausel auf
der Grundlage des anwendbaren Vertragsrechts aus, *Symeonides*,
61 American Journal of Comparative Law [2013], S. 253.

cc) Klarheit der Rechtswahlklausel

Unklarheiten in der Formulierung führen in der Praxis immer wieder zu Schwierigkeiten. 216

Beispiel 1: 217

Der Vertrag sieht die Klausel vor: „Soweit der Versicherungsvertrag nichts ergibt, finden die Vorschriften des Bundesgesetzes auf den Versicherungsvertrag ... Anwendung". Gestritten wird später, ob erfüllt worden sei (§ 362 BGB). Da das VVG keine allgemeinen schuldrechtlichen Bestimmungen enthält, bedarf es einiger Auslegungskunst, um dahin zu gelangen, dass die Parteien wohl schlechthin deutsches Recht gewählt hatten.

BGH, Urt. v. 11.2.1953 – VI ZR 51/52, BGHZ 9, 34. Zustimmend E. *Lorenz*, RIW 1992, 697, 704. Zum Auslegungsstatut Rn. 64 ff.

Beispiel 2: 218

Die Rechtswahlklausel eines Liefervertrags zwischen einem deutschen und einem mexikanischen Unternehmen lautet: „Der Liefervertrag unterliegt deutschem Recht". Unklar bleibt, ob die Parteien die Geltung des UN-Übereinkommens über Verträge über den internationalen Warenkauf oder deutsches BGB meinen.

Zu diesem häufigen Fehler noch Rn. 226 ff., 237.

Beispiel 3: 219

Die Parteien vereinbaren die Geltung deutschen Rechts „unter Ausschluss des IPR". Das ist unsinnig, weil erst das IPR die Rechtswahlfreiheit gibt.

Im Einzelnen *Mankowski*, RIW 2003, 2, 7 f.: Man zieht den Stuhl weg, auf den man sich setzen will.
Weitere Beispiele für unklare Rechtswahlklauseln Rn. 208.

dd) Reichweite der Rechtswahlklausel

Die Parteien haben mitunter keine hinreichende Vorstellung über die Reichweite der von ihnen formulierten Rechtswahlklausel. Insbesondere lassen viele Rechtswahlklauseln offen, ob konkurrierende deliktische Ansprüche, Ansprüche aus culpa in contrahendo oder Ansprüche aus Bereicherungsrecht ebenfalls nach dem Vertragsstatut beurteilt werden sollen. 220

B. Die Rechtswahl

221 *Beispiel:*

Die Rechtswahlklausel lautet: "Auf das Vertragsverhältnis der Parteien ist deutsches Recht anzuwenden". Die Klausel ist dann zu eng geraten, wenn sie konkurrierende außervertragliche Ansprüche umfassen soll.

Die Wahl außervertraglichen Schuldrechts erlaubt Art. 14 Abs. 1 Rom II-VO. Vor Eintritt des begründenden Ereignisses dürfen allerdings nur Unternehmer das außervertragliche Schuldstatut wählen (Art. 14 Abs. 1b Rom II-VO).

222 Die akzessorische Anknüpfung konkurrierender außervertraglicher Ansprüche hat die heilsame Folge, dass funktionell zusammengehörige Rechtsmaterien kollisionsrechtlich nicht auseinandergerissen werden. International privatrechtlich spielt es dann nämlich keine Rolle, ob die Rückabwicklung aufgrund eines Rücktritts oder nach den Grundsätzen der ungerechtfertigten Bereicherung stattfindet. Ebenso wenig kommt es darauf an, ob Vertragsrecht und Deliktsrecht miteinander konkurrieren oder sich gegenseitig ausschließen. Die Wahl des anwendbaren Rechts wird auf derartige Annexmaterien einfach erstreckt. Versäumen die Parteien die Vereinbarung einer umfassenden Rechtsfolge, hilft eine an das Vertragsstatut angelehnte objektive Anknüpfung weiter:

(1) Verschulden bei Vertragshandlungen

223 So sind Ansprüche aus Verhandlungen vor Abschluss eines Vertrags dem Vertragsstatut unterworfen. Kommt der Vertrag nicht zustande, so gilt das Recht, welches bei Zustandekommen des Vertrags zur Anwendung gekommen wäre (Art. 12 Abs. 1 Rom II-VO).

(2) Konkurrierende Deliktsansprüche

224 Ansprüche aus einer konkurrierenden Deliktshaftung können trotz der Grundregel in Art. 4 Abs. 1 Rom II-VO (Anknüpfung an das Recht des Orts des Schadenseintritts) nach Art. 4 Abs. 3 Satz 2 Rom II-VO dem Vertragsstatut unterfallen.

Ebenso Art. 133 Abs. 3 des schweizerischen IPRG.

(3) Bereicherungsrecht

225 Ansprüche aus fehlgeschlagenen Leistungsbeziehungen, die bereicherungsrechtlich abzuwickeln sind, werden genauso angeknüpft, wie das Vertragsverhältnis im Fall seiner Wirksamkeit anzuknüpfen wäre. Denn nach Art. 12 Abs. 1e Rom I-VO gilt für die folgende Nichtigkeit des Vertrags ebenfalls das Vertragsstatut.

Ebenso Art. 128 des schweizerischen IPRG.

ee) Wahl und Ausschluss des Wiener Übereinkommens über Verträge über internationale Warenkäufe

Das obige Beispiel (Rn. 218) zeigt, dass es manchmal mit der Wahl eines bestimmten staatlichen Rechts nicht getan ist. Vielmehr muss in Fällen, in denen das Wiener UN-Übereinkommen über Verträge über den internationalen Warenkauf (CISG) Anwendung finden kann, klargestellt werden, ob überkommenes nationales Recht (deutsches BGB/HGB) oder vereinheitlichtes nationales Recht (CISG) gewählt sein soll. In der Praxis wird dies häufig übersehen. 226

> OLG Hamm, Urt. v. 9.6.1995 – 11 U 191/94, RIW 1996, 689;
> OLG Köln, Urt. v. 22.2.1994 – 22 U 202/93, RIW 1994, 972.
> Weitere Rechtsprechung bei Schlechtriem/Schwenzer/*Ferrari*, Art. 6 CISG, Rn. 7 Fz. 27. Ein gleich gelagertes Problem bestand unter Geltung der Einheitlichen Gesetze über den Abschluss von internationalen Kaufverträgen über bewegliche Sachen und über den internationalen Kauf beweglicher Sachen, vgl. BGH, Urt. v. 4.4.1979 – VIII ZR 199/78, BGHZ 74, 136;
> BGH, Urt. v. 2.6.1982 – VIII ZR 43/81, NJW 1982, 2730. Diese Gesetze sind zum 1.1.1991 außer Kraft getreten, vgl. die Bekanntmachungen vom 30.10.1990, BGBl II, 1482 und vom 12.12.1990, BGBl I, 2894, 2895.

(1) Anwendung des CISG

Nach Art. 1 Abs. 1 CISG ist das Übereinkommen anzuwenden auf Kaufverträge über Waren zwischen Parteien, die ihre Niederlassung in verschiedenen Staaten haben. Vorausgesetzt ist, dass diese Staaten entweder Vertragsstaaten sind (autonome Anwendung) oder, dass die Regeln des IPR zur Anwendung des Rechts eines Vertragsstaats führen (kollisionsrechtliche Anwendung). 227

> Zum Anwendungsbereich des CISG MünchKomm/*Westermann*, Art. 1 CISG Rn. 1–14; Staudinger/*Magnus* (2013), Art. 1 CISG Rn. 12 ff.; zum zeitlichen Geltungsbereich Art. 100 Abs. 2 CISG und dazu BGH, Urt. 17.12.1997 – VIII ZR 231/96, NJW-RR 1998, 680, 681. In der Praxis kommt es vor, dass die Parteien direkt die Anwendbarkeit des CISG bestimmen. Dazu Rn. 232.

Beispiel für die kollisionsrechtliche Anwendung: 228

Kaufvertrag zwischen deutschem Vertragspartner und einem Vertragspartner mit Sitz in Österreich. Die Parteien wählen deutsches Recht. Zur Anwendung kommt nach Art. 1 Abs. 1 lit. b CISG das Wiener UN-Übereinkommen über den internationalen Warenkauf, weil das CISG das deutsche Recht für internationale Kaufverträge ist.

> BGH, Urt. v. 25.11.1998 – VIII ZR 259/97, NJW 1999, 1259, 1260; Staudinger/*Magnus* (2013), Art. 6 CISG Rn. 24.

229 Ob die Parteien von der Geltung des Wiener UN-Kaufrechts gewusst und an seine Anwendung gedacht haben, ist nach der Rechtsprechung grundsätzlich belanglos.

> BGH, Beschl. v. 11.5.2010 – VIII ZR 212/07, NJW-RR 2010, 1217; *Martiny*, in: Reithmann/Martiny, Rn. 914. Für die Haager Einheitlichen Kaufgesetze BGH, Urt. v. 28.3.1979 – VIII ZR 37/78, BGHZ 74, 193, 197. Den Parteiwillen missachtet das gründlich. Aber nur wenige Stimmen wollen den Parteiwillen im Einzelfall ermitteln, vgl. die Nachweise bei Staudinger/*Magnus* (2013), Art. 6 CISG Rn. 26.

230 Die kollisionsrechtliche Lösung können Staaten durch Vorbehalt ausschließen (Art. 95 CISG). Diesen Vorbehalt haben beispielsweise die USA und China erklärt. Hierzu bestimmt Art. 2 des deutschen Gesetzes zum Wiener UN-Übereinkommen:

> „Führen die Regeln des internationalen Privatrechts zur Anwendung des Rechts eines Staats, der eine Erklärung nach Artikel 95 des Übereinkommens von 1980 abgegeben hat, so bleibt Artikel 1 Abs. 1b des Übereinkommens außer Betracht."
>
> Gesetz zu dem Übereinkommen der Vereinten Nationen vom 11.4.1980 über Verträge über den internationalen Warenkauf vom 5.7.1989, BGBl II, 586.

231 In Deutschland wird also ebenso entschieden, wie in dem Staat, der den Vorbehalt nach Art. 95 CISG erklärt hat.

> Die skandinavischen Staaten hatten den Vorbehalt nach Art. 92 CISG (keine Ratifikation von Teil II des Übereinkommens) erklärt mit der Folge, dass im Verhältnis zu ihnen für den Vertragsabschluss das CISG nicht über Art. 1 Abs. 1 lit. a CISG zur Anwendung kam. Dänemark, Finnland und Schweden haben den Vorbehalt allerdings zurückgenommen (vgl. Staudinger/*Magnus* (2013), Art. 92 CISG Rn. 3).

(2) Wahl des CISG

232 In der Praxis kommt es vor, dass Parteien das CISG nicht über den Weg in Art. 1 Abs. 1 CISG zur Anwendung bringen. Vielmehr bestimmen die Parteien im Vertrag die Anwendbarkeit des UN-Kaufrechts ausdrücklich.

233 *Beispiel aus den Allgemeinen Geschäftsbedingungen einer deutschen Einkaufsgesellschaft:*

> „Auf die Lieferbeziehungen findet das Wiener UN-Übereinkommen über Verträge über den internationalen Warenkauf Anwendung."

234 Solche Klauseln sind zu vermeiden. Ob das CISG kollisionsrechtlich gewählt werden kann, wird bestritten (Rn. 130). Jedenfalls handelt es sich um eine unglückliche Teilrechtswahl. Denn das CISG regelt naturgemäß nicht alle schuldrechtlichen Fragen, die sich im Rahmen der Lieferbeziehungen stellen. Welche Rechtsordnung im Übrigen anwendbar ist, muss bei dieser Klausel

gemäß Art. 4 Rom I-VO nach objektiven Gesichtspunkten bestimmt werden. Bei den von der deutschen Einkaufsgesellschaft geschlossenen Verträgen handelte es sich um Kaufverträge mit Verkäufern, welche fast überall in der Welt angesiedelt waren. Da bei fehlender Rechtswahl gemäß Art. 4 Rom I-VO im Zweifel das Recht am Sitz des Verkäufers zur Anwendung kommt (Rn. 443, 511), sah sich die – durchaus marktstarke – Einkaufsgesellschaft vor einem Bündel von Verträgen, die neben dem CISG je nach Verkäuferland ergänzend dem Recht z. B. von Bangladesch, Indien, Peru usw. unterlagen. Das Beispiel zeigt: Die Wahl des CISG mag man ausdrücklich vereinbaren, sollte aber diese Regelung durch eine umfassende Rechtswahlklausel ergänzen.

> Im Fall kam erschwerend hinzu, dass die Schiedsgerichtsbarkeit der ICC vereinbart war und damit nicht einmal feststand, welches Kollisionsrecht zur Bestimmung des Vertragsstatuts herangezogen werden sollte. Nach Art. 21 Abs. 1 Satz 2 der ICC-Schiedsgerichtsordnung in der Fassung vom 1.1.2012 „wendet das Schiedsgericht dann, wenn die Parteien nichts bestimmt haben, diejenigen Rechtsregeln an, die es für geeignet erachtet". Die Klausel barg also erhebliche Rechtsunsicherheit.

(3) Abwahl des CISG

Häufiger als die Wahl des UN-Kaufrechts ist dessen Abwahl. Ausgeschlossen werden kann die Anwendung des Übereinkommens nach Art. 6 CISG ganz oder teilweise. Das Übereinkommen ist also kollisionsrechtlich dispositiv. Wenn das CISG nicht eingreifen soll, muss ein Ausschluss aber auch tatsächlich vereinbart werden. Der Ausschluss kann ausdrücklich oder stillschweigend erklärt werden. 235

Beispiel für einen ausdrücklichen Ausschluss: 236

„Es gilt das deutsche materielle Recht. Die Anwendung des Wiener UN-Übereinkommens über den internationalen Warenkauf wird ausgeschlossen."

Die Klausel, in der bestimmt ist „Es gilt deutsches Recht", reicht hingegen nicht. Auch das CISG ist deutsches Recht. 237

> Siehe Rn. 218;
> BGH, NJW 1999, 1259; Staudinger/*Magnus* (2013), Art. 6 CISG Rn. 23.

Die Rechtsprechung verlangt zusätzliche Anhaltspunkte, um auf einen Willen der Parteien zu schließen, das deutsche Kaufrecht ohne das CISG zur Anwendung bringen zu wollen. 238

> BGH, Beschl. v. 11.5.2010 – VIII ZR 212/07, NJW-RR 2010, 1217, 1219.

Ein stillschweigender Ausschluss kann angenommen werden, wenn die Parteien das Recht eines Staats gewählt haben, der nicht Vertragsstaat ist. Ein stillschweigender Ausschluss ist ferner dann anzunehmen, wenn die Parteien

B. Die Rechtswahl

sich im Schriftwechsel auf Vorschriften des deutschen BGB oder HGB beziehen oder berufen.

> OLG Köln, Urt. v. 26.2.1997 – 27 U 63/96, S. 14 (nicht veröffentlicht); ebenso *Martiny*, in: Reithmann/Martiny, Rn. 914; Staudinger/*Magnus* (2013), Art. 6 CISG Rn. 30; für die Haager Einheitlichen Kaufgesetze BGH, Urt. v. 26.11.1980 – VIII ZR 261/79, NJW 1981, 1156, 1157. Der BGH nimmt in dieser Entscheidung an, dass die Erörterung der Verjährungsfrage anhand der §§ 477 ff. BGB einen stillschweigenden Ausschluss der Haager Einheitlichen Kaufgesetze bedeutet. Ebenso öst. OGH JBl 2008, 191.
> So sehr dies möglich ist, ist doch zu berücksichtigen, dass die fehlerhafte anwaltliche Behandlung kollisionsrechtlicher Fragen keine stillschweigende Rechtswahl der von ihnen vertretenen Parteien bedeutet. Vgl. zur nachträglichen stillschweigenden Rechtswahl durch Prozessvertreter im Rechtsstreit Rn. 281 ff.

239 Ebenfalls kann ein stillschweigender Ausschluss angenommen werden, wenn die Parteien Allgemeine Geschäftsbedingungen gewählt haben, die erkennbar nicht vereinheitlichtes nationales Recht zur Grundlage haben.

> Staudinger/*Magnus*, Art. 6 CISG Rn. 42; für die Haager Einheitlichen Kaufgesetze OLG Hamm, Urt. v. 18.10.1992 – 2 W 29/82, ZIP 1983, 187 = NJW 1983, 523;
> offen gelassen in BGH, Urt. v. 4.4.1979 – VIII ZR 199/78, BGHZ 74, 136, 140 f.

ff) Abwahl der alternativen Ortsform

240 Für die Form von Rechtsgeschäften enthält Art. 11 Rom I-VO besondere Kollisionsnormen. Nach Art. 11 Abs. 1 Rom I-VO ist ein Rechtsgeschäft formgültig, wenn es die Formerfordernisse des Vertragsstatuts erfüllt oder den Erfordernissen des Staats gerecht wird, in dem das Rechtsgeschäft vorgenommen wurde (Einzelheiten Rn. 624 ff.). Bei einer Rechtswahl müssen die Parteien darauf achten, ob sie die Ortsform neben der Geschäftsform eines Vertrags bestehen lassen oder ausschließen wollen. Der Bundesgerichtshof hat – sehr weitgehend – angenommen, dass die Parteien durch die Wahl des Vertragsstatuts einen Rückgriff auf das alternative Formstatut des Vornahmeorts stillschweigend ausgeschlossen haben.

> BGH, Urt. v. 3.12.1971 – V ZR 126/69, BGHZ 57, 337, 339.

241 Angesichts dessen bleibt nichts anderes übrig, als gegebenenfalls vorsorglich in eine Rechtswahlklausel aufzunehmen: „Der Kaufvertrag unterliegt deutschem materiellen Recht. Seine Formgültigkeit kann hingegen wahlweise nach deutschem oder italienischem Recht beurteilt werden." Dann bleibt es bei dem Grundsatz der Alternativanknüpfung, der zur Meistbegünstigung führt (Rule of Validation).

> Vgl. auch OLG Hamm, Urt. v. 13.11.1995 – 22 U 170/94, NJW-RR 1996, 1145 (LS): Eine Wahl spanischen Formstatuts

II. Der Vorgang der Rechtswahl

und im Übrigen deutschen Vertragsstatuts ist gemäß Art. 27 Abs. 1 Satz 3 EGBGB möglich.

gg) Beispiel einer weitreichenden Rechtswahlklausel

Die oben genannten Aspekte berücksichtigen etwa eine Rechtswahlklausel mit folgendem Inhalt: 242

> „Alle schuldrechtlichen Rechtsbeziehungen, die im Zusammenhang mit der Eingehung, Durchführung und Abwicklung dieses Vertrags zwischen den Parteien entstehen, mögen sie auf vertraglicher oder außervertraglicher Grundlage beruhen, sind nach dem materiellen Recht der Bundesrepublik Deutschland zu beurteilen. Die Formgültigkeit des Vertrags kann wahlweise nach deutschem oder schweizerischem Recht beurteilt werden. Die Anwendung des Wiener Übereinkommens über internationale Warenkäufe wird ausgeschlossen."

> Wer will, kann zusätzlich das Vertragsstatut zeitlich „stabilisieren", vgl. zu Versteinerungs- oder Stabilisierungsklauseln Rn. 143–148. Dann muss ergänzt werden: „... nach dem materiellen Recht der Bundesrepublik Deutschland zu beurteilen, das zur Zeit des Vertragsabschlusses in Geltung ist". In Verträgen mit Verbrauchern sind die verbraucherschutzrechtlichen Beschränkungen zu beachten, auch die Beschränkungen bei der Wahl des außervertraglichen Schuldstatuts.

2. Stillschweigende Erklärung

Ist die Rechtswahl nicht ausdrücklich erfolgt, so können die Parteien doch stillschweigend gewählt haben. Die Erklärungen der Parteien sind auszulegen. Der Auslegungsmaßstab des Art. 3 Abs. 1 Satz 1 Rom I-VO gibt vor, dass sich die Rechtswahl „eindeutig aus den Bestimmungen des Vertrags oder aus den Umständen des Falles ergeben muss" (vgl. Rn. 64 ff.). 243

> Etwa auch: Art. 116 Abs. 2 des schweizerischen IPRG: „Die Rechtswahl muss ausdrücklich sein oder sich eindeutig aus dem Vertrag oder aus dem Vertrag ergeben". In Art. 3 Abs. 1 Satz 2 EVÜ hieß es noch: „Die Rechtswahl muss ausdrücklich sein oder sich mit hinreichender Sicherheit aus den Bestimmungen des Vertrages oder aus den Umständen des Falles ergeben."
> Die Formulierung in Art. 3 Rom I-VO („eindeutig") versteht sich strenger, vgl. Staudinger/*Magnus* (2011), Art. 3 Rom I-VO Rn. 71.

Der Parteiwille muss eindeutig sein. Man darf den Parteien nichts unterstellen. Der hypothetische Parteiwille ist unbeachtlich. Auch die Vorstellung der Parteien, eine Rechtsordnung sei anwendbar, reicht nicht aus. 244

> BGH, Urt. v. 15.5.2007 – X ZR 109/05, NJW-RR 2007, 1463, 1464; Staudinger/*Magnus* (2011), Art. 3 Rom I-VO Rn. 72.

In der Praxis haben sich Anhaltspunkte (Indizien) herausgebildet, die mehr oder minder signifikant sein können. Manche reichen für sich genommen 245

B. Die Rechtswahl

aus, um auf einen Rechtswahlwillen der Parteien zu schließen. Andere bedürfen einer Verstärkung durch weitere Indizien. Über allem steht natürlich die Würdigung des Einzelfalls.

a) Zuständigkeitsvereinbarungen

246 Die Wahl eines einheitlichen ausschließlichen Gerichtsstands wird als starker Hinweis auf die Wahl des Rechts des Gerichtsstaats angesehen, ist aber kein zwingendes Indiz, um auf einen Rechtswahlwillen der Parteien zu schließen.

> So Erwägungsgrund 12 der Rom I-VO, unverständlicherweise allerdings nur für Gerichtsstandsvereinbarungen zugunsten der Gerichte eines Mitgliedsstaats, dazu *Leible/Lehmann*, RIW 2008, 528, 532 f. Vgl. auch Staudinger/*Magnus* (2011), Art. 3 Rom I-VO Rn. 76;
> zuvor schon zum alten Recht BGH, Urt. v. 26.7.2004 – VIII ZR 273/03, NJW-RR 2005, 2006, 2008; BGH, Urt. v. 13.6.1996 – IX ZR 172/95, NJW 1996, 2569 („gewichtiges Indiz");
> *E. Lorenz*, RIW 1992, 697, 702; *Wenner*, RIW 1998, 173, 175. Zusätzliche Indizien wird es häufig geben.

247 Die formularmäßige Gerichtsstandsvereinbarung auf einer Rechnung reicht hingegen nicht.

> BGH, Urt. v. 7.5.1969 – VIII ZR 142/68, DB 1969, 1053. Ebenso das schweizerische Recht, vgl. *Amstutz/Vogt/Wang*, in: Basler Kommentar, Art. 116 IPRG Rn. 40.

248 Eine nach Vertragsschluss getroffene Gerichtsstandsvereinbarung sagt regelmäßig ebenfalls nicht viel über einen Rechtswahlwillen der Parteien aus.

> MünchKomm/*Martiny*, Art. 3 Rom I-VO Rn. 48.

249 Kann der Kläger der Zuständigkeitsvereinbarung zufolge zwischen Gerichtsständen wählen, liegt hierin kein Indiz für das anwendbare Recht. Insbesondere deutet eine solche Gerichtsstandsklausel nicht darauf hin, dass die Parteien stillschweigend eine Floating Choice-of-Law Clause vereinbart haben.

> Zu Floating Choice-of-Law Clauses Rn. 171–181.

b) Schiedsabreden

250 Eine Schiedsabrede indiziert dann Rechtswahlwillen, wenn ein institutionelles Schiedsgericht angerufen werden soll, das traditionell nach seinem Sitzrecht entscheidet.

> BGH, Urt. v. 1.7.1964 – VIII ZR 266/62, WM 1964, 1023: Deutsches Recht anzuwenden, weil Zuständigkeit eines Schiedsgerichts der Handelskammer des Saarlands vereinbart wurde. Ähnlich Teilschiedsspruch des Schiedsgerichts der Handelskammer Hamburg vom 21.3.1996, NJW 1996, 3229, 3230. So auch die Sichtweise in der Schweiz, anders allerdings *Amstutz/Vogt/Wang*, in: Basler Kommentar, Art. 116 IPRG Rn. 41: Indiz nur in „sehr außergewöhnlichen Fällen".

II. Der Vorgang der Rechtswahl

Die Vereinbarung von Gelegenheitsschiedsgerichten ohne festen Sitz, erst recht unter Teilnahme von Schiedsrichtern mit unterschiedlicher Staatsangehörigkeit, hat hingegen keinen Indizcharakter. Die Berufung eines institutionellen Schiedsgerichts ist als Hinweis auf eine Rechtswahl ebenfalls unergiebig, wenn das Schiedsgericht nicht nach seinem Sitzrecht zu entscheiden pflegt. Das trifft zum Beispiel zu, wenn die Parteien ein Schiedsgericht der ICC vereinbaren. Dieser Schiedsabrede ist weder ein Hinweis auf das anwendbare materielle Recht noch auf das anwendbare Kollisionsrecht zu entnehmen. Art. 21 Abs. 1 der ICC-Schiedsgerichtsordnung in der Fassung vom 1.1.2012 bestimmt nämlich, dass dann, wenn die Parteien nichts vereinbart haben, das Schiedsgericht die Rechtsregeln anwendet, die es für angemessen erachtet. 251

Vgl. den Wortlaut von Art. 21 Abs. 1 der ICC-Schiedsgerichtsordnung Rn. 120.

Aus dem gleichen Grund gibt etwa die Vereinbarung der Zuständigkeit des Schiedsgerichts der deutsch-französischen Handelskammer keinen Hinweis auf das Vertragsstatut. 252

OLG Hamm, Urt. v. 20.1.1989 – 29 U 155/86, NJW 1990, 652, 653.

c) Vereinbarung eines Erfüllungsorts

Der Wahl eines Erfüllungsorts kommt umso mehr Gewicht zu, je unrealistischer er ist. Die Vereinbarung eines Erfüllungsorts ist deshalb insbesondere dann ein Indiz auf die anwendbare Rechtsordnung, wenn er vom tatsächlichen Leistungsort abweicht oder wenn bei gegenseitig verpflichtenden Verträgen ein einheitlicher Erfüllungsort vereinbart wird. 253

Martiny, in: Reithmann/Martiny, Rn. 124; *Wenner*, RIW 1998, 173, 175.

Beispiel: 254

Privatschriftlicher Verkauf eines in Spanien belegenen Grundstücks zwischen deutschen Parteien, und zwar unter Vereinbarung eines (einheitlichen) Erfüllungsorts in Frankfurt/M. bzw. Köln. Gerade weil die Übereignungsverpflichtung nicht in Deutschland, sondern nur in Spanien erfüllt werden konnte, kommt der Wahl des (insofern unrealistischen Erfüllungsorts) kollisionsrechtlich eine Indizwirkung zu: Die Abmachung eines einheitlichen Erfüllungsorts signalisiert, dass der Kaufvertrag insgesamt unter deutschem Recht vollzogen werden sollte.

BGH, Urt. v. 4.7.1969 – V ZR 69/66, BGHZ 52, 239;
BGH, Urt. v. 3.9.1979 – V ZR 85/77, BGHZ 73, 391.

d) Bezugnahmen auf Legalsysteme und Bedingungswerke

255 Der vertragliche Gebrauch von Fachausdrücken, der Gesetzessprache oder von Zitatstellen aus einer bestimmten Rechtsordnung kann aufschlussreich sein. Daher ist Vorsicht anzuraten bei der Übersetzung deutscher juristischer Termini in eine ausländische Vertragssprache. Je besser die Übersetzung, desto leichter „wählt" man sich (stillschweigend) in das ausländische Recht hinein.

256 Indiz für einen stillschweigenden Rechtswahlwillen der Parteien kann es sein, wenn einzelne Bestimmungen des BGB in Bezug genommen werden, etwa wenn in einem Veranstaltungsvertrag auf Vorschriften des deutschen Reiserechts verwiesen wird.

> BGH, Urt. v. 23.10.2012 – X ZR 157/11, NJW 2013, 308, 310.
> Ebenso zur Bezugnahme des Gewährleistungsrechts der
> §§ 459 ff. BGB a. F. BGH, Urt. v. 28.1.1997 – XI ZR 42/96,
> WM 1997, 560, 561;
> siehe auch BGH, Urt. v. 19.1.2000 – VIII ZR 275/98,
> NJW-RR 2000, 1002, 1004;
> BGH, Urt. v. 14.1.1999 – VII ZR 19/98, NJW-RR 1999, 813;
> *Martiny*, in: Reithmann/Martiny, Rn. 125;
> anders *Ferrari*, in: Ferrari/Kieninger/Mankowski, Art. 3 Rom I-VO Rn. 33.

257 Aufschlussreich kann auch der Umstand sein, dass die Parteien vertraglich auf rechtliche Erfordernisse Rücksicht nehmen, die nur in der einen, nicht aber in der anderen Rechtsordnung aufgestellt werden.

258 *Beispiel 1:*

Die Vertragsparteien haben ihren Sitz in Frankreich und Deutschland. In einer von ihnen errichteten Vertragsurkunde findet sich der Hinweis, dass die Vereinbarung, welche von den Parteien selbst sowie der Ehefrau einer Partei als Zeugin unterzeichnet wurde, in drei Originalen ausgefertigt sei. Damit soll ein Bezug zum französischen Recht (Art. 1325 III Code Civil) hergestellt werden.

> BGH, Urt. v. 8.10.1991 – XI ZR 64/90, ZIP 1991, 1582, 1583;
> dazu *Schlechtriem*, EWiR 1991, 1167.

259 Die Bezugnahme auf Vorschriften, die unabhängig vom Vertragsstatut gelten, ist hingegen regelmäßig kein Indiz für die stillschweigende Wahl einer bestimmten Rechtsordnung. Schließen Parteien einen Vertrag über den Kauf eines Dauerwohnrechts in einer im Schwarzwald gelegenen Ferienwohnanlage unter Hinweis auf § 31 WEG, so indiziert dies nicht unbedingt einen stillschweigenden Rechtswahlwillen der Parteien. Denn § 31 WEG ist sachenrechtlicher Natur, gilt also unabhängig von einer Rechtswahl.

> Problematisch deshalb BGH, Urt. v. 10.5.1996 – V ZR 154/95,
> NJW-RR 1996, 1043.

260 Verweisen die Parteien in einem Vertrag auf zwingendes Preisrecht eines Staats, so ist diese Bezugnahme nicht unbedingt eine stillschweigende Rechtswahl,

II. Der Vorgang der Rechtswahl

wenn im konkreten Fall die zwingende Preisvorschrift auch ohne Rechtswahl Anwendung finden würde.

>*Thode/Wenner*, Rn. 90; *Wenner*, BauR 1993, 257, 269. Ebenso *Martiny*, in: Reithmann/Martiny, Rn. 125;
>
>BGH, Urt. v. 7.12.2000 – VII ZR 404/99, NJW 2001, 1936, 1937; dazu *Wenner*, EWiR 2001, 625; vgl. hierzu auch Rn. 366.

Auch der im Vertrag enthaltene Verweis auf den deutschen Umsatzsteuersatz ist kein Indiz für die Wahl deutschen Schuldrechts. **261**

>Zu Unrecht anders OLG Brandenburg, Urt. v. 25.1.2012 – 4 O 112/08, NJW-RR 2012, 535.

Aus dem gleichen Grund wird regelmäßig die Erwähnung von Behörden eines bestimmten Staats keinen Hinweis auf die Wahl des Rechts dieses Staats bilden. **262**

>Anders *Amstutz/Vogt/Wang*, in: Basler Kommentar Art. 116 IPRG Rn. 42.

***Beispiel** für die Bezugnahme auf ein nationales Bedingungswerk ist die Vereinbarung der VOB/B. Aus dieser Bezugnahme folgert die Rechtsprechung einen Hinweis auf einen stillschweigenden Willen, deutsches Recht zu vereinbaren.* **263**

>BGH, Urt. v. 10.4.2003 – VII ZR 314/01, NZBau 2003, 493;
>
>BGH, Urt. v. 14.1.1999 – VII ZR 19/98, 813; dazu *Wenner*, EWiR 1999, 353;
>
>BGH, Urt. v. 5.5.1988 – VII ZR 119/87, BGHZ 104, 268, 270 = ZIP 1988, 1083; dazu v. Feldmann, EWiR 1988, 965;
>
>OLG Köln, Urt. v. 23.2.1983 – 16 U 136/82, IPRspr. 1983 Nr. 133, jeweils gab es zusätzliche Indizien, die auf deutsches Recht hinwiesen. Vgl. *Thode/Wenner*, Rn. 84.

Auch die Benutzung von Allgemeinen Geschäftsbedingungen, die auf einem bestimmten nationalen Recht aufbauen und dessen Gestaltungsmöglichkeiten ausschöpfen, können ein Indiz für eine stillschweigende Rechtswahl bilden. **264**

>BGH, Urt. v. 23.10.2012 – X ZR 157/11, NJW 2013, 308, 310;
>
>BAG, Urt. v. 23.8.2012 – 8 AZR 804/11, BeckRS 2013, 65309;
>
>für das Schweizer Recht *Amstutz/Vogt/Wang*, in: Basler Kommentar, Art. 116 IPRG Rn. 42.

Hingegen ist bei der Bezugnahme auf Vorschriften oder Bedingungen, die im Wesentlichen den Leistungsinhalt konkretisieren, Vorsicht geboten. So ist die Bezugnahme auf DIN-Vorschriften oder Richtlinien für die Erstellung von Erzeugnissen wohl häufig kein Hinweis auf das anwendbare Vertragsstatut. Denn es muss angenommen werden, dass die Parteien mit dieser Bezugnahme den Inhalt der Sachleistung beschreiben, nicht aber die Rechtsgrundlage bestimmen wollten. **265**

> *Thode/Wenner*, Rn. 91; *Wenner*, in: Festschrift Thode, S. 661, 664; ebenso jetzt auch Rauscher/*v. Hein*, Art. 3 Rom I-VO Rn. 33;
> anders BGH, Urt. v. 19.1.2000 – II ZR 275/98, NJW-RR 2000, 1002, 1004.

e) Bezugnahme auf anderen Vertrag

266 Inwieweit die Bezugnahme auf einen anderen Vertrag bedeutet, dass dessen Vertragsstatut stillschweigend gewählt wird, hängt vom Einzelfall ab. Einer Bezugnahme der Parteien auf einen zwischen ihnen bereits abgewickelten Vertrag, der eine Rechtswahlklausel enthält, wird häufig eine stillschweigende Rechtswahlvereinbarung zu entnehmen sein.

> BGH, Urt. v. 7.12.2000 – VII ZR 404/99, NJW 2001, 1936, 1937; *Kropholler*, S. 460; MünchKomm/*Martiny*, Art. 3 Rom I-VO Rn. 66.

267 Wird hingegen in einem Subunternehmervertrag pauschal auf die Regelung des Hauptvertrags verwiesen, kann eine stillschweigende Rechtswahl nicht ohne Weiteres angenommen werden. Denn dieser Verweis dient in der Praxis häufig lediglich dazu, den vom Subunternehmer zu erbringenden Leistungsinhalt zu beschreiben.

> *Thode/Wenner*, Rn. 96; anders *Vetter*, NJW 1987, 2124, 2125.

f) Rechtswahl in früheren Verträgen

268 Haben die Parteien in der Vergangenheit gleiche oder zumindest ähnliche Verträge abgewickelt, die eine Rechtswahl enthalten, so kann dies ein Indiz dafür sein, dass auch der jetzt in Rede stehende Vertrag diesem Recht unterworfen sein soll.

> *Kropholler*, S. 460. So auch öst. OGH, Urt. v. 15.1.1997 – 7 Ob 2407/96 p, IPRax 1998, 294, 295.

g) Vertragssprache

aa) Als Indiz für die Rechtswahl

269 Die Vertragssprache allein ist kein bedeutendes Indiz für eine stillschweigende Rechtswahl. Dass Parteien sich im grenzüberschreitenden Rechtsverkehr regelmäßig auf eine Sprache einigen, ist eine Notwendigkeit, aus der nichts herzuleiten ist.

> BGH, Urt. v. 26.7.2004 – VIII ZR 273/03, NJW–RR 2005, 2006, 2008;
> BGH, Urt. v. 8.10.1991 – XI ZR 64/90, ZIP 1991, 1582;
> BGH, Urt. v. 9.10.1986 – II ZR 241/85, ZIP 1987, 175, 176 f.; dazu *Schlechtriem*, EWiR 1987, 45.

Anders kann der Fall liegen, wenn die Vertragssprache die gemeinsame Heimatsprache der beiden Vertragspartner ist. 270

bb) **Exkurs: Sprachenstatut**

Vertragssprache und Vertragsstatut können auseinanderfallen. Ebenso wie das Vertragsstatut sollte das Sprachstatut einvernehmlich vereinbart werden. Dabei ist die Bedeutung der Vertragssprache hoch. Es fällt schwer, in fremden Sprachen präzise Vereinbarungen zu treffen. Meist wird die Maßgeblichkeit einer einzigen Sprache vereinbart. Es steht aber nichts im Wege, dass mehrere Sprachen gleichberechtigt nebeneinander stehen, wie es auch in Staatsverträgen vorkommt. Wer beispielsweise Verträge mit Staaten der Golfregion abschließt, tut gut daran, sich – neben der maßgeblichen ausländischen Landessprache – wenigstens eine vom Vertragspartner autorisierte englische Übersetzung beifügen zu lassen. 271

> Zu zweisprachigen Verträgen MünchKomm/*Spellenberg*, Art. 12 Rom I-VO Rn. 38 f. Zur Anknüpfung des Sprachrisikos Rn. 540.

h) **Geldwährung**

Die Vertragswährung ist regelmäßig kein bedeutendes Indiz. 272

> BGH, Urt. v. 26.7.2004 – VIII ZR 273/03, NJW-RR 2005, 2006, 2008;
> BGH, Urt. v. 8.10.1991 – XI ZR 64/90, ZIP 1991, 1582; dazu *Schlechtriem*, EWiR 1991, 1167;
> BGH, Urt. v. 26.10.1989 – VII ZR 153/88, ZIP 1989, 1573, 1574;
> BGH, Urt. v. 9.10.1986 – II ZR 241/85, NJW 1987, 1141, 1142;
> *Martiny*, ZEuP 1997, 107, 113; Staudinger/*Magnus* (2011), Art. 3 Rom I-VO Rn. 99. Das gilt auch, wenn die Parteien im Rahmen der Vertragsverhandlungen von der Währung des einen Vertragspartners zur Währung des anderen Vertragspartners wechseln, a. A. OLG Köln, Urt. v. 26.8.1994 – 19 U 282/93, NJW-RR 1995, 245, 246, dazu Rn. 279.

Beispiel: 273

Die Vereinbarung des US-Dollars als Zahlungsmittel in einem Vertrag ist kein Indiz für die stillschweigende Wahl des Rechts des Staats Iowa.

> Schröder, IPRax 1985, 131, 132. Anders LG München 25.11.1982 – 12 HKO 20 848/81, IPRax 1984, 318.

i) **Nationalität des Vertragsverfassers**

Die Tatsache, dass der Vertrag durch einen Notar oder Rechtsanwalt formuliert wurde, ist kein Hinweis auf das Sitzrecht des Verfassers. Im Gegenteil: Fehlt eine ausdrückliche Rechtswahlklausel in einem von einem „Profi" formulierten Vertrag, so kann dies ein Indiz dafür sein, dass die Parteien es bei der objektiven Anknüpfung des Vertrags belassen wollten. 274

Anders etwa OLG Köln, Urt. v. 8.1.1993 – 19 U 123/93, IPRspr. 1993 Nr. 29: Indiz für niederländisches Recht sei die Tatsache, dass der Vertrag von niederländischem Notar verfasst worden sei.

j) Kumulation schwacher Indizien

275 Liegen mehrere schwache Indizien gleichzeitig vor, so kann dies insgesamt einen starken Hinweis auf einen stillschweigenden Rechtswahlwillen der Parteien geben.

276 *Beispiel:*

Zwei deutsche Staatsangehörige schließen in Deutschland und in deutscher Sprache einen Vertrag über die Vermittlung eines Darlehens an einen Dritten mit Sitz in der Schweiz ab, wobei das Darlehen an die Tochtergesellschaft der Darlehensnehmerin in Spanien weiterzureichen war. Für eine stillschweigende Wahl deutschen Rechts sprechen die gemeinsame deutsche Staatsangehörigkeit, der Abschlussort und die deutsche Vertragssprache.

BGH, Urt. v. 28.1.1997 – XI ZR 42/96, WM 1997, 560, 561;

OLG Hamm, Beschl. v. 10.9.2012 – I-22 U 114/12, BeckRS 2012, 23070;

BGH, Urt. v. 10.2.2009 – VI ZR 28/08, NJW 2009, 1482.

277 Zwingend ist die Annahme aber nicht, dass in Fällen, in denen deutsche Staatsangehörige auf deutschem Staatsgebiet in deutscher Sprache einen Vertrag schließen, eine stillschweigende Wahl deutschen Rechts vorliegt.

Staudinger/*Magnus* (2011), Art. 3 Rom I-VO Rn. 99. Offengelassen von BGH, Urt. v. 13.6.1996 – IX ZR 172/95, ZIP 1996, 1291, 1293 = NJW 1996, 2569, 2570; dazu *Graf v. Westphalen*, EWiR 1996, 923.

278 Mitunter hat die Rechtsprechung unbedeutende Details kumuliert, um zur Anwendung deutschen Rechts zu gelangen:

279 *Beispiel 1:*

Gutachter mit Sitz in der Schweiz verpflichtet sich gegenüber einem deutschen Unternehmen zur Durchführung einer wissenschaftlichen Untersuchung über ein Segment des deutschen Transportmarkts für netto 20.000 DM. Der Gutachter hatte die Leistung zunächst für 25.000 sFr angeboten. Im Wesentlichen aus der deutschen Vertragswährung und der Tatsache, dass das Gutachten an den Sitz des Auftraggebers in Deutschland übersandt werden sollte, nimmt das OLG Köln die stillschweigende Wahl deutschen Rechts an. Hintergrund des gerichtlichen Kraftakts dürfte gewesen sein, dass bei einer objektiven Anknüpfung des Vertrags gemäß damals geltendem Art. 28 EGBGB recht eindeutig schweizerisches Recht anzuwenden gewesen wäre, dessen Ermittlung und Anwendung mehr Mühe verspricht.

II. Der Vorgang der Rechtswahl

> OLG Köln, Urt. v. 26.8.1994 – 19 U 282/93, NJW-RR 1995, 245.
> Zur objektiven Anknüpfung eines Vertrags, jetzt gemäß Art. 4 Rom I-VO, vgl. Rn. 440 ff.

Beispiel 2: 280

Ein deutscher Urlauber kauft in der Türkei einen Teppich. Die Geschäftsbedingungen sind auf Deutsch abgefasst und mit der Bezeichnung „Kaufvertrag" überschrieben, die Vertragsverhandlungen wurden auf Deutsch geführt, der Kaufpreis in Euro ausgewiesen. Das Kammergericht gelangt (eher zu Unrecht) zur stillschweigenden Wahl deutschen Rechts und nimmt an, „allein der Ort des Vertragsabschlusses neben dem Sitz der Klägerin" (des Teppichverkäufers) spreche gegen eine Anwendung deutschen Rechts.

> KG, Urt. v. 21.2.2008 – 19 U 60/07, NJW-RR 2009, 195.
> Zum Rücktritt vom Teppichkauf nach türkischem Recht OLG Frankfurt, Urt. v. 22.5.2007 – 9 U 12/07, NJW-RR 2007, 1357 f.

k) Übereinstimmendes Prozessverhalten

aa) Deutsche Rechtsprechung

Der praktisch wichtigste und prozessual verhängnisvollste Fall einer stillschweigenden Rechtswahl besteht darin, dass die Rechtsanwälte der Parteien im Verlaufe eines Zivilrechtsstreits Rechtsausführungen unter Zugrundelegung einer bestimmten Rechtsordnung machen, auf die sie später vom Bundesgerichtshof „festgenagelt" werden. 281

> Etwa BGH, Urt. v. 24.11.2010 – I ZR 192/06, BeckRS 211, 05977;
> BGH, Urt. v. 19.1.2000 – VIII ZR 275/98; NJW-RR 2000, 1002, 1004;
> BGH, Urt. v. 9.6.2004 – I ZR 266/00; NJW-RR 2004, 1482;
> BGH, Urt. v. 9.12.1998 – VI ZR 306/97, NJW 1999, 950, 951;
> BGH, Urt. v. 20.9.1995 – VIII ZR 52/94, BGHZ 130, 371;
> BGH, Urt. v. 12.12.1990 – VIII ZR 332/89, NJW 1991, 1292, 1293;
> BGH, Urt. v. 5.10.1993 – XI ZR 200/92, ZIP 1993, 1706, 1708 = NJW 1994, 187, 188 mit Anm. *Thode*, WuB IV A. § 817 BGB 2.94, und *Martinek*, EWiR 1993, 1181;
> BGH, Urt. v. 18.1.1988 – II ZR 72/87, BGHZ 103, 84, 86 = ZIP 1988, 358; dazu *Welter*, EWiR 1988, 449;
> BGH, Urt. v. 15.1.1986 – VIII ZR 6/85, ZIP 1986, 366 mit Anm. *Schack*, IPRax 1986, 272–274, und *Crezelius*, EWiR 1986, 335;
> BGH, Urt. v. 13.6.1984 – IV a ZR 196/82, NJW 1984, 2762.

Der Bundesgerichtshof sagt: 282

> „Der Bundesgerichtshof hat wiederholt anerkannt, dass der übereinstimmende Wille der Parteien, auf ein bestimmtes Rechtsverhältnis deutsches Recht anzuwenden, auch daraus entnommen werden kann, dass die Parteien in den

B. Die Rechtswahl

Tatsacheninstanzen übereinstimmend von der Geltung deutschen Rechts ausgegangen sind."

> BGH, Urt. v. 15.4.1970 – VIII ZR 87/69, WM 1970, 885;
> BGH, Urt. v. 12.12.1990 – VIII ZR 332/89, NJW 1991, 1292, 1293 und BGH, Urt. v. 9.12.1998 – VI ZR 306/97, NJW 1999, 950, 951 nennen dies die „ständige Rechtsprechung". zurückhaltend aber BGH, Urt. v. 30.10.2008 – I ZR 12/06, NJW 2009, 1205, 1206;
> BGH, Urt. v. 14.1.1999 – VII ZR 19/98, NJW-RR 1999, 813;
> BGH, Urt. v. 19.1.2000 – VIII ZR 275/98, NJW-RR 2000, 1002, 1004; vgl. hierzu *Wenner*, in: Festschrift Thode, S. 661, 662.

283 Unverkennbar ist die Zielrichtung dieser Rechtsprechung. In der Regel führen die Grundsätze der Rechtsprechung zur Anwendung des deutschen Rechts. Man strebt nach Hause, weil es bequem ist.

> Kritisch hierzu *Schack*, NJW 1984, 2763–2740; *ders.*, IPRax 1986, 272–274; *Wenner*, BauR 1993, 257, 260; *ders.*, RIW 1998, 173, 175; *Wenner*, in: Festschrift Thode, S. 661–663.

284 Wer im Prozess auf der Grundlage deutschen Rechts diskutiert, soll damit stillschweigend deutsches Recht gewählt haben.

> BGH, Urt. v. 24.11.2010 – I ZR 192/06, BeckRS 211, 05977;
> BGH, Urt. v. 20.9.1995 – VIII ZR 52/94, BGHZ 130, 371, 373;
> BGH, Urt. v. 21.5.1993 – VIII ZR 110/92, WM 1993, 1755, 1756; dazu *Otte*, EWiR 1993, 877;
> BGH, Urt. v. 28.1.1991 – XI ZR 194/91, WM 1992, 567, 568;
> BGH, Urt. v. 12.12.1990 – VIII ZR 332/89, NJW 1991, 1292, 1293;
> OLG Frankfurt, Urt. v. 31.1.1995 – 5 U 46/95, WM 1995, 1179;
> OLG Hamm, Urt. v. 9.6.1995 – 11 U 191/94, NJW-RR 1996, 179 übergeht den ersichtlichen Parteiwillen besonders gründlich, wenn aus der Inbezugnahme des BGB die Anwendbarkeit des CISG (Rn. 226) gefolgert wird.

285 Die rügelose Hinnahme der Urteilsbegründung in der II. Instanz soll ausreichen.

> BGH, Urt. v. 12.12.1990 – VIII ZR 332/89, NJW 1991, 1292, 1293.

286 Aber auch bei einer Rüge in der Berufungsbegründung hat der Bundesgerichtshof die Parteien an ihrem erstinstanzlichen Prozessverhalten festgehalten nach dem Motto: Gewählt ist gewählt.

> BGH, Urt. v. 15.1.1986 – VIII ZR 6/85, ZIP 1986, 366 = IPRax 1986, 292 mit kritischer Anm. *Schack*, ebenda, 272;
> OLG Frankfurt, Urt. v. 10.1.1991 – 16 U 202/89, RIW 1991, 865, 866.

II. Der Vorgang der Rechtswahl

Im Revisionsverfahren kann sich dieser Rechtsprechung zufolge ein Vertragspartner von der stillschweigenden Rechtswahl nicht mehr lösen. 287
BGH, Urt. v. 17.1.1966 – VII ZR 54/64, WM 1966, 140;
BGH, Urt. v. 13.6.1984 – IV ZR 196/82, NJW 1984, 2762.

Ob die Prozessvertreter der Parteien mit Erklärungsbewusstsein agiert haben 288
oder nicht, berührt nach Auffassung der Rechtsprechung die Wirksamkeit
der (stillschweigenden) Rechtswahl nicht. Darum ist Ahnungslosigkeit so
gefährlich, das Haftungsrisiko der beteiligten Rechtsanwälte erheblich. Ständig
tappen Anwälte in derartige Fallen, die Gerichte aufstellen, weil sie „heimwärts streben", um zur bequemeren Anwendung deutschen Rechts zu gelangen.

Thode/Wenner, Rn. 476; zurückhaltend jetzt BGH, Urt. v.
13.10.2008 – I ZR 12/06, NJW 2009, 1205, 1206.

bb) Schweiz

Das schweizerische Bundesgericht wehrt sich gegen entsprechende Versuche 289
der dortigen Instanzgerichte, das vertraute heimische Recht anzuwenden.
Das schweizerische Bundesgericht sagt:

> „Die bloße Bezugnahme auf ein bestimmtes Recht im Prozess genügt nach
> der von Art. 116 Abs. 2 IPRG geforderten Klarheit der Rechtswahl nicht."
>
> BG 28.4.1993, BGE 119 II 173; BG 27.4.2004, BGE 130 III, 417,
> 422 f.

Denn: 290

> „Das Bundesgericht steht ... auf dem Standpunkt, von einer Rechtswahl zugunsten eines bestimmten und von einem Verzicht auf die Anwendung eines
> anderen Rechts könne logischerweise nur dort gesprochen werden, wo den
> Parteien überhaupt bewusst geworden sei, dass sich die Frage nach dem maßgebenden Recht stelle".
>
> BG 28.4.1993, BGE 119 II 173, 175.

cc) Österreich

In Österreich hat der Gesetzgeber versucht, dem dort ebenfalls zu beob- 291
achtenden Treiben der Gerichte ein Ende zu bereiten. § 11 Abs. 2 des öst.
IPRG bestimmt: „Eine in einem anhängigen Verfahren bloß schlüssig getroffene Rechtswahl ist unbeachtlich".

Ebenso Art. 11 Abs. 2 des Liechtensteinischen IPRG vom
19.9.1996.

Zur früheren österreichischen Praxis öst. OGH, Urt. v. 16.6.1976
– 1 Ob 613/76, ZfRV 1979, 213, 215, mit ablehnender Anm.
Schwimann, ebenda, 216.

Allerdings haben auch in Österreich die Gerichte noch Möglichkeiten, unter 292
Missachtung des wirklichen Parteiwillens zur bequemen Anwendung des
eigenen Rechts zu gelangen. Denn immerhin bleibt es möglich, in der Be-

zugnahme der Parteien auf eine bestimmte Rechtsordnung ein Indiz für eine vorprozessuale stillschweigende Rechtswahl zu sehen.

> In casu verneinend öst. OGH 28.6.1989, IPRax 1991, 123, 124, mit Anm. *Schwenzer*, ebenda, 129.

l) Exkurs: Ermittlung ausländischen Rechts

aa) Ermittlung ausländischen Rechts durch deutsche Gerichte

293 Grund für das allerorts zu beobachtende „Heimwärtsstreben" im IPR dürfte die Erkenntnis sein, dass die Anwendung ausländischen Rechts schwerer fällt als die Handhabung der heimischen Rechtssätze. Neben dem Institut der stillschweigenden Rechtswahl durch Prozessverhalten haben deutsche Gerichte weitere Usancen entwickelt, um die Berührungspunkte mit ausländischen Rechtssätzen in Grenzen zu halten: Einmal neigen Gerichte dazu, die Bestimmungen des deutschen IPR schlicht zu ignorieren.

> Ein Beispiel ist die Vorinstanz (OLG Braunschweig) zu BGH, Urt. v. 25.9.1997 – II ZR 113/96, ZfIR 1998, 171 = WM 1998, 733 = RIW 1998, 318: Dort hat das OLG Braunschweig ohne Weiteres § 985 BGB auf einen Anspruch auf Herausgabe einer in Lanzarote/Spanien belegenen Wohnung angewandt.

294 Zum anderen weigern sich deutsche Instanzgerichte, ausländisches Recht anzuwenden, wenn die Parteien den Inhalt der ausländischen Rechtssätze nicht vortragen und unter Beweis stellen.

> Beispielsweise LG Köln, Urt. v. 31.5.1978 – 19 S 368/77, VersR 1978, 957.

295 Beides widerspricht der ständigen Rechtsprechung des Bundesgerichtshofs: Deutsches IPR ist von Amts wegen anzuwenden, ausländisches Recht von Amts wegen zu ermitteln:

(1) Anwendung des Internationalen Privatrechts

296 Deutsche Gerichte haben die deutschen kollisionsrechtlichen Grundsätze, zu denen auch die Rom I-VO zählt, von Amts wegen anzuwenden. Das deutsche Gericht muss also von sich aus prüfen, ob deutsches oder ausländisches Recht zur Anwendung kommt. Es kommt nicht darauf an, ob sich eine Partei auf ausländisches Recht beruft.

> BGH, Urt. v. 15.7.2008 – VI ZR 105/07, NJW 2009, 916, 917;
> BGH, Urt. v. 10.4.2003 – VII ZR 314/01, NZBau 2003, 493;
> BGH, Urt. v. 25.9.1997 – II ZR 113/96, WM 1998, 733, 734 = RIW 1998, 318, 319;
> BGH, Urt. v. 21.9.1995 – VII ZR 248/94, NJW 1996, 54;
> BGH, Urt. v. 6.3.1995 – II ZR 84/94, NJW 1995, 2097;
> BGH, Urt. v. 7.4.1993 – XII ZR 266/91, NJW 1993, 2305, 2306.

II. Der Vorgang der Rechtswahl

Das deutsche IPR muss der Richter kennen, ein Sachverständigengutachten darf er nicht einholen. **297**

> MünchKomm/*Sonnenberger*, Einl. IPR Rn. 618, beklagt, dass in der Praxis immer wieder Gutachten zu Fragen des deutschen IPR eingeholt werden (Beweisfrage: „Welches Recht ist anwendbar?"). Der (Gutachten-)Praxis hinderlicher sind allerdings gerichtliche Beweisbeschlüsse, denen fehlerhafte kollisionsrechtliche Überlegungen zugrunde liegen.

Tatsacheninstanzen dürfen auch bei gleichem Ergebnis nicht offen lassen, ob aus- oder inländisches Recht zur Anwendung kommt. **298**

> BGH, Urt. v. 25.1.1991 – V ZR 258/89, NJW 1991, 2214, 2215;
>
> BGH, Urt. v. 21.9.1995 – VII ZR 248/94, NJW 1996, 54: Weil die Verletzung ausländischen Rechts mit der Revision nicht gerügt werden kann (§§ 549 Abs. 1, 562 ZPO, vgl. BGH, Urt. v. 29.6.1987 – II ZR 6/87, IPRax 1988, 228, 229;
>
> BGH, Urt. v. 21.9.1995 – VII ZR 248/94, NJW 1996, 54, 55), die Partei aber erkennen können soll, ob das Urteil revisibel ist.

(2) Ermittlung ausländischen Rechts

Ausländisches Recht muss der deutsche Richter nicht kennen. Er ist aber verpflichtet, das ausländische Recht, auf welches unser Kollisionsrecht verweist, von Amts wegen zu ermitteln. Die Formulierung von § 293 ZPO ist missverständlich. Den Parteien obliegt es nicht, die ausländischen Rechtssätze vorzutragen und unter Beweis zu stellen. Vielmehr hat der Tatrichter dieses Recht festzustellen. **299**

> Ständige Rechtsprechung: BGH, Urt. v. 20.7.2012 – V ZR 135/11, WM 2013, 858, 859;
>
> BGH, Urt. v. 20.7.2012 – V ZR 142/11, WM 2012, 1631, 1634;
>
> BGH, Urt. v. 25.1.2005 – XI ZR 78/04, NJW-RR 2005, 1071, 1072;
>
> BGH, Urt. v. 23.4.2002 – XI ZR 136/01, NJW-RR 2002, 1359;
>
> BGH, Urt. v. 2.10.1997 – I ZR 88/95, RIW 1998, 556, 557;
>
> BGH, Urt. v. 13.5.1997 – IX ZR 292/96, WM 1997, 1245, 1246;
>
> BGH, Urt. v. 22.10.1996 – XI ZR 261/95, NJW 1997, 324, 325;
>
> BGH, Urt. v. 30.4.1992 – IX ZR 233/90, BGHZ 118, 151, 162 = ZIP 1992, 781;
>
> BGH, Urt. v. 7.10.1991 – II ZR 252/90, WM 1992, 29, 30;
>
> BGH, Urt. v. 29.6.1987 – II ZR 6/87, IPRax 1988, 228, 229.

Diese Pflicht besteht – im Bereich des Machbaren – auch in einstweiligen Verfügungs- und Arrestverfahren. Glaubhaftmachung ist nicht gefordert und reicht nicht aus. **300**

> A. A. teils die instanzgerichtliche Rechtsprechung, z. B. OLG Hamburg, Urt. v. 8.6.1989 – 6 U 135/88, IPRax 1990, 400;

OLG Frankfurt, Urt. v. 7.11.1968 – 6 U 78/68, NJW 1969, 991, 992.;
dagegen MünchKomm/*Sonnenberger*, Einleitung IPR Rn. 26 m. N.

301 Zum ausländischen Recht gehört das ausländische materielle Recht ebenso wie das ausländische Kollisionsrecht. Aber auch außerstaatliches Recht, z. B. die lex mercatoria, unterfällt § 293 ZPO.

Zöller/*Geimer*, § 293 ZPO Rn. 4a.
Zu außerstaatlichem Recht vgl. Rn. 93.

302 Auf welche Weise sich der deutsche Richter die Kenntnis des maßgeblichen ausländischen Rechts verschafft, steht in seinem pflichtgemäßen Ermessen. Ob dies verfahrensfehlerfrei geschehen ist, kann jedoch in der Revisionsinstanz gerügt und geprüft werden.

BGH, Urt. v. 20.7.2012 – V ZR 142/11, WM 2012, 1631, 1634 f.;
BGH, Urt. v. 30.4.1992 – IX ZR 233/90, BGHZ 118, 151, 162 f. = ZIP 1992, 781;
BGH, Urt. v. 28.11.1994 – II ZR 211/93, NJW 1995, 1032; *Geimer* Rn. 2615; vgl. auch *Thode/Wenner*, Rn. 680 zu den strenger werdenden Anforderungen des BGH.

303 Grundsätzlich muss der Richter alle ihm zugänglichen Erkenntnisquellen ausschöpfen. Ungefähre Vorstellungen über den Inhalt des in Frage kommenden ausländischen Rechtssatzes genügen nicht.

BGH, Urt. v. 29.6.1987 – II ZR 6/87, IPRax 1988, 228, 229;
Samtleben, NJW 1992, 3057, 3061.

304 Vor der Annahme, im Ausland werde es schon so wie bei uns sein, sei gewarnt. Im Zweifel ist das nicht der Fall. Das gilt auch für die Rechtsordnungen der deutschsprachigen Nachbarstaaten.

305 Das ausländische Recht ist im Übrigen so anzuwenden, wie es im Ausland in der Praxis gelebt wird. Der Blick in ein Lehrbuch genügt nicht.

BGH, Urt. v. 23.6.2003 – II ZR 305/01, NJW 2003, 2685, 2686;
BGH, Urt. v. 23.4.2002 – XI ZR 136/01, NJW-RR 2002, 1359, 1360;
BGH, Urt. v. 13.5.1997 – IX ZR 292/96, MDR 1997, 879;
BGH, Urt. v. 21.1.1991 – II ZR 50/90, NJW 1991, 1418, 1419;
BGH, Urt. v. 24.11.1989 – V ZR 240/88, NJW-RR 1990, 248, 249; *Samtleben*, NJW 1992, 3057, 3060 f.

306 Die Feststellung ausländischen Rechts darf man nicht unter Hinweis darauf unterlassen, der ausländische Rechtssatz verstoße ohnehin gegen den ordre public. Ein Ordre-public-Verstoß kann nicht festgestellt werden, ohne dass zuvor das ausländische Recht ermittelt worden ist.

BGH, Urt. v. 19.3.1997 – VIII ZR 316/96, BGHZ 135, 124, 139 f.
= ZIP 1997, 848 = ZfIR 1997, 262;
BGH, Urt. v. 26.3.1998 – VII ZR 123/96, BauR 1998, 627, 631.

Je komplexer das fremde Recht ist, desto höher sind die Ermittlungspflichten. 307

BGH, Urt. v. 13.12.2005 – IX ZR 82/05, NJW 2006, 762, 764.

(3) Erkenntnisquellen

Deutsche Gerichte können alle zur Verfügung stehenden Erkenntnisquellen 308
heranziehen.

Geimer, Rn. 2583; Stein/Jonas/*Leipold*, § 293 ZPO Rn. 36–46.

Jedenfalls bei komplizierteren Fragen sind Gerichte gut beraten, wenn sie das 309
Gutachten eines Sachverständigen einholen.

Solche Gutachten erstellen z. B. das Max-Planck-Institut für ausländisches und internationales Privatrecht in Hamburg und einige Universitätsinstitute.

Weniger brauchbar ist das europäische Übereinkommen betreffend Auskünfte über ausländisches Recht vom 7. Juni 1968. 310

BGBl II 1974, 937; BGBl II 1975, 300. Zur Anwendung empfohlen in BGH, Urt. v. 13.5.1997 – IX ZR 292/96, MDR 1997, 879.

Die im Rahmen dieses Übereinkommens erteilten Auskünfte sind nicht immer zuverlässig. 311

Ein (nicht ermutigendes) Beispiel aus der Praxis zeigt die Entscheidung des OLG Koblenz, Urt. v. 17.10.1985 – 9 U 99/83, RIW 1986, 137. Im Verfahren hatte das spanische Justizministerium gleich zwei Stellungnahmen (die zweite unaufgefordert) abgegeben, die weder nachvollziehbar noch miteinander in Einklang zu bringen waren.

bb) Ermittlung ausländischen Rechts durch Rechtsanwälte

(1) Anwendung des deutschen Internationalen Privatrechts

Zu den Pflichten des Anwalts gehört die richtige Anwendung des deutschen 312
IPR ebenso wie die Kenntnis und Berücksichtigung der international-zivilprozessrechtlichen Vorschriften, beispielsweise des EuGVÜ. Zu Recht sagt
das OLG Koblenz:

„Zum erforderlichen Wissensstand eines Rechtsanwalts gehört auch die für eine Beratung oder Prozessführung notwendige Kenntnis der internationalen Rechtsregeln, insbesondere die Kenntnis des … EuGVÜ".

OLG Koblenz, Urt. v. 9.6.1989 – 2 U 1907/87, NJW 1989, 2699.

Weiß der Rechtsanwalt nicht weiter, darf er – anders als deutsche Gerichte – 313
Rat Dritter einholen. Das Problem jedoch ist das gleiche wie bei den Gerich-

ten: Auslandsbezüge werden ignoriert. Dass ausländisches Recht zur Anwendung kommen könnte, wird verkannt. Munter berät man auf der Grundlage des – nicht anwendbaren – deutschen Rechts und produziert haftungsträchtige Situationen.

(2) Ermittlung ausländischen Rechts

314 Ausländisches Recht kennt der in Deutschland ausgebildete und tätige Anwalt in aller Regel nicht ausreichend, um seinen Mandanten richtig beraten zu können. Wer nimmt schon ausländische Rechtsprechung und Literatur in dem Maße zur Kenntnis, in dem die Rechtsprechung dies für inländisches Recht abverlangt? Selbstüberschätzung kommt aber vor. Man verdient lieber selbst als andere verdienen zu lassen. Den Regeln der Anwaltskunst entspricht dies meist nicht. Ebenso wenig entspricht es der haftungsrechtlichen Lage. Der Anwalt haftet für die Auskunft über ausländisches Recht in gleichem Maß wie für inländischen Rechtsrat.

> Er ist aber insoweit nicht immer ausreichend versichert, vgl. *Borgmann*, AnwBl. 2005, 732.

315 Häufig bedarf es der Hinzuziehung sachverständigen Rats. Man kann ein Gutachten einholen oder einen Kollegen im betroffenen Ausland befragen. Beides tut man tunlichst im Auftrag und Namen des Mandanten, da sich die eigene Haftung dann in der Regel auf ein Auswahl- und Überwachungsverschulden beschränken dürfte.

III. Die Wirkung der Rechtswahl

1. Ausschaltung zwingenden Privatrechts

316 Das mitunter schwer verständliche Resultat der kollisionsrechtlichen Parteiautonomie ist, dass sie zwingendes Privatrecht ausschaltet. Mit der Wahl einer Rechtsordnung wird das Recht des Staats, dessen Regelung ohne Rechtswahl anzuwenden wäre (dazu Rn. 440 ff.), abgewählt. Dafür wählen die Parteien das zwingende Schuldrecht des Staats, dessen Rechtsordnung sie einvernehmlich berufen.

a) Keine Gesetzesumgehung

317 Wer eine Rechtswahl trifft, verübt regelmäßig keine Gesetzesumgehung. Vertragsfreiheit im IPR bedeutet, dass materiellrechtlich zwingendes Recht kollisionsrechtlich nachgiebig ist.

> Zur Gesetzesumgehung durch Rechtswahl MünchKomm/*Martiny*, Art. 3 Rom I-VO Rn. 11 f.

318 Beispielsweise sind die Regelungen für Allgemeine Geschäftsbedingungen in §§ 305 ff. BGB materiellrechtlich zwingend ausgestaltet. Es gibt sogar ein ausdrückliches Umgehungsverbot (§ 306a BGB). Kollisionsrechtlich hat dies

III. Die Wirkung der Rechtswahl

jedoch keine Bedeutung. Denn die §§ 305 ff. BGB selbst sind nur dann anwendbar, wenn nach Art. 3 f. Rom I-VO deutsches materielles Recht zur Anwendung kommt.

Bei Verbraucherverträgen ergeben sich Besonderheiten aus Art. 6 Rom I-VO und Art. 46b EGBGB.

Dementsprechend kann ein deutsches Unternehmen die zwingenden materiellrechtlichen Vorschriften zur AGB-Kontrolle „abwählen", wenn es mit seinem ausländischen Vertragspartner ein fremdes Vertragsstatut vereinbart. Diese kollisionsrechtliche Rechtswahlfreiheit wird auch dann nicht beschnitten, wenn das gewählte materielle ausländische Recht keine Vorschriften zur AGB-Kontrolle enthält. Hier liegt weder eine Gesetzesumgehung noch ein Verstoß gegen den deutschen ordre public vor. Auch eine Gerichtsstandsklausel, die die Rechtswahl verstärken soll, ist anzuerkennen und hinzunehmen. Das materiellrechtlich zwingende unnachgiebige deutsche AGB-Recht kann also ausgeschaltet werden. Das ist die praktische „Spitze" der kollisionsrechtlichen Parteiautonomie. 319

> Die deutschen Vorschriften zur AGB-Kontrolle sind auch keine international zwingenden Normen, die sich über Art. 9 Rom I-VO gegenüber dem ausländischen Schuldstatut durchsetzen würden, vgl. BGH, Urt. v. 9.7.2009 – Xa ZR 19/98, NJW 2009, 3371, 3373 und Rn. 401 und 417.

Wer ein Schuldstatut wählt, wählt dies allerdings auch mit dessen zwingenden Bestimmungen. Soweit das gewählte ausländische Schuldstatut also Vorschriften über die Gestaltung von Verträgen durch AGB kennt, sind diese Vorschriften anzuwenden. 320

> Dies gilt allerdings nur für die schuldvertraglichen Regelungen. Zwingende Bestimmungen, die nicht schuldrechtlich zu qualifizieren sind, werden nach eigenen Regeln angeknüpft, vgl. Rn. 366.

b) Kein Verstoß gegen den ordre public

Wer eine Rechtswahl trifft, verstößt auch nicht gegen die inländische öffentliche Ordnung (Art. 21 Rom I-VO). Dass das materiellrechtliche Resultat der gewählten Rechtsordnung von dem sonst eingetretenen Ergebnis der abgewählten Rechtsordnung abweicht, ist vielmehr ohne Weiteres möglich und als erträglich hinzunehmen. Die inhaltliche Abweichung des ausländischen Rechts führt nur dann zur Nichtanwendung, wenn die Anwendung zu einem Ergebnis führen würde, „das mit der öffentlichen Ordnung ... des Staates des angerufenen Gerichts offensichtlich unvereinbar ist" (Art. 21 Rom I-VO). Das ist nur in seltenen Ausnahmefällen anzunehmen. Die inhaltliche Abweichung allein ist kein Grund, eine international privatrechtliche Rechtswahl zu verwerfen. 321

> Führt die Rechtswahl zu einem Ordre-public-Verstoß, bleibt sie wirksam. Der Ordre-public-Verstoß kann lediglich zur Unan-

wendbarkeit der ordre-public-widrigen ausländischen Norm führen, vgl. MünchKomm/*Martiny*, Art. 3 Rom I-VO Rn. 115.

2. Rechtswahlschranken im Internationalen Privatrecht

322 Gleichwohl gibt es kollisionsrechtliche Schranken der international privatrechtlichen Parteiautonomie. Die erste Schranke ergibt sich daraus, dass kollisionsrechtliche Parteiautonomie nur im internationalen Rechtsverkehr möglich ist. Schranken bestehen überdies, soweit der Schutz des Schwächeren dies erfordert.

> Die nachfolgend aufgezeigten Schranken der Rechtswahl finden sich in der für Schiedsgerichtsverfahren geltenden Vorschrift des § 1051 Abs. 1 ZPO nicht wieder. Allerdings gibt es diffuse Hinweise in der Gesetzesbegründung, derzufolge die Anwendbarkeit des Verbraucherkollisionsrechts vorausgesetzt wird, dazu *Solomon*, RIW 1997, 981, 983. Zudem ist zweifelhaft, ob angesichts der Regelungen der Rom I-VO § 1051 Abs. 1 ZPO einen größeren kollisionsrechtlichen Freiraum haben kann.

323 Eine sich ergebende Grenze der Rechtswahlfreiheit folgt schließlich daraus, dass die Rechtswahl nur das anzuwendende Schuldrecht betrifft. Im Einzelnen:

a) Binnensachverhalte (Art. 3 Abs. 3 Rom I-VO)

324 Art. 3 Abs. 3 Rom I-VO (Art. 3 Abs. 3 EVÜ) beschränkt die Rechtswahlfreiheit bei Sachverhalten, die im Zeitpunkt der Rechtswahl nur mit einem Staat verbunden sind. Auch bei einem solchen Binnensachverhalt können die Parteien das anwendbare Recht zwar wählen. Mit ihrer Rechtswahl können die Parteien aber die „Bestimmungen nicht berühren, von denen nach dem Recht jenes Staats durch Vertrag nicht abgewichen werden kann (zwingende Bestimmungen)". Aus der kollisionsrechtlichen Rechtswahlfreiheit wird eine materiellrechtliche Rechtswahlfreiheit.

> Palandt/*Thorn*, Art. 3 Rom I-VO Rn. 2; ebenso das schweizerische Recht, vgl. *Amstutz/Vogt/Wang*, in: Basler Kommentar, Art. 116 IPRG Rn. 28; *Schwander*, in: Festschrift Keller, S. 473, 477.

325 *Beispiel:*

Deutscher Kunstmaler unterstellt Vertrag über die Erstellung des Portraits seines deutschen Vertragspartners, welches in Deutschland erstellt werden soll, französischem Recht. Es handelt sich um einen Binnensachverhalt, also um eine materiellrechtliche Wahl.

326 Den Weg zur kollisionsrechtlichen Parteiautonomie ebnet der Auslandsbezug. Nicht jeder Bezug des Sachverhalts zum Ausland reicht jedoch. Der Auslandsbezug muss von Gewicht für den Leistungsaustausch sein.

III. Die Wirkung der Rechtswahl

Beispiel: 327

Dass der Portraitmaler im Hintergrund des Gemäldes den Pariser Eiffelturm abbilden soll, ist kein hinreichender Auslandsbezug. Soll das Portrait jedoch in Frankreich erstellt werden, so ist ein Auslandsbezug zu bejahen.

Rechtswahlklausel und Gerichtsstandsvereinbarung allein schaffen den not- 328 wendigen Auslandsbezug ebenfalls nicht. Denn nach Art. 3 Abs. 3 Rom I-VO reicht es nicht, wenn die Rechtswahlklausel „durch die Vereinbarung der Zuständigkeit eines Gerichts eines anderen Staats ergänzt ist".

Martiny, in: Reithmann/Martiny, Rn. 136.

Entsprechendes gilt für die Vereinbarung eines ausländischen Schiedsge- 329 richts.

Ebenso zum früheren Recht Soergel/*v. Hoffmann*, Art. 27 EGBGB Rn. 86.

In einem Schuldvertrag stellt auch die ausländische Staatsangehörigkeit des 330 Vertragspartners allein nicht den Auslandsbezug her.

BGH, Beschl. v. 14.4.2005 – IX ZB 175/03, NJW-RR 2005, 929, 931; *Schnyder*, in: Basler Kommentar, Art. 1 IPRG Rn. 2.

Beispiel: 331

Türkischer Staatsangehöriger mit gewöhnlichem Aufenthalt in Deutschland kauft in deutschem Supermarkt. Der Staatsangehörigkeit fehlt der Bezug zum Leistungsaustausch.

Hingegen kann beispielsweise ein Binnenfall über die Lieferung eines Aggre- 332 gats einen Auslandsbezug dadurch erhalten, dass es sich um einen Subvertrag handelt und der Hauptvertrag transnationale Bezüge hat.

Beispiel: 333

Ein Vertrag zwischen deutschem Generalunternehmer und deutschem Subunternehmer über die Lieferung und Montage von Anlagen in Saudi-Arabien kann kraft kollisionsrechtlicher Wahl ausländischem (nicht nur saudi-arabischem oder deutschem!) Recht unterstellt werden, weil der Bezug zu Saudi-Arabien einen objektiven Auslandsbezug i. S. v. Art. 3 Abs. 3 Rom I-VO herstellt.

Thode/Wenner, Rn. 170.

Im Rahmen des deutschen schiedsverfahrensrechtlichen Kollisionsrechts soll 334 das anders sein. Auch bei einem reinen Inlandssachverhalt sollen die Parteien nach § 1051 ZPO kollisionsrechtliche Rechtswahlfreiheit haben. Insbesondere sollen Unternehmer auch bei einem Sachverhalt ohne relevanten Auslandsbezug durch eine solche Rechtswahl das (zugegebenermaßen häufig störende) deutsche AGB-Recht abwählen dürfen.

Pfeiffer, NJW 2012, 1169, 1170 ff.

335 Dies hat man, nicht ganz zu Unrecht, als „abenteuerliche Ausweichstrategie" bezeichnet.

> *Kaufhold*, BB 2012, 1235.

b) EU-interne Sachverhalte (Art. 3 Abs. 4 Rom I-VO)

336 Hat der Sachverhalt relevanten Bezug nur zu Mitgliedsstaaten der EU, nicht aber zu einem Drittstaat, so kann zwar das Recht eines Drittstaats gewählt werden. Es bleiben aber anwendbar die Regelungen des EU-Rechts, die nicht abbedungen werden können.

> Zum Beispiel das Recht, welches die Zahlungsverzugsrichtlinie umsetzt; weitere Beispiele für zwingende Bestimmungen des EU-Rechts bei Ringe, in: jurisPK-BGB, Art. 3 Rom I-VO Rn. 51.

c) Verbraucherverträge

aa) Art. 6 Rom I-VO

337 Art. 6 Rom I-VO (Art. 5 EVÜ) beschränkt die Rechtswahlfreiheit bei Verbraucherverträgen, schließt sie aber nicht aus. Die Rechtswahl darf nach Art. 6 Abs. 2 Satz 2 Rom I-VO nicht dazu führen, „dass dem Verbraucher der Schutz entzogen wird, der ihm durch diejenigen Bestimmungen gewährt wird, von denen nach dem Recht, das nach Abs. 1 mangels einer Rechtswahl anzuwenden wäre, nicht durch Vereinbarung abgewichen darf".

> Rigoroser Art. 120 des schweizerischen IPRG, demzufolge eine Rechtswahl bei Verbraucherverträgen ausgeschlossen ist. Es findet das Recht des Staats Anwendung, „in dem der Konsument seinen gewöhnlichen Aufenthalt hat".

(1) Verbraucher

338 Art. 6 Rom I-VO schützt den Verbraucher, der Verträge zu privaten Zwecken abschließt. Verbraucher ist also auch der Kaufmann, der von einem Unternehmer einen Pkw für Privatzwecke erwirbt.

> Verträge zwischen Verbrauchern werden von Art. 6 Rom I-VO nicht erfasst.

(2) Verträge

339 Anders als im früheren Recht ergreift Art. 6 Abs. 1 Rom I-VO grundsätzlich alle Verträge.

> *Staudinger*, in: Ferrari/Kieninger/Mankowski, Art. 6 Rom I-VO Rn. 25.
>
> Ausnahmen regelt Art. 6 Abs. 4 Rom I-VO, Versicherungsverträge behandelt Art. 7 Rom I-VO.

III. Die Wirkung der Rechtswahl

Erfasst werden etwa auch Fälle des Erwerbs von Nutzungsrechten an Immo- 340
bilien (Teil-Sharing), die von früherem Recht nicht erfasst wurden.

> Vgl. Vorauflage Rn. 302.

(3) Räumlicher Bezug

Art. 6 Abs. 1 Rom I-VO schränkt die Rechtswahl bei Verbraucherverträgen 341
nur ein, wenn der Unternehmer

> „(1) seine berufliche oder gewerbliche Tätigkeit in dem Staat ausübt, in dem
> der Verbraucher seinen gewöhnlichen Aufenthalt hat, oder
>
> (2) eine solche Tätigkeit auf irgendeine Weise auf diesen Staat oder auf mehrere Staaten, einschließlich dieses Staates, ausrichtet
>
> und der Vertrag in den Bereich dieser Tätigkeit fällt."

Darunter fällt auch die Tätigkeit des Unternehmers im Internet, wenn er – 342
einerlei, in welcher Sprache und Währung – einen Vertragsabschluss im Fernabsatz ermöglicht.

> Erwägungsgrund 24 zur Rom I-VO, weitere Details bei Palandt/
> *Thorn*, Art. 6 Rom I-VO Rn. 6.

Wer also aus eigenem Antrieb ins Ausland fährt und dort einkauft, handelt 343
grundsätzlich ohne den Schutz des heimischen Verbraucherrechts.

> *Martiny*, in: Reithmann/Martiny, Rn. 4182.

Anders verhält es sich, wenn der Unternehmer den Verbraucher zum Reisen 344
bewegt.

> Etwa im Rahmen einer „Butterfahrt", vgl. Staudinger/*Magnus*
> (2011), Art. 6 Rom I-VO Rn. 108.

(4) Rechtsfolge

Soweit Art. 6 Abs. 1 Rom I-VO greift, berührt die Rechtswahl nicht die An- 345
wendung der zwingenden Verbraucherschutzvorschriften des Staats, in dem
der Verbraucher seinen gewöhnlichen Aufenthalt hat. Liegt dieser im Inland,
kann dem Verbraucher beispielsweise nicht der Schutz der §§ 305 ff. BGB
entzogen werden.

> Beispiele für Verbraucherschutznormen nennen *Martiny*, in:
> Reithmann/Martiny, Rn. 4205.

Hierzu können auch richterrechtliche Regelungen gehören. 346

> BGH, Urt. v. 25.1.2005 – XI ZR 78/04, NJW-RR 2005, 1071,
> 1072.

Das heißt nicht, dass jedenfalls deutsches Verbraucherschutzrecht zur An- 347
wendung kommt. Vielmehr gilt das Günstigkeitsprinzip. Kommt die Anwendung von zwingenden Verbraucherschutzvorschriften des Aufenthalts-

rechts in Betracht, so ist ein Vergleich mit dem Verbraucherschutz des gewählten Statuts anzustellen. Das Verbraucherschutzrecht am Aufenthaltsort setzt sich nur durch, wenn es im konkreten Fall günstiger ist.

> Zu diesem Vergleich zweier Statute, der für den Rechtsanwender sehr umständlich ist, greift der Verordnungsgeber auch etwa in Art. 8 Abs. 1 Rom I-VO.

348 Der Eingriff in das gewählte Vertragsstatut sollte zurückhaltend erfolgen. Fehlt im fremden Recht ein bestimmter Schutzmechanismus, so ist dies allein noch kein ausreichender Grund, den heimischen Schutzmechanismus anzuwenden. Es ist vielmehr zu prüfen, ob das ausländische Recht vergleichbaren Schutz nicht auf andere Weise bewirkt (z. B. Verbraucheraufklärung anstelle Widerrufsrechts). Viele sind engherziger: So soll etwa die zweiwöchige Widerrufsfrist des Aufenthaltsrechts des Verbrauchers gelten, wenn das gewählte Recht nur eine einwöchige Frist vorsieht.

> MünchKomm/*Martiny*, Art. 6 Rom I-VO Rn. 47.

349 Kommt via Art. 6 Abs. 1 Rom I-VO § 307 BGB zur Anwendung, so liegt eine Abweichung von „wesentlichen Grundgedanken der gesetzlichen Regelung" nur vor, wenn die Geschäftsbedingung vom ausländischen Vertragsstatut in dieser Weise abweicht. § 307 BGB ist in diesem Zusammenhang kein Einfallstor für sämtliche wesentlichen Grundgedanken des deutschen Rechts.

(5) Erweiterter Verbraucherschutz

350 Zum früheren Recht (Art. 29 EGBGB, Art. 5 EVÜ) wurde vielfach die Ansicht vertreten, Verbraucher seien nicht genügend geschützt. Deutsche Gerichte haben deshalb versucht, Verbrauchern auf verschiedene Weisen mit „kollisionsrechtlichen Tricks" weiterzuhelfen.

> *Mankowski*, RIW 1998, 287. Es gibt kaum einen Weg, den Instanzgerichte nicht einzuschlagen versucht haben, um diesen Verbrauchern zu helfen, in den sog. Gran Canaria-Fällen ebenso wie in den Time-Sharing-Fällen (von *Kronke*, RIW 1996, 985, 987 „Freistilrechtsprechung" genannt); vgl. zu diesen instanzgerichtlichen Urteilen *Ebke*, IPRax 1998, 263, 264–266; *Pfeiffer*, NJW 1997, 1207, 1212–1214.

351 Diesen Versuchen hat der Bundesgerichtshof in weiten Teilen einen Riegel vorgeschoben, indem er klargestellt hat, dass Art. 29 EGBGB keine umfassende kollisionsrechtliche Verbraucherschutzvorschrift war und auch durch Analogie nicht dazu gemacht werden konnte.

> BGH, Urt. v. 13.12.2005 – XI ZR 82/05, BGHZ 165, 248, 253 f.;
> BGH, Urt. v. 19.3.1997 – VIII ZR 316/96, BGHZ 135, 124, 133.
> Zur Nichtanwendbarkeit des deutschen Wettbewerbsrechts in den Gran Canaria-Fällen BGH, Urt. v. 15.11.1990 – I ZR 22/89, BGHZ 113, 11, 14–16 = ZIP 1991, 338; dazu *Teske*, EWiR 1991, 297.

III. Die Wirkung der Rechtswahl

Dabei muss es unter Geltung von Art. 9 Abs. 1 Rom I-VO, der Verbraucher ohnehin weitgehender schützt, bleiben. Verbrauchervertragsrecht ist kein Eingriffsrecht. 352

> *Mankowski*, RIW 2006, 321, 326; *Freitag*, in: Reithmann/Martiny, Rn. 515. Das gilt auch, wenn die Anwendung von Art. 6 Rom I-VO scheitert, weil die räumlichen Anwendungsvoraussetzungen nicht vorliegen, vgl. Palandt/*Thorn*, Art. 9 Rom I-VO Rn. 8, der allerdings Art. 9 im Rahmen der Ausnahmetatbestände des Art. 6 Abs. 4 anwenden will. Weitergehend *Hoffmann/Primaczenko*, IPRax 2007, 173 ff. Allerdings ist bei der Verbraucherkreditrichtlinie nun Art. 46b EGBGB zu beachten.

Ohnehin dürften sich zahlreiche Versuche, deutsches Verbraucherschutzrecht gegen ausländisches Vertragsstatut durchzusetzen, bei näherer Betrachtung als schlichtes „Heimwärtsstreben" erweisen. Deutsches Verbraucherschutzrecht anzuwenden ist eben einfacher als ausländisches Recht zu ermitteln. 353

> So haben die Gerichte es in Verbraucherschutzfällen häufig schlicht unterlassen, das ausländische Vertragsrecht zu ermitteln, vgl. *Ebke*, IPRax 1998, 263, 265.

bb) § 46b EGBGB

Die Rom I-VO regelt das Verbraucherschutzrecht nicht abschließend. Vielmehr beschränkt Art. 46b EGBGB (Nachfolger von Art. 29a EGBGB) die Rechtswahl bei Vereinbarung des Rechts eines Drittstaats für Verbraucherverträge, die den in Art. 46b Abs. 4 genannten Verbraucherschutzrichtlinien unterfallen. 354

> Vgl. ausführlich *Martiny*, in: Reithmann/Martiny, Rn. 4231–4247.

Das Verhältnis von Art. 46b EGBGB zu Art. 6 Rom I-VO ist unklar. Zwar geht Art. 46b EGBGB gemäß Art. 23 Rom I-VO als spezielle Vorschrift des Gemeinschaftsrechts Art. 6 Rom I-VO vor, dennoch soll Art. 6 Rom I-VO vorrangig geprüft werden. 355

> Dies wird vor allem deshalb empfohlen, weil der deutsche Gesetzgeber das in einigen Verbraucherschutzrichtlinien vorgesehene Günstigkeitsprinzip nicht übernommen hat, vgl. *Staudinger*, in: Ferrari/Kieninger/Mankowski, Art. 6 Rom I-VO Rn. 5; *Martiny*, RIW 2009, 737, 745; Palandt/*Thorn*, Art. 6 Rom I-VO Rn. 2.

d) Arbeitsverträge (Art. 8 Rom I-VO)

Wie Art. 6 Rom I-VO für Verbraucherverträge bestimmt Art. 8 Abs. 1 Rom I-VO für Arbeitsverträge, dass eine Rechtswahl dem Arbeitnehmer nicht den Schutz entziehen darf, der ihm durch die zwingenden Bestimmungen des Rechts gewährt würde, welches mangels Rechtswahl anzuwenden wäre. Mangels Rechtswahl ist nach Art. 8 Abs. 2 Rom I-VO das Recht des Staats, 356 "in dem oder andernfalls von dem aus der Arbeitnehmer eine Erfüllung des Vertrags gewöhnlich verrichtet". Kann das Recht hiernach nicht bestimmt werden, so unterliegt der Vertrag dem Recht des Staats, „in dem sich die Niederlassung befindet, die den Arbeitnehmer eingestellt hat" (Art. 8 Abs. 3 Rom I-VO). Ergibt sich hingegen aus den Gesamtumständen ein engerer Bezug zu einem anderen Vertragsstatut, ist dieses Recht anzuwenden (Art. 8 Abs. 4 Rom I-VO).

357 Die (ausdrückliche und stillschweigende) Rechtswahl in Arbeitsverträgen ist also zulässig.

> Auch hier gilt Art. 3 Abs. 3 Rom I-VO mit der Folge, dass bei Binnenfällen nur eine materiellrechtliche Rechtswahl möglich ist, dazu Rn. 324 ff. Art. 121 des schweizerischen IPRG lässt bei Arbeitsverträgen nur die Wahl des Rechts des Staats zu, in dem der Arbeitnehmer seinen gewöhnlichen Aufenthalt oder der Arbeitgeber seine Niederlassung, seinen Wohnsitz oder seinen gewöhnlichen Aufenthalt hat.

358 Es gilt aber – wie bei Art. 6 Rom I-VO – der Vorrang des günstigeren Rechts: Im Falle der Rechtswahl ist durch einen Vergleich festzustellen, ob die gewählte oder die abgewählte Rechtsordnung die dem Arbeitnehmer günstigeren Normen enthält. Welche Rechtsordnung abgewählt wurde, bestimmt sich nach Art. 8 Abs. 2–4 Rom I-VO. Bringt die Rechtswahl es dann mit sich, dass von nicht abdingbaren Vorschriften des hiernach berufenen Rechts nachteilig abgewichen würde, so bleibt es bei der Anwendung dieser zwingenden Normen. Gegen Verbesserungen hat Art. 8 Abs. 1 Rom I-VO nichts.

> Palandt/*Thorn*, Art. 8 Rom I-VO Rn. 6. Dieses Günstigkeitsprinzip ist wenig glücklich, weil es in der Rechtsanwendung erhebliche Mühen bereitet, vgl. Rn. 348.

359 *Beispiel für zwingende Vorschriften, von denen nicht nachteilig abgewichen werden kann, sind der Kündigungsschutz nach dem Kündigungsschutzgesetz und § 613a BGB.*

> BAG, Urt. v. 29.10.1992 – 2 AZR 267/92, IPRax 1994, 123, 126; weitere Beispiele bei *Martiny*, in: Reithmann/Martiny, Rn. 4914 ff.

360 Wohlgemerkt: § 613a BGB setzt sich nicht immer durch. Vielmehr siegt die dem Arbeitnehmer günstigere Norm. Stets also ist ein Vergleich der gewählten mit der abgewählten Rechtsordnung notwendig.

> Dazu Palandt/*Thorn*, Art. 8 Rom I-VO Rn. 8, der zutreffend darauf hinweist, dass auf diese Weise ein Mosaik zwingender Vorschriften verschiedener Statuten entstehen kann.

361 Gesondert anzuknüpfen sind – wie immer – öffentlich-rechtliche Normen z. B. des Arbeitsschutzes (Art. 9 Rom I-VO). Hier gilt nicht Art. 8 Rom I-VO

III. Die Wirkung der Rechtswahl

und das Günstigkeitsprinzip; es kommen vielmehr eigene kollisionsrechtliche Regeln zur Anwendung.

Martiny, in: Reithmann/Martiny, Rn. 4936.

Eigene Anknüpfungsregeln gelten auch für das BetrVG. 362

Franzen, in: Gemeinschaftskommentar zum BetrVG, § 1 Rn. 4 ff.; MünchKomm/*Martiny*, Art. 8 Rom I-VO Rn. 129; Staudinger/*Magnus* (2011), Art. 8 Rom I-VO Rn. 263 ff.

Gleiches gilt hinsichtlich der Regelungen für den Sozialplan. 363

Wenner/Schuster, in: Frankfurter Kommentar, § 337 InsO Rn. 9.

Vertragliche Vereinbarungen über die betriebliche Altersversorgung sind der 364 Rechtswahl zugänglich, werden aber überlagert durch das deutsche Betriebsrentenrecht, wenn das Arbeitsverhältnis einen inländischen Schwerpunkt hat.

Wenner/Schuster, in: Frankfurter Kommentar, § 337 InsO Rn. 10.

e) Versicherungsverträge

Art. 7 Rom I-VO beschränkt die Rechtswahl bei bestimmten Versicherungs- 365 verträgen (ausgenommen sind insbesondere Großrisiken- und Rückversicherungsverträge).

Der Versuch des Verordnungsgebers, das bis dahin in zahlreichen Richtlinien und Bestimmungen zersplitterte Versicherungskollisionsrecht zu bündeln, wird weithin als gescheitert angesehen, vgl. etwa *Leible/Lehmann*, RIW 2008, 528, 538 f.

f) Eingriffsnormen

Die Rechtswahlfreiheit der Parteien betrifft das Schuldrecht. Hingegen kön- 366 nen die Regelungen einer Rechtsordnung, die sich gegenüber dem Schuldrechtsstatut durchsetzen wollen, nicht abgewählt werden. Das erscheint selbstverständlich. Insbesondere ist klar, dass jeder Staat sein eigenes öffentliches Recht auf Verträge angewendet wissen will, ohne dass eine etwaige Rechtswahl der Parteien hieran etwas zu ändern vermöchte. So setzt sich etwa deutsches Außenwirtschaftsrecht ohne Rücksicht darauf durch, welches Vertragsstatut gilt. Das zwingende Preisrecht der HOAI unterliegt nicht dem Schuldstatut, sondern folgt kollisionsrechtlich eigenen Regeln.

So zur HOAI in der alten Fassung BGH, Urt. v. 27.2.2003 – VII ZR 169/02, BGHZ 154, 110, 115; ebenso schon *Wenner*, BauR 1993, 257, 263 ff.; ders., RIW 1998, 173, 178.

Das ist eine kollisionsrechtliche Selbstverständlichkeit, die nicht nur für das 367 Schuldrecht, sondern auch für andere Rechtsgebiete gilt.

MünchKomm/*Sonnenberger*, Einleitung BGB Rn. 38.

368 Trotz dieser einfachen Ausgangslage wird die Behandlung der Normen, die in das Vertragsstatut einzugreifen scheinen (sog. Eingriffsnormen), als besonders problematisch angesehen. Das liegt an zweierlei: Einmal hatte der Gesetzgeber nicht festgelegt, welche Regelungen im Einzelnen zur Gruppe der Eingriffsnormen zu zählen sind und unter welchen Voraussetzungen sie durchzusetzen sind. Zum anderen gibt es ein – schlicht gesagt – eher psychologisches Problem: Loslassen fällt dem Menschen schwer. Andere Wertvorstellungen kann er nicht ohne Weiteres akzeptieren. Deshalb hat es zahlreiche Versuche gegeben, schuldvertragliche Regelungen als Eingriffsnormen zu qualifizieren mit der Folge, dass sich eigenes Vertragsrecht gegen das fremde Schuldvertragsstatut durchsetzte.

> Zu den Versuchen, verbraucherschützende Normen zu Eingriffsnormen umzumodeln, vgl. Rn. 350.

369 Lange Zeit war das Recht der Eingriffsnormen ungeregelt. Art. 34 EGBGB (Art. 7 Abs. 2 EVÜ) hat dann nebulös den Vorrang inländischer Eingriffsnormen geregelt. Ausländische Eingriffsnormen wurden allenfalls mittelbar berücksichtigt.

> Vgl. Rn. 419 ff.

370 Eine inländische und ausländische Eingriffsnormen behandelnde Regelung bringt nun erstmals Art. 9 Rom I-VO. Eine Reduzierung der zahlreichen Fragestellungen, die das Recht der Eingriffsnormen traditionell beherrscht, ist damit allerdings kaum verbunden.

aa) Begriff

371 Der Begriff der Eingriffsnormen war bisher nicht gesetzlich definiert und heillos umstritten. Art. 9 Abs. 1 Rom I-VO enthält nun eine Legaldefinition, ohne die zahlreichen Streitfragen allerdings zu lösen:

> „Eine Eingriffsnorm ist eine zwingende Vorschrift, deren Einhaltung von einem Staat als so entscheidend für die Wahrung seines öffentlichen Interesses, insbesondere seiner politischen, sozialen oder wirtschaftlichen Organisation, angesehen wird, dass sie ungeachtet des nach Maßgabe dieser Verordnung auf den Vertrag anzuwendenden Rechts auf alle Sachverhalte anzuwenden ist, die in ihren Anwendungsbereich fallen."

372 Es besteht Einigkeit: Nicht alle materiellrechtlich zwingenden Normen sind zwingende Normen i. S. v. Art. 9 Abs. 1 Rom I-VO. Das ergibt sich schon aus dem Wortlaut der Vorschrift, aber auch daraus, dass sich zwingendes Recht gemäß Art. 3 Abs. 3 Rom I-VO nur bei Binnenfällen (Rn. 324 ff.) insgesamt durchsetzt.

> *Freitag*, in: Reithmann/Martiny, Rn. 510.

373 Zweierlei kennzeichnet eine Eingriffsnorm nach Art. 9 Abs. 1 Rom I-VO: Einmal muss sie international zwingend sein, also Geltung losgelöst vom

III. Die Wirkung der Rechtswahl

Vertragsstatut beanspruchen. Zum Zweiten muss sie entscheidende Bedeutung für die Wahrung des öffentlichen Staatsinteresses haben.

> Palandt/*Thorn*, Art. 9 Rom I-VO Rn. 5; *Freitag*, in: Reithmann/Martiny, Rn. 511; Staudinger/*Magnus* (2011), Art. 9 Rom I-VO Rn. 54–65.

Welche Vorschriften hiernach international zwingend sind, bestimmt in erster Linie der Gesetzgeber selbst. 374

> So etwa § 7 Abs. 1 AEutG; So schon zu Art. 34 EGBGB BGH, Urt. v. 27.2.2003 – VII ZR 169/02, NJW 2003, 2020.

Hat sich der Gesetzgeber nicht ausdrücklich geäußert, ist nach Sinn und Zweck der Normen zu fragen. Maßgeblich sind die von der Norm verfolgten ordnungspolitischen Ziele. 375

> BGH, Urt. v. 27.2.2003 – VII ZR 169/02, NJW 2003, 2020;
> BGH, Urt. v. 1.12.2005 – III ZR 191/03, NJW 2006, 230, 232.

Entscheidend ist, ob es sich um Normen handelt, die in das Vertragsstatut „hineinregieren" wollen. Ihr Ziel muss sein, sich über das Vertragsstatut hinwegzusetzen. 376

> *Schurig*, RabelsZ 54 (1990), 217, 220; *Wenner*, RIW 1998, 173, 177.

Dieses Durchsetzungsinteresse darf nicht (nur) Individual-Belangen, sondern (auch) dem öffentlichen Gemeinwohl dienen. 377

> So zu Art. 34 EGBGB BGH, Urt. v. 9.7.2009 – X a ZR 19/08, NJW 2009, 3371, 3373;
> BGH, Urt. v. 13.12.2005 – XI ZR 82/05, BGHZ 165, 248, 257.

Zu den von Art. 9 Abs. 1 Rom I-VO erfassten Regelungsgruppen gehören deshalb etwa Kartell- und Wettbewerbsbestimmungen, das deutsche Außenwirtschaftsrecht einschließlich des Devisenrechts, Kapitalmarktrecht sowie Regelungen der Erwerbs- und Berufstätigkeit einschließlich des Honorarrechts. 378

> Palandt/*Thorn*, Art. 9 Rom I-VO Rn. 7 m. N.

Nicht geklärt hat der Verordnungsgeber, ob und inwieweit privatrechtliche Bestimmungen Eingriffsnormen darstellen können. Vielfach wird behauptet, dass auch Sonderprivatrecht Art. 9 Rom I-VO unterfallen kann. Gefordert wird insbesondere, die Interessen der Verbraucher über Art. 6 Rom I-VO hinaus durch Art. 9 Rom I-VO zu schützen. 379

> Palandt/*Thorn*, Art. 9 Rom I-VO Rn. 8;
> auf extreme Fälle beschränkt auch *Freitag*, in: Reithmann/Martiny, Rn. 514; anders Staudinger/*Magnus* (2011), Art. 9 Rom I-VO Rn. 150. Vgl. schon Rn. 350.

B. Die Rechtswahl

380 Zum alten Recht hat der Bundesgerichtshof klargestellt, dass das deutsche Verbraucherkreditgesetz kein Eingriffsrecht darstellt, da es dem Schutz des einzelnen Verbrauchers dient und die Belange der Öffentlichkeit nur reflexartig schützt.

> BGH, Urt. v. 13.12.2005 – XI ZR 82/05, BGHZ 165, 248, 257 f.

381 Ebenso hat der Bundesgerichtshof unter Geltung des Art. 34 EGBGB entschieden, dass die deutschen Vorschriften zur AGB-Kontrolle keine Eingriffsnormen sind.

> BGH, Urt. v. 9.7.2009 – Xa ZR 19/08, NJW 2009, 3371, 3372.

382 Dabei sollte es bleiben. Unerträglichen Ergebnissen kann mit dem ordre public (Art. 21 Rom I-VO) begegnet werden.

> Die Feststellung eines Verstoßes gegen den deutschen ordre public setzt allerdings zunächst die Ermittlung des ausländischen Rechts voraus, vgl. Rn. 306.

383 Aber auch hier darf man nicht übertreiben. Der ordre public wehrt ausländisches Recht ab, wenn seine Anwendung zu einem Ergebnis führen würde, welches mit wesentlichen Grundsätzen des deutschen Rechts nicht zu vereinbaren ist. Bei der Anwendung des ordre public zugunsten der Verbraucher neigt die Rechtsprechung zu Übertreibungen. Die Verbraucherschutzvorschriften als solche sind beispielsweise entgegen mancher instanzgerichtlichen Sichtweise nicht Bestandteil des ordre public.

> *Mankowski*, RIW 1998, 287, 291 m. N. in Fußn. 43; *Thode*, WuB IV E. Art. 29 EGBGB 1.91 gegen OLG Celle, Urt. v. 28.8.1990 – 20 U 85/89, WM 1991, 110.

384 Schon gar nicht kann mit dem ordre public ein Widerrufsrecht begründet werden.

> So aber OLG Celle Urt. v. 28.8.1990 – 20 U 85/89, WM 1991, 110.

385 Der ordre public wehrt fremdes Recht ab, setzt aber nicht eigenes Recht durch (keine positive Funktion des ordre public).

> Palandt/*Thorn*, Art. 6 EGBGB Rn. 3.

386 Fehlerhaft ist es auch, Verbraucherschutz zu gewähren, indem § 138 BGB zur Eingriffsnorm erkoren wird.

> BGH, Urt. v. 19.3.1997 – VIII ZR 316/96, BGHZ 135, 124, 139; *Mankowski*, RIW 1996, 8–10. Unrichtig etwa LG Tübingen, Urt. 8.2.1995 – 7 O 219/94, NJW-RR 1995, 1142, 1143.

387 Der EuGH hat allerdings in einer sehr knapp begründeten Entscheidung der englischen Regelung eines dem selbständigen Handelsvertreter zustehenden Ausgleichsanspruchs, welche auf Art. 17 und 18 der Richtlinie 86/653/EWG des Rates vom 18.12.1986 zurückzuführen war, Eingriffscharakter zuerkannt.

III. Die Wirkung der Rechtswahl

> EuGH, Urt. v. 9.11.2000 – Rs. C-381/98, Ingmar GB Ltd. ./.
> Eaton Leonard Technologies Inc., EuGHS Slg. 2000, I-9305.

Daraus wird abgeleitet, dass das umgesetzte Recht einer Richtlinie i. S. v. Art. 9 Rom I-VO im Einzelfall zwingend sein kann. 388

> Staudinger/*Magnus* (2011), Art. 9 Rom I-VO Rn. 42; zur Zurückhaltung mahnt zu recht Palandt/*Thorn*, Art. 9 Rom I-VO Rn. 5.

bb) Kollisionsrecht der Eingriffsnormen

(1) Eingriffsnormen der lex fori

Art. 9 Abs. 2 Rom I-VO bestimmt lediglich, dass die Verordnung nicht die Anwendung der Eingriffsnormen des Rechts des angerufenen Gerichts berührt. Das ist eine Selbstverständlichkeit, wenn man nur solche Normen als Eingriffsnormen ansieht, die keinen schuldvertraglichen Charakter haben. Bedeutung erlangt Art. 9 Abs. 2 Rom I-VO erst dann, wenn man die Auffassung vertritt, dass zu den Eingriffsnormen auch Sonderprivatrecht zählen kann. 389

> So die h. M., siehe Rn. 379.

Aber selbst dann sagt Art. 9 Abs. 2 Rom I-VO nicht viel. 390

Die Erkenntnis nämlich, dass Eingriffsnormen anders als Schuldvertragsrecht angeknüpft werden und sich dementsprechend gegenüber dem Schuldvertragsrecht durchsetzen können, sagt noch nichts darüber, wie die Anknüpfung der in Rede stehenden Eingriffsnorm zu erfolgen hat. 391

> So auch schon zu Art. 34 EGBGB, BGH, Urt. v. 27.2.2003 – VII ZR 169/02, BGHZ 154, 110, 116; *Wenner*, RIW 1998, 173, 177.

Keine Eingriffsnorm will immer angewandt werden. Nachdem man im ersten Schritt zur Erkenntnis gelangt ist, dass es sich bei einer Norm um eine „besonders zwingende" i. S. v. Art. 9 Rom I-VO handelt, ist also in einem zweiten Schritt eine Kollisionsregel für diese Eingriffsnorm zu finden. 392

> *Schurig*, RabelsZ 54 (1990), 217, 234. Zu den Prüfungsschritten im einzelnen *Wenner*, BauR 1993, 257, 264–266; *ders.*, RIW 1998, 173, 177.
>
> Irrig Staudinger/*Magnus* (2011), Art. 9 Rom I-VO Rn. 167, der meint, die Rom I-VO enthalte nunmehr sämtliche Kollisionsregeln, soweit daneben nicht ausdrückliche Sonderkollisionsnormen bestehen.

Mitunter ergibt sich die Kollisionsregel aus dem Gesetz selbst (§ 98 Abs. 2 GWB). Manchmal hat der Gesetzgeber in den Materialien auf den zwingenden Charakter der Regelung aufmerksam gemacht. 393

> Vgl. die Begründung zum Entwurf des Arbeitnehmer-EntsendungsG, BT-Drucks. 13/2414, 8.

394 Schweigt der Gesetzgeber, so bildet der Gesetzesanwender die Kollisionsregel selbst.

> BGH, Urt. v. 27.2.2003 – VII ZR 169/02, NJW 2003, 2020 zu Art. 34 EGBGB.

395 Dabei verlangen viele einen Inlandsbezug, dessen Intensität abhängig vom geschützten öffentlichen Interesse gemacht wird. Je höher dieses Interesse, umso geringer müsse der Inlandsbezug des zu entscheidenden Falls sein.

> *Freitag*, in: Reithmann/Martiny, Rn. 564.

396 Sehr hilfreich dürfte die Frage nach der Stärke des Inlandsbezuges nicht sein. Sie führt zu einer „Intensitätsskala", von der wenig abzulesen ist.

> *Wenner*, RIW 1998, 173, 177; *ders.*, BauR 1993, 257, 265 mit Fußn. 93 gegen *Kothe*, EuZW 1990, 150, 153.

397 Vielmehr ist nach allgemeinen Regeln eine Kollisionsnorm zu bilden, die sich an den zugrundeliegenden öffentlichen Interessen orientiert.

> BGH, Urt. v. 27.2.2003 – VII ZR 169/02, NJW 2003, 2020 zu Art. 34 EGBGB.

398 Zu fragen ist deshalb nicht nach der Intensität des Inlandsbezugs, sondern nach der Art der Inlandsbeziehung, die die jeweilige Eingriffsnorm verlangt.

> Vgl. *Wenner*, RIW 1998, 173, 177.

399 Letztlich entscheiden Sinn und Zweck der in Rede stehenden Vorschrift.

> BGH, Urt. v. 13.12.2005 – XI ZR 82/05, BGHZ 165, 248, 256;
> BGH, Urt. v. 27.2.2003 – VII ZR 169/02, NJW 2003, 2020.

400 Beispielsweise will das deutsche Bauordnungsrecht augenfällig nicht im Ausland belegene Bauvorhaben regeln (realistische Selbstbeschränkung), sich wohl aber bei inländischen Bauvorhaben gegenüber einem ausländischen Vertragsstatut durchsetzen. Die (einseitige) Kollisionsnorm für das deutsche Bauordnungsrecht lautet also: Das deutsche Bauordnungsrecht ist anwendbar auf im Inland belegene Bauvorhaben.

> Weitere Beispiele bei *Freitag*, in: Reithmann/Martiny, Rn. 566 ff.

(2) Eingriffsnormen und Rechtswahl

401 Weil Eingriffsnormen nicht zum Vertragsstatut gehören, erfasst die Rechtswahl die Eingriffsnormen der gewählten Rechtsordnung nicht.

> Palandt/*Thorn*, Art. 9 Rom I-VO Rn. 15; *Schurig*, RabelsZ 54 (1990), 217, 244; *Wenner*, RIW 1998, 173, 178 f.
>
> Anders hingegen – unter Berufung auf die Entstehungsgeschichte der Rom I-VO – z. B. *Roth*, in: Festschrift Kühne, S. 859, 872 f.; ebenso Staudinger/*Magnus* (2011), Art. 9 Rom I-VO Rn. 137.

III. Die Wirkung der Rechtswahl

Verweisen die Parteien in einem Vertrag aber auf kollisionsrechtlich nicht 402
ohnehin berufene Eingriffsnormen, so kann hierin eine materiellrechtliche
Wahl liegen. Verspricht der Architekt mit Sitz im Ausland beispielsweise,
nach den Regelungen der HOAI abzurechnen, so muss er dies tun, obwohl
gemäß § 1 HOAI von 2009 die Verordnung nur noch für Architekten mit
Sitz im Inland Anwendung findet.

(3) **Eingriffsnormen und Rechtsfolgen**

Nicht selten sieht der deutsche Gesetzgeber Verbote vor, die sich gegenüber 403
einem ausländischen Vertragsstatut über Art. 9 Rom I-VO zwar durchsetzen, aber keine Auswirkung auf den Vertrag anordnen.

Ein Beispiel aus dem Außenwirtschaftsrecht: 404

> § 4a der Außenwirtschaftsverordnung in der Fassung vom 22. November 1993 bestimmt: „Die Abgabe einer Erklärung im Außenwirtschaftsverkehr, durch die sich ein Gebietsansässiger an einem Boykott gegen einen anderen Staat beteiligt (Boykotterklärung), ist verboten".
>
> BGBl I 1993, 1938. Beispiel einer Boykotterklärung in einem Vertrag zwischen einem deutschen Anlagenbauer und einem arabischen Besteller bei *Thode/Wenner*, Rn. 217. Sämtliche Golfstaaten besitzen Boykottgesetze, die zur Aufnahme solcher gegen Israel gerichteten Klauseln verpflichten, vgl. *Krüger*, in: Deutsche Unternehmen in den arabischen Golfstaaten, S. 237, 266.

Dieses Verbot, Boykotterklärungen zu vereinbaren, setzt sich gegenüber 405
dem Vertragsstatut gemäß Art. 9 Rom I-VO durch.

> Zum Charakter des deutschen Außenwirtschaftrechts als Eingriffsrecht Palandt/*Thorn*, Art. 9 Rom I-VO Rn. 7.
>
> Zum Außenwirtschaftsrecht der EU *Freitag*, in: Reithmann/Martiny, Rn. 583 f.

Als Sanktion sieht das deutsche Außenwirtschaftsrecht ein Bußgeld vor, 406
nicht aber die Unwirksamkeit der Erklärung oder des Rechtsgeschäfts.

> § 70 Abs. 1 Nr. 1 Außenwirtschaftsverordnung i. V. m. § 33 Abs. 1 und Abs. 7 AWG. Zur eventuellen Strafbarkeit § 34 Abs. 2 AWG. Schwebend unwirksam sind lediglich Geschäfte, die ohne erforderliche Genehmigung vorgenommen worden sind (§ 31 AWG). Zum künftigen AWG *Walter*, RIW 2013, 205.

Die Unwirksamkeit ergäbe sich vielleicht aus § 134 BGB, der aber bei aus- 407
ländischem Vertragsstatut kollisionsrechtlich nicht berufen ist.

> Zur Frage, inwieweit bußgeldbewehrte Verbote des Außenwirtschaftsrechts Verbote i. S. v. § 134 BGB darstellen können, vgl. BGH, Urt. v. 8.6.1983 – VIII ZR 77/82, ZIP 1983, 1088 = IPRax 1984, 91 mit Anm. *Roth*, ebenda, 76–79.

408 Man kann überlegen, in solchen Fällen nachzuhelfen, indem man nicht nur das Verbot, sondern auch die unmittelbare zivilrechtliche Sanktion dem inländischen Recht entnimmt.

> So MünchKomm/*Martiny*, Art. 9 Rom I-VO Rn. 55; *Freitag*, in: Reithmann/Martiny, Rn. 565.

409 Näher liegt es, vom Gesetzgeber die Anordnung klarer Sanktionen zu fordern. Hat der Gesetzgeber lediglich bußgeldrechtliche Konsequenzen, nicht aber eine Auswirkung des Verbots auf den Vertrag angeordnet, sollte man es dabei belassen.

cc) Ausländische Eingriffsnormen

410 Das Thema der ausländischen Eingriffsnormen ist heikler als das der inländischen.

411 So gern man seine ordnungspolitischen Vorstellungen auch dann verwirklicht sehen müsste, wenn der Sachverhalt Auslandbezug hat, so schwer fällt es dem Inländer, ausländische ordnungspolitische Vorstellungen zu akzeptieren. Hierunter leidet das Kollisionsrecht seit jeher. Nach wie vor lehnt die Rechtsprechung die Anwendung ausländischen öffentlichen Rechts weitgehend ab.

> BGH, Urt. v. 4.6.2002 – XI ZR 301/01, NJW 2002, 2389, 2390.

(1) Art. 9 Abs. 3 Rom I-VO

412 Die Furcht des deutschen Gesetzgebers vor ausländischen Eingriffsnormen war so groß, dass er sich im früheren Recht einer Regelung enthalten hat.

> Art. 7 Abs. 1 EVÜ, der sich mit ausländischen Eingriffsnormen befasste, hatte der deutsche Gesetzgeber nicht übernommen.

413 Eine gesetzliche Regelung bringt nun Art. 9 Abs. 3 Rom I-VO:

> „Den Eingriffsnormen des Staates, in dem die durch den Vertrag begründeten Verpflichtungen erfüllt werden sollen oder erfüllt worden sind, kann Wirkung verliehen werden, soweit diese Eingriffsnormen die Erfüllung des Vertrags unrechtmäßig werden lassen. Bei der Entscheidung, ob diesen Eingriffsnormen Wirkung zu verleihen ist, werden Art und Zweck dieser Normen sowie die Folgen berücksichtigt, die sich aus ihrer Anwendung oder Nichtanwendung ergeben würden."

414 Die Vorschrift gilt als völlig verunglückt. Art. 9 Abs. 3 Rom I-VO gestattet die Berücksichtigung ausländischer Eingriffsnormen nur dann, wenn es sich um Verbotsnormen handelt, die dem Recht des Erfüllungsorts entstammen. Das ist zu eng.

> Kritik bei *Freitag*, in: Reithmann/Martiny, Rn. 632 ff.

415 In hohem Maße Rechtsunsicherheit bringt die nebulöse Rechtsfolge des Art. 9 Abs. 3 Rom I-VO. Sie räumt dem Rechtsanwender Ermessen ein („…kann Wirkung verliehen werden…") und fordert ihn auch noch dazu auf, die aus-

III. Die Wirkung der Rechtswahl

ländische Norm zu bewerten („...werden Art und Zweck dieser Normen sowie die Folgen berücksichtigt...").

Vorzugswürdig wäre ein klarer kollisionsrechtlicher Anwendungsbefehl für ausländische Eingriffsnormen gewesen. Dies entspräche der seit Jahren zu beobachtenden Tendenz, sich vom Standpunkt der schlichten Nichtanerkennung ausländischer ordnungspolitischer Vorschriften zu verabschieden. 416

> Junges Beispiel für die Abwendung vom Territorialitätsprinzip zu kollisionsrechtlichen Lösungen ist das Internationale Insolvenzrecht, grundlegend für das deutsche Recht, BGH, Urt. v. 11.7.1985 – IX ZR 178/84, BGHZ 256; vgl. nun Art. 16 Abs. 1 EuInsVO, § 343 InsO, wobei Verordnungs- und Gesetzgeber auch hier dem ausländischen Insolvenzrecht so stark misstrauen, dass die kollisionsrechtliche Grundregel der Anerkennung ausländischen Insolvenzrechts zahlreiche Durchbrechungen erleidet (vgl. *Mohrbutter/Ringstmeier/Wenner*, § 20 Rn. 32 ff.).

(2) Eingriffsnormen der lex causae

Auch ausländische Eingriffsnormen kommen nicht deshalb zur Anwendung, weil sie der gewählten Rechtsordnung entstammen. Denn das Internationale Schuldvertragsrecht behandelt kollisionsrechtlich nur dieses. 417

> Vgl. zu inländischen Eingriffsnormen Rn. 401.

Anders wäre ausländisches Sonderprivatrecht zu behandeln, welches man aber besser gar nicht erst als Eingriffsrecht ansieht. 418

> Vgl. Rn. 379 ff.

(3) Bisheriger Standpunkt der Rechtsprechung

Die Rechtsprechung hat sich gegenüber der Anwendung ausländischer Eingriffsnormen immer zurückhaltend gezeigt. Kommt materielles deutsches Schuldrecht zur Anwendung, so hat der Bundesgerichtshof allerdings mehrfach ausländische Eingriffsnormen in materieller Weise berücksichtigt. 419

> BGH, Urt. v. 21.12.1960 – VIII ZR 1/60, BGHZ 34, 169, 172 f.;
> BGH, Urt. v. 24.5.1962 – II ZR 199/60, NJW 1992, 1436, 1437;
> BGH, Urt. v. 8.2.1984 – VIII ZR 254/82, ZIP 1984, 452 = NJW 1984, 1746;
> BGH, Urt. v. 20.10.1992 – VI ZR 361/91, ZIP 1992, 1747, 1748 = NJW 1993, 194, 195;
> BGH, Urt. v. 17.11.1994 – III ZR 70/93, BGHZ 128, 41, 52 f.

(a) § 138 BGB

So ist ausländisches öffentliches Recht als Nichtigkeitsgrund berücksichtigt worden, der im Rahmen des anwendbaren deutschen Privatrechts gemäß § 138 BGB durchschlägt. 420

BGH, Urt. v. 21.12.1990 – VIII ZR 1/60, BGHZ 34, 169, 172 f.;
BGH, Urt. v. 24.5.1962 – II ZR 199/60, NJW 1992, 1436, 1437.

(b) §§ 275, 311a BGB

421 Ausländisches öffentliches Recht ist als Unmöglichkeitsgrund berücksichtigt worden, der im Rahmen des anwendbaren deutschen Privatrechts eine Leistungsstörung bildet und als solche zu behandeln ist.

> Beispielsweise wird die Verweigerung eines behördlichen Dispenses als nachträgliche Unmöglichkeit gewertet, BGH, Urt. v. 28.1.1997 – XI ZR 42/96, WM 1997, 560. Vgl. auch BGH, Urt. v. 17.11.1994 – III ZR 70/93, BGHZ 128, 41, 53, wo erwogen wird, das Außenhandelsmonopol der DDR unter dem Gesichtspunkt eines tatsächlichen Leistungshindernisses gemäß § 331a BGB zu berücksichtigen.

(c) § 826 BGB

422 Die bewusste Verletzung ausländischer Embargovorschriften ist als Verstoß gegen die guten Sitten i. S. v. § 826 BGB angesehen worden.

> BGH, Urt. v. 20.10.1992 – VI ZR 361/91, ZIP 1992, 1747
> = NJW 1993, 194, 195.

(d) Wegfall der Geschäftsgrundlage

423 Ein iranisches Verbot über den Import von Alkohol führt zur Anwendung der Grundsätze über den Wegfall der Geschäftsgrundlage des deutschem Recht unterstehenden Vertrags.

> BGH, Urt. v. 8.2.1984 – VIII ZR 254/82, ZIP 1984, 452
> = NJW 1984, 1746.

424 Diese faktische Berücksichtigung ausländischer Eingriffsnormen ist auch unter Geltung von Art. 9 Abs. 3 Rom I-VO möglich.

> Palandt/*Thorn*, Art. 9 Rom I-VO Rn. 13.

dd) Sonderproblem: Deutsches Internationales Devisenrecht

425 Das deutsche Internationale Devisenrecht spielt vor allem deshalb eine Sonderrolle, weil nach Art. VIII Abschnitt 2 (b) Satz 1 des Abkommens über den Internationalen Währungsfonds (IWF-Abkommen oder Abkommen von Bretton Woods) Devisenbestimmungen ausländischer Mitgliedsstaaten unter bestimmten Voraussetzungen auch im Inland zu beachten sind.

> Zum deutschen Internationalen Devisenrecht: *Thode*, in: Reithmann/Martiny, Rn. 671–711; Staudinger/*Ebke* (2011), Anhang zu Art. 9 Rom I-VO, dort jeweils auch zum hier nicht behandelten autonomen Devisenkollisionsrecht.

III. Die Wirkung der Rechtswahl

(1) Art. VIII Abschnitt 2 (b) Satz 1 IWF-Abkommen

Art. VIII Abschnitt 2 (b) Satz 1 IWF-Abkommen gehört zu den in der Praxis des internationalen Rechtsverkehrs am häufigsten übersehenen Vorschriften. Sie lautet in der deutschen Übersetzung: 426

> „Aus Devisenkontrakten, welche die Währung eines Mitglieds berühren und den von diesem Mitglied in Übereinstimmung mit diesem Übereinkommen aufrechterhaltenen oder eingeführten Devisenkontrollbestimmungen zuwiderlaufen, kann in den Hoheitsgebieten der Mitglieder nicht geklagt werden ..."

BGBl II 1952, 728 in der Fassung vom 9.1.1978 BGBl II 1978, 13.
Völkerrechtlich verbindlich ist die englische Fassung, BGH, Urt.
v. 14.11.1991 – IX ZR 250/90, BGHZ 116, 77, 83 mit Anm.
Thode WuB VII A. § 38 ZPO 2.92, und *Geimer*, EWiR 1992, 203.

In seinem kollisionsrechtlichen Teil verpflichtet Art. VIII Abschnitt 2 (b) Satz 1 IWF-Abkommen zur Anwendung ausländischer Devisenkontrollbestimmungen. Sachrechtlich regelt die Vorschrift, dass Verpflichtungen, die gegen solche Devisenkontrollbestimmungen verstoßen, nicht einklagbar sind. 427

Ausführlich Staudinger/*Ebke* (2011), Anhang zu Art. 9 Rom I-VO Rn. 7 ff.
Im Vollstreckbarkeitsverfahren prüft der BGH einen Verstoß gegen das IWF-Abkommen nicht, vgl. BGH, Urt. v. 3.12.1992 – IX ZR 229/91, BGHZ 120, 334, 348; dazu *Schlechtriem*, EWiR 1993, 195.

(2) Devisenkontrakt

Der Begriff des Devisenkontrakts wird weit ausgelegt. Devisenkontrakte sind nach der deutschen Rechtsprechung grundsätzlich alle vertraglichen Verpflichtungen, die Zahlungen oder Transfers in fremder oder eigener Währung vorsehen und sich auf die Zahlungsbilanz eines Mitgliedsstaats auswirken. 428

Thode, in: Reithmann/Martiny, Rn. 675 m. N.

Der Bundesgerichtshof nimmt Kapitalverkehrsverträge und Verträge des laufenden Zahlungsverkehrs, die von ausländischen Kapitalverkehrskontrollen erfasst werden, aus dem Anwendungsbereich der Vorschrift aus. 429

BGH, Urt. v. 8.11.1994 – II ZR 216/92, ZIP 1994, 132
= NJW 1994, 390 mit Anm. *Thode* WuB VII B 2. – 1.94;
BGH, Urt. v. 22.2.1994 – IX ZR 16/93, NJW 1994, 1886, 1869.

Ein Devisenkontrakt liegt danach vor, wenn es sich um einen Austauschvertrag handelt, der Zahlungen für laufende Transaktionen vorsieht. 430

Zum Begriff des Austauschvertrags *Thode*, in:
Reithmann/Martiny, Rn. 683. Das Merkmal „Zahlungen für
laufende Transaktionen" grenzt die Verträge ab von Kapitalverkehrsverträgen.

431 Damit findet das IWF-Abkommen Anwendung auf den gesamten internationalen Waren- und Dienstleistungsverkehr.

> Staudinger/*Ebke* (2011), Anhang zu Art. 9 Rom I-VO Rn. 28; *Thode*, in: Reithmann/Martiny, Rn. 678.

432 Zu Devisenkontrakten i. S. v. Art. VIII Abschnitt 2 (b) Satz 1 IWF-Abkommen gehören u. a.:

> Zum Kreis der von Art. VIII Abschnitt 2 (b) Satz 1 IWF-Abkommen erfassten Geschäfte im einzelnen MünchKomm/ *Martiny*, Anhang II zu Art. 9 Rom I-VO Rn. 17; *Thode*, in: Reithmann/Martiny, Rn. 678; Staudinger/*Ebke* (2011), Anhang zu Art. 9 Rom I-VO Rn. 28.

- Entgeltliche und unentgeltliche Verträge über Leistungen von Waren und Dienstleistungen gegen Zahlungsmittel, dazu gehören z. B. Kaufverträge, Werkverträge, Lizenzverträge.

- Tausch von Zahlungsmitteln:

  > OLG Düsseldorf, Urt. v. 28.9.1989 – 6 U 258/88, ZIP 1989, 1387.

- Sicherungen einer genehmigungspflichtigen Hauptschuld, also z. B. eine Bürgschaft, welche eine genehmigungspflichtige Kaufpreisschuld sichert.

433 Staatsanleihen sind als langfristige, bedeutende Kreditverpflichtung Kapitalverkehrsgeschäfte und unterfallen deshalb nicht den Beschränkungen des IWF-Abkommens.

> OLG Frankfurt, Urt. v. 13.6.2006 – 8 U 107/03, NJW 2006, 2931.

434 Außervertragliche Ansprüche stellen ebenfalls Devisenkontrakte dar, wenn sie im Ergebnis dazu führen würden, dass das devisenrechtlich verbotene Geschäft erfüllt wird. Das gilt insbesondere für Ansprüche aus unerlaubter Handlung und ungerechtfertigter Bereicherung.

> MünchKomm/*Martiny*, Anhang II zu Art. 9 Rom I-VO Rn. 20 f.; *Thode*, in: Reithmann/Martiny, Rn. 678.

(3) Währung eines Mitgliedsstaats berührt

435 Art. VIII Abschnitt 2 (b) Satz 1 IWF-Abkommen setzt voraus, dass die Währung eines Mitgliedsstaats berührt ist. Das ist der Fall, wenn die vereinbarte Transaktion die Zahlungsbilanz eines Mitgliedsstaats berührt.

> Überwiegend wird vertreten, dass auch eine positive Auswirkung auf die Zahlungsbilanz eine Berührung i. S. v. Art. VIII Abschnitt 2 (b) Satz 1 IWF-Abkommen ist, vgl. *Ebke*, S. 247 f.; MünchKomm/ *Martiny*, Anhang II zu Art. 9 Rom I-VO Rn. 24; *Thode*, in: Reithmann/Martiny, Rn. 685; Staudinger/*Ebke* (2011), Anhang zu Art. 9 Rom I-VO Rn. 39. Anders IPG 1984 Nr. 45 (Bonn), 470.

III. Die Wirkung der Rechtswahl

(4) Verstoß gegen Devisenkontrollbestimmungen

Aus Devisenkontrakten kann gemäß Art. VIII Abschnitt 2 (b) Satz 1 IWF-Abkommen nicht geklagt werden, wenn die beabsichtigte Transaktion gegen Devisenkontrollbestimmungen eines Mitgliedsstaats verstoßen würde. Es ist also zu prüfen, ob der in Frage stehende Staat eine Devisenbewirtschaftung vorsieht, mithin die allgemeine Verfügbarkeit oder den Gebrauch von Devisen beschränkt. 436

> Vgl. zu den Einzelheiten *Thode*, in: Reithmann/Martiny, Rn. 688–690.

(5) Unklagbarkeit

Unklagbarkeit i. S. v. Art. VIII Abschnitt 2 (b) Satz 1 IWF-Abkommen bedeutet nach bisheriger ständiger Rechtsprechung des Bundesgerichtshofs, dass eine von Amts wegen zu beachtende Sachurteilsvoraussetzung fehlt und die Klage mithin als unzulässig abzuweisen ist. 437

> BGH, Urt. v. 31.1.1991 – III ZR 150/88, NJW 1991, 3095, 3096 mit Anm. *Thode*, WuB VII B. 1. Art. 5 EuGVÜ 1.91; m. N. *Thode*, in: Reithmann/Martiny, Rn. 693.

Zwei neuere Entscheidungen des Bundesgerichtshofs deuten darauf hin, dass die Rechtsprechung zukünftig Unklagbarkeit materiellrechtlich als unvollkommene Verbindlichkeit ansieht und prozessual als Einrede behandeln will. 438

> BGH, Urt. v. 14.11.1991 – IX ZR 250/90, BGHZ 116, 77, 83 mit Anm. *Thode*, WuB VII A. § 38 ZPO 2.92, und *Geimer* EWiR 1992, 203;
> BGH, Urt. v. 8.11.1994 – II ZR 216/92, ZIP 1994, 132 = NJW 1994, 390 mit Anm. *Thode*, WuB VII B 2. – 1.94; dies gründet sich auf Vorschläge von *Ebke*, S. 276 ff., 283 ff.

(6) Auswirkungen auf Sicherungsrechte

Akzessorische Sicherungsrechte und dingliche Sicherheiten, mit der die unklagbare Forderung gesichert werden soll, können nach Sinn und Zweck von Art. VIII Abschnitt 2 (b) IWF-Abkommen ebenfalls nicht durchgesetzt werden. 439

> Dazu gehören Schuldanerkenntnisse, Wechsel, Bürgschaften, Sicherungsübereignungen etc., vgl. *Ebke*, S. 288–292, 306; *Thode*, in: Reithmann/Martiny, Rn. 706.

C. Fehlende Rechtswahl

Wenn die subjektiv bestimmte Anknüpfung an den Schuldvertrag versagt, weil und soweit die Parteien das anzuwendende Recht weder ausdrücklich noch stillschweigend gewählt haben, muss auf objektiv ausgerichtete Anknüpfung zurückgegriffen werden. 440

> Es wird angenommen, dass die meiste Zahl der internationalen Wirtschaftsverträge eine Rechtswahlklausel enthält, vgl. *Berger*, Internationale Wirtschaftsschiedsgerichtsbarkeit, S. 347. Das gilt für wirtschaftlich bedeutende Verträge sicherlich eher als für den grenzüberschreitenden Durchschnittsvertrag.

Ebenso muss objektiv angeknüpft werden, wenn die Rechtswahl der Parteien unwirksam ist oder nur einen Teil des Vertrags betrifft. 441

> v. Hoffmann/*Thorn*, Rn. 42; *Wenner*, in: Festschrift Mantscheff, S. 2005, 2006.

I. Anknüpfung an den Schwerpunkt des Vertrags

1. Art. 4 Rom I-VO

Das frühere Recht knüpfte an den Vertragsschwerpunkt an, indem es bestimmte, dass bei Fehlen einer Rechtswahl das Recht des Staats zur Anwendung kommt, zu dem der Vertrag die engste Beziehung aufweist (Art. 28 Abs. 1 Satz 1 EGBGB, Art. 4 Abs. 1 Satz 1 EVÜ). Daran will Art. 4 Rom I-VO nichts ändern. 442

> *Martiny*, in: Reithmann/Martiny, Rn. 143.

2. Gesetzlicher Katalog

Art. 4 Rom I-VO konkretisiert dies nun durch einen Katalog, der die Anknüpfung verschiedener Vertragstypen regelt. Danach gilt: 443

> „Soweit die Parteien keine Rechtswahl gemäß Artikel 3 getroffen haben, bestimmt sich das auf den Vertrag anzuwendende Recht unbeschadet der Artikel 5–8 wie folgt:
>
> a) Kaufverträge über bewegliche Sachen unterliegen dem Recht des Staates, in dem der Verkäufer seinen gewöhnlichen Aufenthalt hat.
>
> b) Dienstleistungsverträge unterliegen dem Recht des Staates, in dem der Dienstleister seinen gewöhnlichen Aufenthalt hat.
>
> c) Verträge, die ein dingliches Recht an unbeweglichen Sachen sowie die Miete oder Pacht unbeweglicher Sachen zum Gegenstand haben, unterliegen dem Recht des Staates, in dem die unbewegliche Sache belegen ist.
>
> d) Ungeachtet des Buchstabens c) unterliegt die Miete oder Pacht unbeweglicher Sachen für höchstens sechs aufeinander folgende Monate zum vorübergehenden privaten Gebrauch dem Recht des Staates, in dem der Vermieter oder Verpächter seinen gewöhnlichen Aufenthalt hat, sofern der

C. Fehlende Rechtswahl

Mieter oder Pächter eine natürliche Person ist und seinen gewöhnlichen Aufenthalt in demselben Staat hat.

e) Franchiseverträge unterliegen dem Recht des Staates, in dem der Franchisenehmer seinen gewöhnlichen Aufenthalt hat.

f) Vertriebsverträge unterliegen dem Recht des Staates, in dem der Vertriebshändler seinen gewöhnlichen Aufenthalt hat.

g) Verträge über den Kauf beweglicher Sachen durch Versteigerung unterliegen dem Recht des Staates, in dem die Versteigerung abgehalten wird, sofern der Ort der Versteigerung bestimmt werden kann.

h) Verträge, die innerhalb eines multilateralen Systems geschlossen werden, das die Interessen einer Vielzahl Dritter am Kauf und Verkauf von Finanzinstrumenten i. S. v. Artikel 4 Absatz 1 Nummer 17 der Richtlinie 2004/39/EG nach nicht diskretionären Regeln und nach Maßgabe eines einzigen Rechts zusammenführt oder das Zusammenführen fördert, unterliegen diesem Recht."

444 Diese Regelungstechnik kennt das Schweizer Recht schon lange. Art. 117 Abs. 3 des schweizerischen IPRG lautet:

„Als charakteristische Leistung gilt namentlich:

a) bei Veräußerungsverträgen die Leistung des Veräußerers;

b) bei Gebrauchsüberlassungsverträgen die Leistung der Partei, die eine Sache oder ein Recht zu Gebrauch überlässt;

c) bei Auftrag, Werkvertrag oder ähnlichen Dienstleistungsverträgen die Dienstleistung;

d) bei Verwahrungsverträgen die Leistung des Verwahrers;

e) bei Garantie- oder Bürgschaftsverträgen die Leistung des Garanten oder des Bürgen."

3. Anknüpfung an die charakteristische Leistung

445 Das frühere Recht hat vermutet, dass ein Vertrag zu dem Staat die engste Verbindung aufweist, in dem die Vertragspartei ihren Sitz hat, welche die charakteristische Vertragsleistung erbringt (Art. 28 Abs. 2 EGBGB, Art. 4 Abs. 2 EVÜ). Dies ist nun für die Fälle, in denen sich aus Art. 4 Abs. 1 Rom I-VO die Anknüpfungsregel nicht entnehmen lässt, zur festen Regel geworden. Art. 4 Abs. 2 Rom I-VO besagt:

„Fällt der Vertrag nicht unter Absatz 1 oder sind die Bestandteile des Vertrags durch mehr als einen der Buchstaben a) bis h) des Absatzes 1 abgedeckt, so unterliegt der Vertrag dem Recht des Staates, in dem die Partei, welche die für den Vertrag charakteristische Leistung zu erbringen hat, ihren gewöhnlichen Aufenthalt hat."

I. Anknüpfung an den Schwerpunkt des Vertrags

a) Grundsatz

aa) Anknüpfung an die Sachleistung

Damit wird meist an die Sachleistung angeknüpft. 446

Denn die im gegenseitig verpflichtenden Vertrag geschuldete Geldleistung 447
ist nicht prägend, nicht typisch, weil sie bei den meisten Vertragsarten vorkommt. Charakterisiert wird der Vertrag beim Kauf durch die Lieferungsverpflichtung, beim Dienst- und Geschäftsbesorgungsvertrag durch die Tätigkeitsverpflichtung, beim Werkvertrag durch die Leistung des Werkunternehmers.

Hintergrund für die Anknüpfung an die Sachleistung ist die Annahme, dass 448
der die Sachleistung Erbringende die größeren Schwierigkeiten hätte, sich nach verschiedenen Rechtsordnungen zu richten. Sein Leistungsprogramm ist enger mit dem anzuwendenden Vertragsrecht verknüpft. Er muss seine Leistung am ehesten auf eine Rechtsordnung einrichten.

Kegel/Schurig, S. 662; *Wenner*, RIW 1998, 173, 176; *Wenner*, in:
Festschrift Mantscheff, S. 201, 209 f.

Immerhin führt der vertragstypische Anknüpfungsmechanismus oft zu einer 449
Bevorzugung der ohnehin „stärkeren" Partei: „Wer da hat, dem wird gegeben" (*Kegel*). Denn es wird an das Recht der Bank, der Versicherung, des Beförderungsunternehmens oder des Vermieters und nicht an das Recht des Kunden, des Versicherten, des Fahrgastes oder des Mieters angeknüpft. Dieses Resultat bringt es mit sich, dass Arbeitsverträge und Verbraucherverträge zum Teil anders angeknüpft werden (Rn. 470, 472) und dürfte dazu beigetragen haben, dass zahlreiche Stimmen versuchen, Verbrauchern erweiterten Schutz zukommen zu lassen.

Zu diesen Versuchen siehe Rn. 350 ff., 339 ff.

Dieser Schutz der schwächeren Vertragspartei ist auch der Grund, aus dem 450
der Verordnungsgeber in Art. 4 Abs. 1 lit. e) Rom I-VO eine Anknüpfung an das Recht des Franchisenehmers vorsieht, obwohl der Franchisegeber die vertragscharakteristische Leistung erbringt.

Kritisch dazu *Ferrari*, in: Ferrari/Kieninger/Mankowski, Art. 4
Rom I-VO Rn. 45.

bb) Ort der charakteristischen Leistung

Wenn Art. 4 Abs. 2 Rom I-VO an das Recht der charakteristischen Leistung 451
anknüpft, so steht das Recht des Staats in Rede, in dem der die charakteristische Leistung Erbringende seinen gewöhnlichen Aufenthalt hat. Einzelheiten regelt Art. 19 Rom I-VO. Handelt es sich um eine Gesellschaft, einen Verein oder eine juristische Person, so entscheidet der Sitz der Hauptverwaltung (Art. 19 Abs. 1 Satz 1 Rom I-VO). Gleiches gilt für den Aufenthalt einer natürlichen Person, welche im Rahmen der Ausübung ihrer beruflichen

Tätigkeit handelt. Auch hier entscheidet der Ort ihrer Hauptniederlassung (Art. 19 Abs. 1 Satz 2 Rom I-VO). Wird die Leistung von einer anderen Niederlassung aus erbracht, so wird an das Recht dieser Niederlassung angeknüpft (Art. 19 Abs. 2 Rom I-VO).

452 Es entscheidet der gewöhnliche Aufenthalt zum Zeitpunkt des Vertragsabschlusses (Art. 19 Abs. 3 Rom I-VO). Wird die charakteristische Leistung also nach Vertragsabschluss später von einem anderen Ort ausgebracht, so ändert dies das Vertragsstatut nicht.

b) Grundstücke – Art. 4 Abs. 1c Rom I-VO

453 Bei Grundstücksverträgen wiegt die Belegenheit der Sache schwerer als der Aufenthaltsort einer Vertragspartei. Verträge, die ein dingliches Recht an unbeweglichen Sachen sowie die Miete oder Pacht unbeweglicher Sachen (es sei denn kurzfristig, vgl. Art. 4 Abs. 1 lit. d) zum Gegenstand haben, unterliegen mangels Rechtswahl dem Recht des Belegenheitsorts. Dazu gehören Verträge über den Erwerb des Eigentums oder eines dinglichen Rechts am Grundstück, ebenso wie Verträge, die einen Anspruch auf Überlassung des Gebrauchs der Immobilie auf Zeit begründen (Miete, Pacht).

> Siehe aber Art. 4 Abs. 1 lit. d) Rom I-VO.

454 Art. 4 Abs. 1 lit. c) Rom I-VO meint nur das Verpflichtungsgeschäft. Das Verfügungsgeschäft folgt sachenrechtlichen Anknüpfungsregeln. Hier gilt also das Recht des Lageorts (lex rei sitae).

> Die Abgrenzung zwischen schuld- und sachenrechtlichen Verträgen erfolgt autonom, *Ferrari*, in: Ferrari/Kieninger/Mankowski, Art. 4 Rom I-VO Rn. 36.

c) Ausnahmen – Art. 4 Abs. 3 Rom I-VO

455 Wer typisierend vermutet, muss Ausnahmen von der Regel zulassen. Dies geschieht in Art. 4 Abs. 3 Rom I-VO. Ergibt sich danach aus der Gesamtheit der Umstände, dass der Vertrag eine offensichtlich engere Verbindung zu einem anderen Recht aufweist, gilt dieses Recht.

> Der Kommissionsentwurf der Rom I-VO enthielt diese Regelung aus Gründen der Rechtssicherheit nicht.

aa) Eng auszulegende Ausnahmevorschrift

456 Art. 4 Abs. 3 Rom I-VO ist als Ausnahme eng und immer mit Blick auf Sinn und Zweck der Grundregeln des Art. Art. 4 Rom I-VO anzuwenden. Insbesondere ist der Sinn der Anknüpfung an das Sitzrecht desjenigen, der die Sachleistung erbringt, im Auge zu behalten.

> Zum Hintergrund der Regelung in Art. 4 Rom I-VO; vgl. Rn. 448.

I. Anknüpfung an den Schwerpunkt des Vertrags

Das wurde schon im früheren Recht (Art. 28 Abs. 5 EGBGB) nicht hinreichend beachtet. So wundert es nicht, dass zu den ersten Entscheidungen deutscher Gerichte zu Art. 4 Rom I-VO solche gehören, in denen über Art. 4 Abs. 3 Rom I-VO die Anwendbarkeit deutschen Rechts begründet wird. 457

> OLG München, Urt. v. 2.5.2012 – VII U 4830/11, BeckRS 2012, 11343.

bb) Kein Fall von Art. 4 Abs. 3 Rom I-VO: Bau- und Anlagenverträge

Bei Bauverträgen bewirkt der Ort der Baustelle keine engere Verbindung zum Recht des Baustellenlands. 458

> Das wurde für den Bauvertrag, insbesondere für den Anlagen- und BOT-Vertrag, zum früheren Recht vertreten, vgl.
> Staudinger/*Firsching* (1978), Vor Art. 12 EGBGB Rn. 538; für den Anlagenvertrag Erman/*Hohloch*, Art. 4 Rom I-VO Rn. 15; für den Architektenvertrag *Motzke/Wolff*, S. 41; *Jochem*, § 1 HOAI Rn. 13. Dagegen *W. Lorenz*, IPRax 1995, 329, 331 f.; *Thode*, in: Reithmann/Martiny, Rn. 1084; *Thode/Wenner*, Rn. 282, Rn. 311; *Wenner*, BauR 1993, 257, 260 f.; Wiegand, in: Vertragsgestaltung und Streiterledigung in der Bauindustrie und im Anlagenbau, 59, 81–87.

Grund für die Anknüpfung an das Sitzrecht des Werkunternehmers ist, dass sein Leistungsprogramm in besonderer Weise vom anzuwendenden Vertragsrecht abhängt. Er muss sich am ehesten auf eine Rechtsordnung einrichten. Sein Interesse an der Wahl seines Umweltrechts ändert sich dadurch, dass er seine Leistung für eine Baustelle in einem anderen Land erbringt, nicht. Dass er die örtlichen Vorschriften beachten muss, verringert sein durch Art. 4 Abs. 1 lit. b) Rom I-VO geschütztes Interesse an der Anwendung des heimischen Schuldrechts ebenfalls nicht. 459

> Vgl. zum früheren Recht BGH, Urt. v. 25.2.1999 – VII ZR 408/97, NJW 1999, 2442, 2443; *Wenner*, RIW 1998, 173, 176. So zu Art. 4 Abs. 3 Rom I-VO auch *Ferrari*, in: Ferrari/Kieninger/Mankowski, Art. 4 Rom I-VO Rn. 115; *Thode*, in: Reithmann/Martiny, Rn. 1084; Palandt/*Thorn*, Art. 4 Rom I-VO Rn. 10; *Wenner*, in: Festschrift Mantscheff, S. 205, 210.

cc) Kein Fall von Art. 4 Abs. 3 Rom I-VO: Subunternehmerverträge

Mit Art. 4 Abs. 3 Rom I-VO lässt sich auch nicht die akzessorische Anknüpfung von Subunternehmerverträgen an das Recht des Hauptvertrags begründen. 460

> So aber zum früheren Recht *Jayme*, in: Festschrift Pleyer, S. 371, 377; ders., in: Nicklisch (Hrsg.), S. 65, 66 siehe auch *v. d. Seipen*, S. 272 unter unzutreffender Berufung auf BGH, Urt. v. 16.6.1969 – VII ZR 119/67, WM 1969, 1140, und BGH, Urt. v. 11.3.1982 – VII ZR 357/80, BGHZ 83, 197 = ZIP 1982, 704.

461 Die h. A. knüpft Subunternehmerverträge zu Recht selbstständig an, nimmt zum Ausgangspunkt also Art. 4 Abs. 1 lit. b) Rom I-VO. Bei fehlender Rechtswahl kommt hiernach im Zweifel das Recht der Niederlassung des Subunternehmers zur Anwendung.

> Erman/*Hohloch*, Art. 4 Rom I-VO Rn. 15, so schon zum früheren Recht BGH, Urt. v. 25.2.1999 – VII ZR 408/97, NJW 1999, 2442, 2443; *Vetter*, NJW 1987, 2124, 2126 f.; *Thode/Wenner*, Rn. 302–306; *Wenner*, in: Festschrift Thode, S. 661, 666 f.

dd) Kein Fall von Art. 4 Abs. 3 Rom I-VO: Verträge mit Staaten

462 Ist ein Staat Vertragspartner, so bleibt es bei der Anknüpfung nach Art. 4 Abs. 1 und Abs. 2 Rom I-VO. Das mögliche Interesse des Staats an der Anwendung des eigenen Rechts ändert hieran nichts.

> So aber zum früheren Recht RG, Urt. v. 14.11.1929 – IV 665/28, RGZ 126, 196, 207: Beteiligung der Stadt Wien als Hinweis auf österreichisches Recht;
> BGH, Urt. v. 13.12.1967 – VIII ZR 203/65, NJW 1968, 356: Beteiligung iranischer Staatsbank als Indiz für stillschweigende Wahl iranischen Rechts.

463 Es ist nicht einzusehen, warum der Staat kollisionsrechtlich besonderen Schutzes bedarf. Soweit der Staat ein besonderes Interesse an der Anwendung seines Rechts hat, mag er dies mittels der ihm gegebenen Marktmacht durchsetzen und vereinbaren. Hat er dies versäumt, besteht kein Anlass, ihn besser als andere zu stellen. Richtig ist es deshalb, Staat und Private gleich zu behandeln.

> *Ferrari*, in: Ferrari/Kieninger/Mankowski, Art. 4 Rom I-VO Rn. 95; *v. Hoffmann*, BerGesVR 25 (1984), 35, 57 f.; *Wenner*, in: Festschrift Mantscheff, S. 201, 205, 220.

d) Versagen der Vermutung – keine charakteristische Leistung

464 Versagen die Regelungen des Art. 4 Abs. 1 und Abs. 2 Rom I-VO, weil es keine charakteristische Leistung einer Partei gibt, ist der Schwerpunkt des Vertrags, also das Recht, zu dem der Vertrag die engste Beziehung aufweist, zu ermitteln (Art. 4 Abs. 4 Rom I-VO).

465 *Beispiel 1:*

> *Parteien tauschen Grundbesitz in Deutschland gegen Grundbesitz in Brasilien. Die Anknüpfungsregel des Art. 4 Abs. 1 lit. c) Rom I-VO hilft nicht weiter, weil es zwei Belegenheitsorte gibt. Hier ist der Schwerpunkt nach Art. 4 Abs. 4 Rom I-VO zu ermitteln und soll im Zweifel beim beurkundenden Notar liegen.*

> So LG Amberg, Urt. v. 17.3.1980 – 2 O 371/78, IPRax 1982, 29 (LS), mit Anm. *Jayme*. Vgl. Palandt/*Thorn*, Art. 4 Rom I-VO Rn. 31.
> Zur (verfehlten) Anknüpfung an den Sitz des Vertragsverfassers Rn. 274.

Beispiel 2: 466

Parteien verpflichten sich gegenseitig, ihr jeweiliges Fertigungsprogramm durch die jeweils andere Seite in deren Heimatstaat zu vertreiben.
> OLG Hamm, Urt. v. 20.1.1989 – 29 U 155/86, NJW 1990, 652, 653.

e) Keine Vertragsspaltung bei objektiver Anknüpfung

Die Rechtswahl kann den Vertrag spalten. 467
> Zur Vertragsspaltung durch Rechtswahl Rn. 149 ff.

Das frühere Recht (Art. 28 Abs. 1 Satz 2 EGBGB) hat dies bei der objekti- 468
ven Anknüpfung von Schuldverträgen ebenfalls erlaubt.
> v. Hoffmann/*Thorn*, § 10 Rn. 65 bildet folgendes Beispiel: Deutsche Gesellschaft verkauft Kühlanlage in Iran und wartet diese Anlage 1 Jahr lang: Der Kaufvertrag unterliegt deutschem Recht. Die Wartungsverpflichtung soll abgespalten und iranischem Recht unterworfen werden. Aber warum soll für die Wartungsverpflichtung nicht gelten, was für Dienst- und Werkverträge auch sonst gilt? Richtigerweise ist auch insoweit die Vermutung von Art. 4 Abs. 1 lit. b) Rom I-VO einschlägig. Zu ähnlichen und ebenfalls abzulehnenden Vorschlägen, Bauverträge an den Ort der Baustelle anzuknüpfen, siehe Rn. 458 f.

Eine solche Vertragsspaltung sieht das geltende Recht der Rom I-VO nicht 469
mehr vor.
> *Ferrari*, in: Ferrari/Kieninger/Mankowski, Art. 4 Rom I-VO Rn. 101; Palandt/*Thorn*, Art. 4 Rom I-VO Rn. 30.

4. Sonderregeln

a) Verbraucherverträge

aa) Art. 6 Abs. 1 Rom I-VO

Fehlt eine Rechtswahl in einem Verbrauchervertrag, gilt nicht die objektive 470
Anknüpfungsregel des Art. 4 Rom I-VO. Vielmehr unterliegt der Vertrag gemäß Art. 6 Abs. 1 Rom I-VO dem Recht des Staats, in dem der Verbraucher seinen gewöhnlichen Aufenthalt hat, wenn der Unternehmer

> „(1) seine berufliche oder gewerbliche Tätigkeit in dem Staat ausübt, in dem der Verbraucher seinen gewöhnlichen Aufenthalt hat, oder
>
> (2) eine solche Tätigkeit auf irgendeiner Weise auf diesen Staat oder auf mehrere Staaten, einschließlich dieses Staates, ausrichtet
>
> und der Vertrag in den Bereich dieser Tätigkeit fällt."

bb) Art. 46b Abs. 4 EGBGB

471 Die Vorschrift durchbricht (auch) die objektiven Anknüpfungsregeln des Art. 4 Rom I-VO bei Time-Sharing-Verträgen.

b) Arbeitsverträge – Art. 8 Abs. 2 Rom I-VO

472 Arbeitsverträge unterliegen gemäß Art. 8 mangels einer Rechtswahl dem Recht des Staats, in dem oder andernfalls von dem aus der Arbeitnehmer gewöhnlich seine Arbeit verrichtet. Fehlt ein solcher Ort, so gilt das Recht des Staats der Niederlassung, die den Arbeitnehmer eingestellt hat. Im Gegensatz zu Art. 6 Abs. 1 Rom I-VO enthält Art. 7 Rom I-VO aber keine starre Regel.

> BAG, Urt. v. 11.12.2003 – II AZR 627/02, Ap Nr. 6 zu Art. 27 EGBGB u. F. (zum früheren Recht des Art. 30 Abs. 2 EGBGB).

473 Ergibt die Gesamtheit der Umstände, dass der Arbeitsvertrag oder das Arbeitsverhältnis engere Verbindungen zu einem anderen Staat aufweist, ist bei Fehlen einer Rechtswahl das Recht dieses Staats anzuwenden (Art. 8 Abs. 4 Rom I-VO).

> Zur Anknüpfung eines Arbeitsvertrags zwischen einer US-amerikanischen Fluggesellschaft und einer Flugbegleiterin mit deutscher Staatsangehörigkeit, welche dem deutschen Büro der Fluggesellschaft zugeordnet ist, vgl. BAG, Urt. v. 13.11.2007 – 9 AZR 137/07, NZA 2008, 761.

> Zur Anknüpfung eines Arbeitsvertrags zwischen einer in Deutschland tätigen Arbeitnehmerin mit US-amerikanischer Staatsangehörigkeit und einer US-amerikanischen Kreditgenossenschaft vgl. LAG Rheinland-Pfalz, Urt. v. 2.3.2012 – 9 Sa 633/11, BeckRS 2012, 68453.

c) Beförderungsverträge – Art. 5 Rom I-VO

474 Haben Parteien in einem Beförderungsvertrag das anwendbare Recht nicht gewählt, ist das Vertragsstatut nicht nach Art. 4 Rom I-VO, sondern nach Art. 5 Rom I-VO zu ermitteln.

> Die Mühe des Verordnungsgebers, hier Sonderrecht zu schaffen, ist nur teilweise verständlich. Internationales Einheitsrecht sowie primäres und sekundäres EU-Recht ist zahlreich vorhanden und geht Art. 5 Rom I-VO vor, vgl. Staudinger/*Magnus* (2011), Art. 5 Rom I-VO Rn. 17–19.

d) Versicherungsverträge – Art. 7 Rom I-VO

475 Soweit die Parteien eines unter Art. 7 Rom I-VO fallenden Versicherungsvertrags keine Rechtswahl getroffen haben, finden sich Regelungen zur objektiven Anknüpfung des Versicherungsvertrags in Art. 7 Abs. 2 Unterabs. 2 sowie Art. 7 Abs. 3 Unterabs. 3 Rom I-VO.

I. Anknüpfung an den Schwerpunkt des Vertrags

5. Gegenstand der Verweisung

Die objektive Anknüpfung in Art. 4–8 Rom I-VO verweist stets auf das Recht eines Staats, nie auf außerstaatliches Recht, also z. B. allgemeine Rechtsgrundsätze, Völkerrecht oder Ähnliches. Zur Anwendung außerstaatlichen Rechts kann man also allenfalls durch Rechtswahl gelangen. 476

> Zur Frage, ob außerstaatliches Recht gewählt werden kann, vgl. Rn. 93 ff.

Die objektive Anknüpfung nach der Rom I-VO führt ferner immer zu einem Sachrecht; es handelt sich also um eine Sachnormverweisung (Art. 20 Rom I-VO). 477

> Zur Sachnormverweisung vgl. Rn. 91. Zum Begriff der Sachnormverweisung vgl. Rn. 709.

Gleiches gilt für § 1051 Abs. 2 ZPO. Dort heißt es: 478

> „Haben die Parteien die anwendbaren Rechtsvorschriften nicht bestimmt, so hat das Schiedsgericht das Recht des Staats anzuwenden, mit dem der Gegenstand des Verfahrens die engsten Verbindungen aufweist."

Anders als in § 1051 Abs. 1 ZPO, demzufolge die Parteien ein „Recht" wählen dürfen, wird für den Fall fehlender Rechtswahl also auf das „Recht des Staats" verwiesen. Diese Terminologie soll deutlich machen, dass das Schiedsgericht bei fehlender Rechtswahl eine staatliche Rechtsordnung zugrunde zu legen hat. 479

> Siehe Rn. 122.

Weiter geht Art. 21 Abs. 1 Satz 2 der ICC-Schiedsgerichtsordnung. Diese Vorschrift erlaubt die Anwendung allgemeiner Rechtsgrundsätze durch das Schiedsgericht auch dann, wenn eine Rechtswahl fehlt. 480

> Vgl. den Wortlaut von Art. 21 Abs. 1 Satz 2 der ICC Rn. 120.

6. Reichweite der Verweisung

Die vertragstypische Anknüpfung bewirkt, dass das gesamte Schuldverhältnis einheitlich nach dem Recht der Partei zu beurteilen ist, die die charakteristische Leistung erbringt. Auf das Recht des Gegenleistungs-(Geld-)Schuldners wird schlechterdings keine Rücksicht genommen. 481

Dabei reicht die objektive Verweisung so weit wie die durch Rechtswahl bewirkte. Sie gilt lediglich für Schuldrecht, andere Rechtsgebiete sind nach den dafür einschlägigen Regeln anzuknüpfen. Insbesondere wird die objektive Anknüpfung konturiert durch Art. 9 Rom I-VO, demzufolge sog. Eingriffsnormen gesondert anzuknüpfen sind. 482

> Dazu Rn. 366 ff.

II. ABC der Anknüpfung einzelner Vertragstypen bei fehlender Rechtswahl

483 Die nachfolgenden Beispiele zeigen die typische Anknüpfung, stellen aber kein starres Schema dar. Zudem ist Art. 6 Rom I-VO zu beachten.

Akkreditiv

484 Es gilt das Recht des Akkreditivgebers, auch bei Zahlstelle in Drittland.

> OLG Frankfurt, Urt. v. 12.11.1991 – 5 U 207/90, RIW 1992, 315; *Schefold*, IPRax 1996, 347, 351–353 m. N. Siehe auch Rn. 494.

Anlagenvertrag

485 Im Zweifel gilt das Recht der Niederlassung des Anlagenbauers. Der Anlagenvertrag gibt keinen Anlass, von Art. 4 Abs. 1 lit. b) Rom I-VO abzuweichen.

> *Thode/Wenner*, Rn. 312; siehe Rn. 458.

Anwaltsvertrag

486 Vertragsstatut ist die Rechtsordnung der Niederlassung des Anwalts (Art. 4 Abs. 1 lit. b) Rom I-VO).

> Vgl. zu Art. 28 EGBGB BGH, Urt. v. 18.3.2004 – IX ZR 255/00, NJW 2004, 1521. Hat die Kanzlei mehrere Niederlassungen, entscheidet die Niederlassung, von der ausgehandelt wird. An die Niederlassung ist auch anzuknüpfen bei Einschaltung einer ausländischen Großkanzlei, anders offenbar Palandt/*Thorn*, Art. 4 Rom I-VO Rn. 9.

487 Gesondert anzuknüpfen sind berufsrechtliche Vorschriften, insbesondere die BRAO und das RVG. Das seit 2008 nur noch eingeschränkte Verbot des Erfolgshonorars (§ 49b BRAO, 4a RVG) ist aber keine Eingriffsnorm.

> Staudinger/*Magnus* (2011), Art. 4 Rom I-VO Rn. 308; enger *Mankowski*, in: Reithmann/Martiny, Rn. 1441. Zum früheren Recht BGH, Beschl. v. 24.7.2003 – IX ZR 181/00, IPRax 2005, 150.

488 Gesondert anzuknüpfen sind auch die Vorschriften des RDG.

> Dazu *Mankowski*, in: Reithmann/Martiny, Rn. 1449 ff.; Staudinger/*Magnus*, Art. 4 Rom I-VO Rn. 306 f. Zur Anknüpfung des Anwaltsprivilegs *Magnus*, RabelsZ 77 (2013), 111.

Arbeitsvertrag

489 Für Arbeitsverträge gilt die Sonderregelung von Art. 8 Abs. 2 Satz 1 Rom I-VO. Art. 4 Rom I-VO gilt nicht.

> Zu Art. 8 Rom I-VO Rn. 356.

II. ABC der Anknüpfung einzelner Vertragstypen bei fehlender Rechtswahl

Architektenvertrag

Es gilt das Schuldrecht des Staats, in dem der Architekt seinen gewöhnlichen Aufenthalt hat (Art. 4 Abs. 1 lit. b), Art. 19 Rom I-VO). 490

> *Ferrari*, in: Ferrari/Kieninger/Mankowski, Art. 4 Rom I-VO Rn. 104; *Thode*, in: Reithmann/Martiny, Rn. 1090; *Thode/Wenner* Rn. 280 ff.; *Wenner*, BauR 1993, 257, 260.

Der Umstand, dass die Baustelle in einem anderen Land liegt, führt nicht zur Anwendung von Art. 4 Abs. 3 Rom I-VO. 491

> BGH, Urt. v. 25.2.1999 – VII ZR 408/97, NJW 1999, 2442, 243; Palandt/*Thorn*, Art. 4 Rom I-VO Rn. 10; *Thode/Wenner* Rn. 282; *Wenner*, RIW 1998, 173 176; *Wenner*, in: Festschrift Mantscheff, S. 205, 212–215.

Gesondert anzuknüpfen sind die Regelungen der HOAI. 492

> Gemäß § 1 HOAI gilt die Verordnung nun für Architekten und Ingenieure mit Sitz im Inland. Zur Frage, ob die HOAI mit dem EU-Recht in Übereinstimmung steht, vgl. *Thode*, in: Reithmann/ Martiny, Rn. 1099. Zum früheren Recht vgl. BGH, Urt. v. 27.2.2003 – VII ZR 169/02, BGHZ 154, 110 mit Anm. *Wenner*, EWiR 2003, 421; *Wenner*, RIW 1998, 173, 176–178.

Auftrag

Es gilt das Recht der Niederlassung des Beauftragten. 493

> *Ferrari*, in: Ferrari/Kieninger/Mankowski, Art. 4 Rom I-VO Rn. 109;
> OLG Hamm, Urt. v. 29.1.1997 – 31 U 145/96, NJW-RR 1997, 1007, 1008.

Bankvertrag

Es gilt das Recht am Sitz der Bank. 494

> BGH, Urt. v. 17.7.2001 – XI ZR 325/00, NJW 2001, 2968, 2970. Gesetzlich festgeschrieben ist die Anknüpfung an das Recht der Bank in der Schweiz (Art. 117 Abs. 3e).

- Bankbürgschaft/-garantie: Recht der Bank

> *Ferrari*, in: Ferrari/Kieninger/Mankowski, Art. 4 Rom I-VO Rn. 132 (Garantie); Staudinger/*Magnus* (2011), Art. 4 Rom I-VO Rn. 415 (Bürgschaft). Rechtsprechung zum alten Recht:
> BGH, Urt. v. 15.11.1976 – VII ZR 76/75, NJW 1977, 1011 (Bürgschaft);
> BGH, Urt. v. 28.1.1993 – IX ZR 259/91, BGHZ 121, 224 = ZIP 1993, 424 (Bürgschaft) mit Anm. *Thode*, WuB I F 1 a. 8.93;
> OLG Frankfurt, Urt. v. 30.11.1994 – 13 U 180/93, IPRspr. 1994 Nr. 67 (Bürgschaft);
> OLG Köln, Urt. v. 15.3.1991 – 20 U 10/91, WM 1991, 1751 (Garantie).

- Darlehen: Recht der Bank

MünchKomm/*Martiny*, Art. 4 Rom I-VO Rn. 170.
Zum Kontokorrentkreditvertrag OLG München, Urt. v. 9.1.1996
– 25 U 4605/95, RIW 1996, 329, 330. Mitunter wird dies anders
gesehen, wenn das Darlehen hypothekarisch abgesichert ist, hier
könne Art. 4 Abs. 3 Rom I-VO zum Recht der Belegenheit des
sichernden Grundstücks führen, vgl. *Ferrari*, in: Ferrari/Kieninger/
Mankowski, Art. 4 Rom I-VO Rn. 120. Das ist zweifelhaft.

- Depotvertrag: Recht der Bank

    MünchKomm/*Martiny*, Art. 4 Rom I-VO Rn. 89.

- Dokumentenakkreditiv: Recht der eröffnenden Bank

    Ferrari, in: Ferrari/Kieninger/Mankowski, Art. 4 Rom I-VO
    Rn. 123. Siehe Rn. 484. OLG Frankfurt, Urt. v. 12.11.1991 – 5 U
    207/90, RIW 1992, 315;

    öst. OGH, Urt. v. 22.6.1994 – 1 Ob 554/94, IPRax 1996, 345, 346
    mit Anm. *Schefold*, ebenda, 347–353.

    Unrichtig OLG Köln, Urt. 25.5.1994 – 2 U 143/93, ZIP 1994,
    1791, 1793: Dort wird bei spanischem Akkreditivgeber und inländischer Zahlstelle auf eine stillschweigende Wahl deutschen
    Rechts geschlossen, dazu kritisch *Thorn*, IPRax 1996, 257–259.

- Konsortialkredit: Recht des Konsortialführers

    MünchKomm/*Martiny*, Art. 4 Rom I-VO Rn. 173. Ausführlich,
    auch zum Innenrecht des Bankenkonsortiums *Schücking*,
    WM 1996, 281–289.

- Rückgarantie: Recht der garantierenden Bank

    Rauscher/*Thorn*, Art. 4 Rom I-VO Rn. 112; *Martiny*, in:
    Reithmann/Martiny, Rn. 1207; zum früheren Recht BGH, Urt. v.
    16.10.1984 – VI ZR 14/83, ZIP 1985, 58.

- Sparkonto: Recht der Bank

    Ferrari, in: Ferrari/Kieninger/Mankowski, Art. 4 Rom I-VO
    Rn. 126;
    OLG Düsseldorf, Urt. v. 8.12.1994 – 6 U 250/92, IPRax 1996,
    423, 424 f.

- Swapgeschäfte

    Gleiche Problematik wie beim Tausch, MünchKomm/*Martiny*,
    Art. 4 Rom I-VO Rn. 90: zu ermitteln ist der Schwerpunkt des
    Geschäfts; siehe Rn. 527.

- Überweisungsauftrag: Recht der Bank

    Staudinger/*Magnus* (2011), Art. 4 Rom I-VO Rn. 351;
    OLG Köln, Urt. v. 17.9.1993 – 20 U 251/92, ZIP 1993, 1538
    = IPRspr. 1993 Nr. 36.

II. ABC der Anknüpfung einzelner Vertragstypen bei fehlender Rechtswahl

Bauvertrag

Nach Art 4 Abs. 1 lit. b) Rom I-VO kommt das Recht am gewöhnlichen 495
Aufenthaltsort des Bauunternehmers zur Anwendung. Art. 4 Abs. 3 Rom I-VO
führt nicht zum Recht der Baustelle.

> BGH, Urt. v. 25.2.1999 – VII ZR 408/97, NJW 1999, 2442, 2443;
> Palandt/*Thorn*, Art. 4 Rom I-VO Rn. 10; *Thode*, in: Reithmann/
> Martiny, Rn. 1084; *Thode/Wenner*, Rn. 280; *Wenner*, in: Festschrift Mantscheff, S. 205, 212–215; *Wenner*, BauR 1993, 257,
> 260; *ders.*, RIW 1998, 173, 176.

Beteiligen sich mehrere Bauunternehmer mit Sitz in verschiedenen Ländern 496
am Bauvertrag (Arge oder Konsortium), so ist der Schwerpunkt gesondert
zu ermitteln.

> Dazu *Thode/Wenner*, Rn. 290–297.

Beratungsvertrag

Die charakteristische Leistung erbringt der Berater, es gilt sein Aufenthalts- 497
recht (Art. 4 Abs. 1 lit. b), Art. 19 Rom I-VO).

> BGH, Urt. v. 17.11.1994 – III ZR 70/93, BGHZ 128, 41, 48.

BOT-Projekt

Die einzelnen Verträge werden gesondert angeknüpft. Eine akzessorische An- 498
knüpfung findet nicht statt.

> *Thode/Wenner*, Rn. 320 m. N. zur Gegenansicht.

Bürgschaft

Im Verhältnis des Bürgen und des Gläubigers gilt das Recht des Bürgen. 499

> BGH, Urt. v. 24.2.1999 – IX ZB 2/98, NJW 1999, 2372, 2373;
> BGH, Urt. v. 28.1.1993 – IX ZR 259/91, BGHZ 121, 224;
> OLG Frankfurt, Urt. v. 30.11.1994 – 13 U 180/93, RIW 1995,
> 1033 mit Anm. *Mankowski*, RIW 1995, 1034.
> Zur Anknüpfung von Formfragen bei der Bürgschaft BGH, Urt.
> v. 28.1.1993 – IX ZR 259/91, BGHZ 121, 224.

Darlehensvertrag

Für Darlehensverträge gilt das Recht am gewöhnlichen Aufenthaltsort des 500
Darlehensgebers.

> OLG Düsseldorf, Urt. v. 25.11.1994 – 22 U 23/94, NJW-RR
> 1995, 755, 756. Siehe auch Rn. 494 zu Bankverträgen.

Dienstvertrag

Es gilt das Recht des Dienstverpflichteten. 501

> Palandt/*Thorn*, Art. 4 Rom I-VO Rn. 9.
> Zum Arbeitsvertrag Rn. 489.

Filmvertrag

502 Die Anknüpfung der Filmproduktions- und Verwertungsverträge ist umstritten.

> Ausführlich *Obergfell*, in: Reithmann/Martiny, Rn. 1998 ff.

Franchisevertrag

503 Es gilt das Recht des Franchisenehmers (Art. 4 Abs. 1 lit. e) Rom I-VO), dazu Rn. 450.

Garantievertrag

504 Es gilt das Recht des Garanten.

> BGH, Urt. v. 13.6.1996 – IX ZR 172/95, ZIP 1996, 1291, 1293 = NJW 1996, 2569, 2570.

Gefälligkeitsverhältnis

505 Charakterisierend ist die Leistung des Gefälligen.

Geschäftsbesorgungsvertrag

506 Es gelten die gleichen Regeln wie beim Auftrag.

> Zum Auftrag Rn. 493.

Geschäftsführung ohne Auftrag

507 Das Recht der Geschäftsführung ohne Auftrag ist nun in Art. 11 Rom II-VO geregelt. Danach gilt in der Regel das Recht des Staats, in dem die Geschäftsführung erfolgt (Art. 11 Abs. 3 Rom II-VO).

Güterbeförderungsvertrag

508 Art. 5 Rom I-VO sieht eine besondere Anknüpfungsregel vor.

> Rn. 474.

Handelsvertretervertrag

509 Es gilt das Recht am gewöhnlichen Aufenthaltsort des Handelsvertreters (Art. 4 Abs. 1 lit. b) Rom I-VO).

> MünchKomm/*Martiny*, Art. 4 Rom I-VO Rn. 123. Ebenso zum früheren Recht BGH, Urt. v. 12.5.1993 – VIII ZR 110/92, NJW 1993, 2753, 2754;
> BGH, Urt. v. 9.11.1994 – VIII ZR 41/94, NJW 1995, 319, 320.

Ingenieurvertrag

510 Es gelten die für Architektenverträge geschilderten Regeln, denen zufolge grundsätzlich das Recht der Niederlassung des Ingenieurs zur Anwendung kommt.

> Vgl. zu Architektenverträgen Rn. 490 ff.

II. ABC der Anknüpfung einzelner Vertragstypen bei fehlender Rechtswahl

Kaufvertrag

Beim Kauf einer beweglichen Sache entscheidet das Recht desjenigen, der die 511
Ware liefert. Es gilt Verkäuferrecht (Art. 4 Abs. 1 lit. a) Rom I-VO).

> Die autonome Auslegung des Begriffs „Kaufvertrag" erfolgt wie bei Art. 5 Brüssel Rom I-VO (Erwägungsgrund Nr. 17 zur Rom I-VO).
> Zum Vorschlag eines einheitlichen europäischen Kaufrechts Rn. 128.

- Warenkauf: Recht des Verkäufers

  > BGH, Urt. v. 1.6.2005 – VIII ZR 256/04, NJW-RR 2005, 1518, 1520;
  > OLG Köln, Urt. v. 15.5.1996 – 27 U 99/95, RIW 1996, 778.
  > Zu beachten ist insbesondere das UN-Übereinkommen über den internationalen Warenkauf. Dazu Rn. 226.

- Grundstückskauf: Für den Grundstückskauf knüpft Art. 4 Abs. 1 lit. c) Rom I-VO an das Verkäuferrecht an, in dem es auf den Ort der Grundstücksbelegenheit verweist. Der Sitz des Notars in einem anderen Staat ändert hieran nichts.

  > Das Formstatut bestimmt sich nach Art. 11 Rom I-VO, dazu Rn. 623 ff.;
  > OLG Frankfurt, Urt. v. 24.6.1992 – 9 U 116/89, NJW-RR 1993, 182. Vgl. Rn. 453.

- Unternehmenskauf: Es gilt das Recht des Verkäufers. Beim Anteilskauf ergibt sich dies aus Art. 4 Abs. 2 i. V. m. Art. 19 Rom I-VO, für den „Asset-Deal" aus Art. 4 Abs. 1, wenn die Verkaufsgegenstände einem der dort genannten Geschäfte zugeordnet werden können, sonst aus Art. 4 Abs. 2 Rom I-VO.

  > Mitunter wird optimistisch angenommen, in Unternehmens- und Anteilskaufverträgen sei immer eine Rechtswahl vorgesehen, vgl. *Meyer-Sparenberg*, WiB 1995, 849 ff. Zu beachten ist beim Asset-Deal, dass das UN-Kaufrecht Anwendung finden kann. Zum Unternehmenskauf ausführlich *Merkt/Göthel*, in: Reithmann/Martiny, Rn. 4391 ff.
  > Zur Anknüpfung des Anteilskauf nach frühem Recht vgl. BGH, Urt. v. 9.10.1986 – II ZR 241/85, NJW 1987, 1141.

Know-how-Vertrag

Es gilt das Recht der Niederlassung des Know-how-Gebers, weil er die ver- 512
tragstypische Leistung erbringt. Das gilt auch dann, wenn dem Know-how-Nehmer ausschließliche Rechte übertragen werden oder er zur ausschließlichen Nutzung des Know-how verpflichtet ist.

> MünchKomm/*Martiny*, Art. 4 Rom I-VO Rn. 228 (str.).

Leasingvertrag

513 Es gilt das Recht des Leasinggebers (Art. 4 Abs. 2 Rom I-VO). Beim Leasing von Grundstücken ist Art. 4 Abs. 1c Rom I-VO zu beachten.

> Ebenso ist die UNIDROIT-Konvention zum Internationalen Finanzierungsleasing vom 28.5.1988 zu beachten. Auch wenn Deutschland nicht beigetreten ist, ist sie doch anzuwenden, wenn das deutsche Kollisionsrecht auf das Recht eines der Vertragsstaaten verweist, vgl. *Ferrari*, in: Ferrari/Kieninger/Mankowski, Art. 4 Rom I-VO Rn. 147. MünchKomm/*Martiny*, Art. 4 Rom I-VO Rn. 31.

Leihe

514 Es gilt das Recht am Sitz des Verleihers. Bei der Grundstücksleihe ist Art. 4 Abs. 1 lit. c) Rom I-VO zu beachten.

Lizenzvertrag

515 Die charakteristische Leistung *i. S. v.* Art. 4 Abs. 2 Rom I-VO erbringt die Lizenzgeberin.

> Zum früheren Recht: BGH, Urt. v. 6.4.1995 – IX ZR 61/94, BGHZ 129, 236.

Maklervertrag

516 Für den Makler gilt bei fehlender Rechtswahl grundsätzlich das Recht des Orts seiner Niederlassung.

> LG Frankfurt, Urt. v. 12.1.1993 – 3/8 O 208/91, RIW 1994, 778.

Mietvertrag

517 Die vertragstypische Leistung erbringt der Vermieter beweglicher Sachen. Es gilt sein Niederlassungsrecht.

> *Ferrari*/Kieninger/Mankowski, Art. 4 Rom I-VO Rn. 152.

518 Bei Vermietung unbeweglicher Sachen (Grundstücke, Wohnungen) ist Art. 4 Abs. 1 lit. c) und lit. d) zu beachten.

> Danach gilt grundsätzlich die lex rei sitae, wenn es sich nicht um einen kurzfristigen Mietvertrag (höchstens sechs Monate) zum vorübergehenden privaten Gebrauch handelt.

Pacht

519 Es gelten die gleichen Regeln wie bei der Miete.

> Siehe Rn. 517.

Personenbeförderungsvertrag

520 Es gelten die besonderen Regelungen des Art. 5 Rom I-VO. Anwendbar ist das Recht des Staats, in dem die zu befördernde Person ihren gewöhnlichen Aufenthalt hat, wenn sich auch der Abgangsort oder der Bestimmungsort in diesem Staat befindet.

II. ABC der Anknüpfung einzelner Vertragstypen bei fehlender Rechtswahl

OLG Frankfurt, Urt. v. 28.2.2013 – 16 U 86/12, BeckRS 2013, 04769.

Reisevertrag

Es gilt mangels Rechtswahl das Recht am Sitz des Reiseveranstalters. 521

Ferrari, in: Ferrari/Kieninger/Mankowski, Art. 4 Rom I-VO Rn. 155.

Schenkung

Es gilt das Recht des Schenkers. 522

OLG Köln, Urt. v. 8.4.1994 – 20 U 226/92, NJW-RR 1994, 1026 (Rückforderung Brautgeld).

Bei der Schenkung von Grundstücken ist Art. 4 Abs. 1 lit. c) Rom I-VO zu beachten. 523

MünchKomm/*Martiny*, Art. 4 Rom I-VO Rn. 166; Palandt/*Thorn*, Art. 4 Rom I-VO Rn. 24.

Schuldversprechen

Abstrakte Schuldversprechen unterliegen mangels Rechtswahl dem Recht am Sitz des Versprechenden. Kausale Schuldversprechen werden akzessorisch an das zugrundeliegende Rechtsverhältnis angeknüpft. 524

Ferrari, in: Ferrari/Kieninger/Mankowski, Art. 4 Rom I-VO Rn. 160.

Softwarevertrag

Die charakteristische Leistung erbringt derjenige, der die Software entwickelt, liefert oder wartet. 525

Zum Entwicklungsvertrag OLG Nürnberg, Urt. v. 18.2.1993 – 12 U 1663/93, IPRspr. 1993 Nr. 31.

Subunternehmervertrag

Es gelten die Grundsätze für Werkverträge. Die akzessorische Anknüpfung des Subunternehmervertrags ist abzulehnen. 526

Siehe Rn. 460 f.

Tausch

Auch beim Tausch muss versucht werden, die Hauptleistung zu ermitteln, an die dann anzuknüpfen ist (Art. 4 Abs. 2 Rom I-VO). Sonst muss der Schwerpunkt nach Art. 4 Abs. 4 Rom I-VO ermittelt werden. Eine Vertragsspaltung ist nicht mehr zulässig. 527

Zum Grundstückstausch Rn. 465.

C. Fehlende Rechtswahl

Time-Sharing

528 Fehlt eine Rechtswahl, gilt regelmäßig für den auf Erwerb eines dinglichen oder obligatorischen Rechts an einer Ferienwohnung gerichteten Vertrag das Recht am Ort der Immobilie.

> *Ferrari*, in: Ferrari/Kieninger/Mankowski, Art. 4 Rom I-VO Rn. 167, dort auch zu Time-Sharing-Verträgen hinsichtlich beweglicher Sachen. Vgl. auch LG Detmold, Urt. v. 29.9.1994 – 9 O 57/94, NJW 1994, 3301, 3302; dazu *Mankowski*, EWiR 1995, 453. Natürlich unterliegt die dingliche Seite eines solchen Geschäfts der lex rei sitae, so im Ergebnis richtig OLG Frankfurt, Urt. 30.11.1994 – 13 U 180/93, RIW 1995, 1033 mit Anm. *Mankowski*, RIW 1995, 1034.

Urheberrechtsvertrag

529 Es gilt das Schuldrecht des gewöhnlichen Aufenthalts des Urhebers.

> MünchKomm/*Martiny*, Art. 4 Rom I-VO Rn. 204. Dem Vertragsstatut unterliegt aber lediglich das Verpflichtungsgeschäft über das Urheberrecht, beispielsweise also Verpflichtungen zur Einräumung von Nutzungsrechten. Das Verfügungsgeschäft unterliegt dem Urheberrechtsstatut, welches der h. A. zufolge das Recht des Schutzlandes ist. BGH, Urt. v. 22.11.1955 – I ZR 218/53, BGHZ 19, 110, 113;

> OLG München, Urt. v. 22.4.1999 – 29 U 5876/98, ZUM 1999, 653, 656; *Ferrari*, in: Ferrari/Kieninger/Mankowski, Art. 4 Rom I-VO Rn. 171; Die Zweckübertragungstheorie gilt entgegen verbreiteter Auffassung nur, wenn das Schuldstatut dies vorsieht. Auf das Statut des Verfügungsgeschäfts kommt es nicht an, vgl. *Thode/Wenner*, Rn. 432.

Verbrauchervertrag

530 Es gelten die allgemeinen Anknüpfungsregeln, die allerdings durch Art. 6 Rom I-VO, Art. 46b EGBGB und möglicherweise durch weitere Sonderanknüpfungen überlagert werden.

> Vgl. zu Verbraucherverträgen Rn. 470 ff.

Verlagsvertrag

531 Die vertragstypische Leistung erbringt der Verleger, an sein Recht ist im Zweifel anzuknüpfen.

> BGH, Urt. v. 22.11.1955 – I ZR 218/53, BGHZ 19, 110, 113; BGH, Urt. v. 7.12.1979 – I ZR 157/77, GRUR 1980, 227, 230; MünchKomm/*Martiny*, Art. 4 Rom I-VO Rn. 209.

Vergleich

532 Soweit das Vertragsstatut nach Art. 4 Abs. 2 Rom I-VO nicht ermittelt werden kann, weil eine charakteristische Leistung fehlt, ist der Schwerpunkt des Vergleichs nach Art. 4 Abs. 4 Rom I-VO zu ermitteln. Das Rechtsverhältnis, über welches der Vergleich abgeschlossen wird, wird häufig eine Rolle spie-

II. ABC der Anknüpfung einzelner Vertragstypen bei fehlender Rechtswahl

len. Diese Anknüpfungsregeln gelten auch für die materiellrechtliche Seite eines Prozessvergleichs.

Ferrari, in: Ferrari/Kieninger/Mankowski, Art. 4 Rom I-VO Rn. 172; Staudinger/*Magnus* (2011), Art. 4 Rom I-VO Rn. 439.

Versicherungsvertrag

Je nach Vertrag gilt das Recht des Versicherers oder das Recht des Staats, in dem das Risiko belegen ist. Einzelheiten regelt unübersichtlich Art. 7 Rom I-VO. **533**

Vgl. dazu Rn. 365.

Vertragshändlervertrag

Maßgebend ist in der Regel das Recht der Niederlassung des Vertragshändlers. **534**

OLG Düsseldorf, Urt. v. 11.7.1996 – 6 U 152/95, RIW 1996, 958, 959;

vgl. zum Handelsvertretervertrag Rn. 509. Für die in Ausfüllung des Vertragshändlerverhältnisses geltenden Einzelverträge ist das anwendbare Recht gesondert zu ermitteln.

Verwahrung

Die typische Leistung erbringt der Verwahrer; sein Recht kommt im Zweifel zur Anwendung. **535**

Werk- und Werklieferungsvertrag

Bei Werk- und Werklieferungsverträgen führt Art. 4 Abs. 1 lit. b) Rom I-VO regelmäßig zum Recht am Ort der Niederlassung des Werkunternehmers oder Dienstverpflichteten. **536**

BGH, Urt. v. 25.2.1999 – VII ZR 408/97, NJW 1999, 2442, 2443;
BGH, Urt. v. 26.3.1976 – I ZR 157/74, GRUR 1979, 706, 707;
OLG Köln, Urt. v. 18.9.1980 – 12 U 62/80, RIW 1980, 877;
OLG Schleswig, Urt. v. 4.6.1992 – 2 U 78/91, IPRax 1993, 95;
OLG Nürnberg, Urt. v. 18.2.1993 – 12 U 1663/92, IPRspr. 1993 Nr. 31;
OLG Hamm, Urt. v. 3.12.1993 – 12 U 18/92, IPRax 1995, 104, 106.

D. Umfang und Grenzen des Vertragsstatuts

I. Geltungsbereich des Vertragsstatuts

1. Materielles Recht

Das auf den Vertrag anzuwendende Recht (das sog. Vertrags- oder Geschäftsstatut) bestimmt prinzipiell über alle (materiellrechtlichen) Fragen, die bei der Begründung, der Abwicklung oder Nichterfüllung der gegenseitigen Verpflichtungen auftreten. Das ergibt sich aus Art. 10 und Art. 12 Rom I-VO, wobei Art. 12 Rom I-VO bloß eine exemplarische Aufzählung von Fragen gibt, die nach dem Vertragsstatut zu beantworten sind („insbesondere"). Im Einzelnen unterstehen dem Vertragsstatut z. B.: 537

a) Zustandekommen

Das Zustandekommen und die Wirksamkeit des Vertrags und seiner Bestimmungen sind nach dem Recht des Staats zu beurteilen, das anzuwenden wäre, wenn der Vertrag oder die Bestimmung wirksam wäre (Art. 10 Abs. 1 Rom I-VO). 538

> BGH, Urt. v. 26.7.2004 – VIII ZR 273/03, NJW-RR 2005, 2006, 2008;
>
> BGH, Urt. v. 19.3.1997 – VIII ZR 316/96, BGHZ 135, 124, 137 = ZIP 1997, 848, 849.

Das Vertragsstatut entscheidet, ob Willenserklärungen vorliegen, ob z. B. Erklärungsbewusstsein vonnöten und vorhanden ist. Ebenso entscheidet das Vertragsstatut darüber, wie Willenserklärungen abgegeben werden oder zugehen. 539

> MünchKomm/*Spellenberg*, Art. 10 Rom I-VO Rn. 28; Palandt/*Thorn*, Art. 10 Rom I-VO Rn. 3.
>
> Zu Unrecht anders BGH, Beschl. v. 21.6.2011 – II ZB 15/10, NJW-RR 2011, 1184: Über den Zugang einer Willenserklärung entscheide das Recht des Abgabeorts.

Auch die Verteilung des Sprachrisikos zwischen den Parteien übernimmt die anwendbare Schuldrechtsordnung. 540

> OLG Stuttgart, Urt. v. 16.6.1987 – 2 U 291/86, RIW 1989, 56; MünchKomm/*Spellenberg*, Art. 10 Rom I-VO Rn. 39 ff.;
>
> hingegen für eine Anwendung von Art. 10 Abs. 2 Rom I-VO im Grundsatz *Ferrari*, in: Ferrari/Kieninger/Mankowski, Art. 10 Rom I-VO Rn. 39.

Dabei ist die deutsche Rechtsprechung streng: Wer beispielsweise in der Verhandlungs- und Vertragssprache gefasste Allgemeinen Geschäftsbedingungen unterschreibt, muss den Inhalt auch dann gegen sich gelten lassen, wenn er ihn mangels Sprachkenntnis nicht versteht. 541

> MünchKomm/*Spellenberg*, Art. 10 Rom I-VO Rn. 192 ff.;

D. Umfang und Grenzen des Vertragsstatuts

BGH, Urt. v. 10.3.1983 – VII ZR 302/82, BGHZ 87, 112, 114 f.;
BGH, Urt. v. 27.10.1994 – IX ZR 168/93, ZIP 1994, 1840
= NJW 1995, 190;
BGH, Urt. v. 15.4.1997 – IX ZR 112/96, ZIP 1997, 1058
= MDR 1997, 777 f.; dazu *Medicus*, EWiR 1997, 877.

542 Eine Sonderanknüpfung enthält Art. 10 Abs. 2 Rom I-VO insbesondere für die Frage der Bedeutung des Schweigens beim Vertragsschluss.

Dazu Rn. 615–622.

b) Vertragstyp

543 Welcher Vertragstyp (Kauf, Miete, Werk-, Werklieferungsvertrag) vorliegt, sagt das Vertragsstatut.

c) Auslegung

544 Die Auslegung des Vertrags richtet sich nach dem Vertragsstatut (Art. 10 Abs. 1 lit. a) Rom I-VO).

So auch das frühere Recht, vgl. BGH, Urt. v. 24.11.1989 –
V ZR 240/88, NJW-RR 1990, 248.

Zur Auslegung von AGB MünchKomm/*Spellenberg*, Art. 12
Rom I-VO Rn. 40 ff.

545 Auch bei Geltung deutschen Vertragsstatuts können Regelungen in fremder Sprache häufig nicht ausgelegt werden, ohne ihre Bedeutung im Land der Vertragssprache zu ermitteln.

Kropholler, S. 457.

d) Erfüllung

aa) Reichweite des Vertragsstatuts

546 Das Vertragsstatut beherrscht die Erfüllung des Vertrags (Art. 32 Abs. 1 lit. b) Rom I-VO).

(1) Leistungszeit

547 Also bestimmt das Vertragsstatut, wann die Leistung fällig ist. Unter welchen Voraussetzungen Verzug eintritt, sagt das Vertragsstatut ebenfalls.

OLG Köln, Urt. v. 8.1.1993 – 19 U 123/93, IPRspr. 1993 Nr. 29.

(2) Leistungsart

548 Dem Vertragsstatut ist zu entnehmen, wie zu erfüllen ist. Hierzu gehört die Frage, welche Erfüllungshandlung vorzunehmen ist, etwa also, ob eine Bringschuld oder eine Schickschuld vorliegt. Zum „Wie" der Erfüllung gehört auch die Frage, ob die Leistung eines Dritten ausreicht.

I. Geltungsbereich des Vertragsstatuts

In welcher Währung zu zahlen ist, bestimmt das Vertragsstatut. 549

> Palandt/*Thorn*, Art. 12 Rom I-VO Rn. 6.

Ob beispielsweise die Zahlung der Schuld in Euro zulässig ist, bestimmt also 550
das anwendbare Schuldvertragsrecht.

> Bamberger/Roth/*Spickhoff*, Art. 12 Rom I-VO Rn. 22.

Streitig ist aber, ob die in § 244 BGB geregelte Befugnis, in deutscher Wäh- 551
rung anstelle der vereinbarten fremden Währung zu zahlen, dem Vertragsstatut
zuzuordnen ist, oder ob § 244 BGB auch bei ausländischem Vertragsstatut
eingreift.

> Zum Streitstand Staudinger/*Magnus* (2011), Art. 12 Rom I-VO
> Rn. 117. Selbst wenn § 244 BGB dies gestatten würde, ginge die
> Rom I-VO vor.

Ebenfalls sagt das Vertragsstatut, welchen Anforderungen die Leistung zu 552
genügen hat, etwa ob sie mittlerer Art und Güte (§ 243 Abs. 1 BGB) entsprechen muss. Ob eine Leistung mängelbehaftet ist, kann auch davon abhängen, ob die anwendbaren Regeln der Technik eingehalten wurden. Die
Regeln wessen Landes einzuhalten sind, ist durch Auslegung zu ermitteln. Es
ist nicht ohne Weiteres anzunehmen, dass die Regeln des Vertragsstatuts zur
Anwendung kommen.

> Beispiel bei *Thode/Wenner*, Rn. 342.

Häufig kann der Leistungsinhalt im Einzelnen nicht ohne Blick auf das Sta- 553
tut des Erfüllungsgeschäfts bestimmt werden. Denn erst hieraus ergibt sich,
was der Verpflichtete im Einzelnen zu tun hat, um beispielsweise die versprochene Rechtseinräumung auch tatsächlich zu bewirken. Dies haben die
Parteien im Verpflichtungsgeschäft dann im Zweifel auch so vereinbaren
wollen.

(3) Leistungsort

Wo zu erfüllen ist, besagt ebenfalls das Vertragsstatut. Hiernach bestimmt 554
sich also der Erfüllungsort.

> BGH, Urt. v. 12.5.1993 – VIII ZR 110/92, NJW 1993, 2753,
> 2754.

bb) Berücksichtigung des Ortsrechts

Bei der Art und Weise der Erfüllung und den vom Gläubiger im Fall mangel- 555
hafter Erfüllung zu treffenden Maßnahmen soll nach Art. 12 Abs. 2 Rom I-VO
das Recht des Erfüllungsorts „zu berücksichtigen" sein. Letzteres ist selbstverständlich, soweit etwa Regeln über die Geschäftszeit und Feiertage des
Erfüllungsorts berücksichtigt werden müssen. Aber auch Untersuchungsund Rügepflichten sowie die Pflicht zur Aufbewahrung nicht angenommener
Ware sollen durch das Recht des Erfüllungsorts beeinflusst werden.

> Erman/*Hohloch*, Art. 12 Rom I-VO Rn. 8; *Ferrari*, in: Ferrari/
> Kieninger/Mankowski, Art. 12 Rom I-VO Rn. 29; MünchKomm/
> *Spellenberg*, Art. 12 Rom I-VO Rn. 182;
> strenger als das Berücksichtigungsgebot des Art. 12 Abs. 2 Rom
> I-VO ist Art. 125 des Schweizerischen IPRG, demzufolge die Erfüllungs- und Untersuchungsmodalitäten dem Recht des Staats „unterstehen", in dem sie tatsächlich erfolgen.

556 Diese Berücksichtigung des Ortsrechts ist auf ein Minimum zu beschränken. Insbesondere besteht regelmäßig kein Anlass, im internationalen Rechtsverkehr eine erleichterte Abwicklung des Falls mangelhafter Erfüllung vorzusehen. Wenn beispielsweise das deutsche Recht dem Gläubiger die Möglichkeit gibt, vom Vertrag zurückzusetzen, nachdem er dem Schuldner erfolglos eine angemessene Frist zur Leistung oder Nacherfüllung bestimmt hat (§ 323 Abs. 1 BGB), so gilt dies auch dann, wenn man sich am Erfüllungsort unter leichteren Voraussetzungen vom Vertrag lösen kann.

> Anders wohl etwa Staudinger/*Magnus* (2011), Art. 12 Rom I-VO
> Rn. 93.

557 Da die Überlagerung von Vertragsstatut und Ortsrecht zu wenig wünschenswerten Reibungen führen kann, wird man es den Parteien zudem gestatten müssen, die Berücksichtigung des Ortsrechts abzuwählen.

> Ebenso wie es den Parteien erlaubt ist, die Art und Weise der Erfüllung einem anderen Recht als dem Vertragsstatut zu unterstellen, vgl. BGH, Urt. v. 7.7.1980 – III ZR 15/78, IPRax 1981, 93.

e) Nichterfüllung

558 Die Folgen eines Vertragsbruchs richten sich nach dem Vertragsstatut. Dies gilt ebenfalls für die Art und die Höhe des Schadensersatzes (Art. 12 Abs. 1 lit. c) Rom I-VO).

559 Ob Verzugszinsen geschuldet werden, bestimmt das Vertragsstatut. Nach diesem richtet sich der h. A. zufolge auch, in welcher Höhe Verzugszinsen geschuldet werden.

> BGH, Urt. v. 30.6.1964 – VI ZR 88/63, WM 1964, 879, 881;
> OLG Rostock, Urt. v. 27.5.1995 – 1 U 247/94, IPRax 2000, 230, 231; MünchKomm/*Spellenberg*, Art. 12 Rom I-VO Rn. 19.
> Hingegen soll nach *Berger*, RabelsZ 61 (1997), 312, 326 – 331 das Währungsstatut über die Höhe der Verzugszinsen entscheiden. Damit soll eine Ankopplung an die Inflation geschaffen werden.

560 Hinsichtlich der Schadenshöhe gilt allerdings, dass der deutsche Richter auch bei ausländischem Vertragsstatut nach Maßgabe der §§ 286, 287 ZPO verfährt.

> Vgl. Rn. 599.

f) Erlöschen der Verpflichtungen

Wie und ob Verpflichtungen der Parteien erlöschen, ist dem Vertragsstatut zu entnehmen (Art. 12 Abs. 1 lit. d) Rom I-VO). 561

aa) Kündigungs- und Rücktrittsrechte

Kündigungs- und Rücktrittsrechte richten sich nach dem Schuldstatut. 562

MünchKomm/*Spellenberg*, Art. 12 Rom I-VO Rn. 105.

Allerdings kann es zu Überschneidungen mit dem Insolvenzstatut kommen. Bestimmt der Vertrag ein Lösungsrecht für den Fall der Insolvenz des Vertragspartners, stellt sich die Frage, ob das Vertragsstatut oder das Insolvenzstatut über die Zulässigkeit dieser Berechtigung entscheidet. 563

Beispiel: 564

Über das Vermögen des im Ausland sitzenden Partners eines Bauvertrags wird im Sitzstaat ein Insolvenzverfahren eröffnet. Der Bauvertrag untersteht deutschem Schuldrecht. Die Parteien haben die Geltung der VOB/B vereinbart. Der inländische Vertragspartner kündigt nach § 8 Nr. 2 VOB/B. Der Bundesgerichtshof hatte in einem Binnenfall das Spannungsverhältnis zwischen § 17 KO und § 8 Nr. 2 VOB/B zu Lasten von § 17 KO gelöst, also § 8 Nr. 2 VOB/B für wirksam gehalten, bewertet unter Geltung von § 119 InsO insolvenzabhängige Lösungsklauseln aber anders. Deutsches Insolvenzrecht ist im vorliegenden Fall aber nicht anwendbar. Ob § 8 Nr. 2 VOB/B wirksam ist, hängt vom ausländischen Insolvenzstatut ab.

Völlig verfehlt OLG Karlsruhe, Urt. v. 15.2.2012 – XII U 150/10, wonach das im französischen Insolvenzrecht verankerte Verbot einer insolvenzabhängigen Lösungsklausel entgegen Art. 4 Abs. 2 lit. e) EuInsVO nicht angewandt, sondern die Wirksamkeit des Lösungsrechts nach dem inländischen Insolvenzstatut (§ 17 KO) beurteilt wird.

Zur Wirksamkeit von insolvenzabhängigen Lösungsrechten nach deutschem Insolvenzrecht BGH, Urt. v. 15.11.2012 – IX ZR 69/11, ZIP 2013, 274. Zu § 8 Abs. 2 VOB/B noch anders BGH, Urt. v. 26.9.1985 – VII ZR 19/85, BGHZ 96, 34, 37 f. = ZIP 1985, 1509;

BGH, Urt. v. 11.11.1993 – IX ZR 257/92, BGHZ 124, 76 = ZIP 1994, 40. Ebenso unter Geltung von § 119 InsO OLG Schleswig, Urt. v. 9.12.2011 – I U 72/11, NJW 2012, 1967.

Zu vertraglichen Lösungsrechten im internationalen Kontext Mohrbutter/Ringstmeier/*Wenner*, Rn. 330 f.; siehe auch schon Nussbaum, S. 451 Fn. 2.

bb) Aufhebung/Vergleich

Aufhebungsverträge und Vergleiche sind gesondert anzuknüpfen. Für sie gilt Art. 12 Abs. 1 lit. d) Rom I-VO nicht. 565

Fehlt eine Rechtswahl, wird aber das ursprüngliche Vertragsstatut häufig das Recht der engsten Verbindung sein (Art. 4 Abs. 4 Rom I-VO).

cc) Aufrechnung

(1) Vertragliche Aufrechnung

566 Haben die Parteien in einem Vertrag die Aufrechnungsmöglichkeit vereinbart, so unterliegt diese Vereinbarung Art. 12 Abs. 1 lit. d) Rom I-VO. Vereinbaren die Parteien später, dass Forderungen aus einem vorher abgeschlossenen Vertrag aufgerechnet werden dürfen, so ist dieser Vertrag gesondert anzuknüpfen. Fehlt eine Rechtswahl, mag das Statut des vorher geschlossenen Vertrags die engste Verbindung i. S. v. Art. 4 Abs. 4 Rom I-VO sein.

> Ausführlich zu Aufrechnungsverträgen *Berger*, Der Aufrechnungsvertrag, S. 452 ff.

(2) Gesetzliche Aufrechnung

567 Fehlt eine vertragliche Vereinbarung, gilt für die Aufrechnung „das Recht, dem die Forderung unterliegt, gegen die aufgerechnet wird" (Art. 17 Rom I-VO).

> Das CISG enthält keine Regelungen zur Aufrechnung, vgl. OLG Köln, Urt. v. 19.5.2009 – XVI U 62/97, BeckRS 2008, 12367.

(3) Prozessuale Zulässigkeit

568 Die prozessuale Zulässigkeit der Aufrechnung ist hingegen der lex fori zu entnehmen. Der Bundesgerichtshof hat eine Aufrechnung nur zugelassen, wenn deutsche Gerichte die internationale Zuständigkeit für die klageweise Geltendmachung der Gegenforderung hatten.

> BGH, Urt. v. 12.5.1993 – VIII ZR 110/92, NJW 1993, 2753 m. N.; kritisch *Dageförde*, RIW 1990, 873, 874–876; *Geimer*, IPRax 1984, 83, 84; *Thode*, WuB VII B 1. Art. 6 EuGVÜ 1.94.
>
> Zur Zulässigkeit der Aufrechnung im Schiedsverfahren *Berger*, RIW 1998, 426, 427–432; Staudinger/*Magnus* (2011), Art. 17 Rom I-VO Rn. 47 ff.

569 Demgegenüber hat der Europäische Gerichtshof entschieden, die Aufrechnung sei nicht gemäß Art. 6 Nr. 3 EuGVÜ, sondern als Verteidigungsmittel zu behandeln. Dabei hat der Europäische Gerichtshof dem nationalen Recht überlassen, unter welchen Voraussetzungen die Aufrechnung als Verteidigungsmittel zugelassen wird.

> EuGH, Urt. v. 13.7.1995 – C 341/93 – Danvaern Production/ Schuhfabrik Otterbeck GmbH & Co., Slg. 1995 I-02053 = NJW 1996, 42.

570 Der BGH will an seiner Rechtsprechung nunmehr „nicht mehr uneingeschränkt" festhalten, musste sich bislang aber nicht endgültig entscheiden. Jedenfalls bejaht der BGH eine internationale Zuständigkeit für die zur Auf-

rechnung gestellte Gegenforderung dann, wenn dieser Anspruch mit dem klageweisen geltend gemachten Anspruch oder seinen Verteidigungsmitteln in Verbindung steht (Rechtsgedanke des § 33 ZPO).

> BGH, Urt. v. 7.11.2001 – VIII ZR 263/00, NJW 2002, 2182, 2183 f.

(4) Zulässigkeit im Insolvenzverfahren

Die insolvenzrechtliche Zulässigkeit der Aufrechnung richtet sich nach der lex fori concursus (Art. 4 Abs. 2 lit. d) EuInsVO). Angeblich aus Gründen des Verkehrsschutzes bestimmen Art. 6 EuInsVO, § 338 InsO aber, dass Aufrechnungseinschränkungen der lex fori concursus dann nicht zu beachten sind, wenn das Recht der Hauptforderung dem Gläubiger die Aufrechnung erlaubt. 571

> Wenner/Schuster, in: Frankfurter Kommentar, Anh. I, Art. 6 EuInsVO Rn. 2; *dies.*, § 338 InsO Rn. 3.
>
> Kritisch zum Schutz des Gläubigers in seinem Vertrauen auf die Aufrechnungslage nach Vertragsstatut Mohrbutter/Ringstmeier/*Wenner*, § 20 Rn. 336; *Trunk*, S. 392; *Schack*, Rn. 1203. BGH, Urt. v. 14.11.1996 – IX ZR 339/95, BGHZ 134, 79 = WiB 1997, 194 mit Anm. *Wenner*.

dd) Insolvenzrechtliche Erlöschensgründe

Erlöschensgründe für Vertragsverpflichtungen können sich nicht nur aus dem Vertragsstatut, sondern auch aus dem Insolvenzstatut des Vertragspartners ergeben. Führt das anerkennungsfähige ausländische Vergleichs- oder Sanierungsverfahren zu einer Reduktion oder zum Erlöschen der Forderung, so ist dies im Inland zu beachten. 572

g) Verjährung, Unterbrechung, Hemmung

aa) Grundsatz

Nach dem Vertragsstatut richten sich Verjährung und die Rechtsverluste, die sich aus dem Ablauf einer Frist ergeben. Ob die Verjährung beispielsweise durch Klageerhebung oder durch eine vergleichbare Handlung gehemmt werden kann, entscheidet das anwendbare Schuldrecht. Das gilt auch, wenn das zur Anwendung kommende Recht des Staats die Verjährung im Prozessrecht regelt. Wir qualifizieren ohne Rücksicht hierauf materiellrechtlich. 573

> BGH, Urt. v. 9.6.1960 – VIII ZR 108/59, NJW 1960, 1720, 1721.

bb) Hemmungshandlung im Ausland bei deutschem Schuldstatut

Gilt deutsches Schuldstatut, so fragt sich, ob eine im Ausland erhobene Klage oder gleichgestellte Handlung die Verjährung hemmt. 574

> Die gleiche Frage erhebt sich im umgekehrten Fall (ausländisches Schuldstatut, Klageerhebung im Inland).

D. Umfang und Grenzen des Vertragsstatuts

575 Die Rechtsprechung hat verlangt, dass das Urteil in dem Staat, dessen Vertragsstatut gilt, voraussichtlich anerkannt wird. So sollen bei Geltung deutschen Schuldstatuts im Ausland vorgenommene gerichtliche Akte zur Unterbrechung nur führen, wenn das ausländische Urteil im Inland anerkennungsfähig ist (gemäß § 328 ZPO bzw. den einschlägigen Abkommen).

> RG, Urt. v. 8.7.1930 – II 542/29, RGZ 129, 385, 389;
> OLG Düsseldorf, Urt. v. 9.12.1977 – 16 U 48/77, IPRspr. 1977 Nr. 8;
> LG Deggendorf, Urt. v. 24.11.1981 – 1 O 411/81, IPRax 1983, 125, 126; Staudinger/*Magnus* (2011), Art. 12 Rom I-VO Rn. 67; differenzierend MünchKomm/*Spellenberg*, Art. 12 Rom I-VO 135 ff.

576 Andere stellen darauf ab, ob die im Ausland vorgenommene Handlung materiell gleichwertig ist, wobei unterschiedlich beantwortet wird, ob und wie der Schuldner Kenntnis erhalten muss.

> *Frank*, IPRax 1983, 108, 109 f.; *Geimer*, IPRax 1984, 83; *Schack*, RIW 1981, 301.

577 Der Bundesgerichtshof hat sich bislang nicht entschieden.

cc) **Hemmungshandlungen**

578 Bei deutschem Schuldstatut kann die Verjährung gehemmt werden durch

- Klageerhebung im Ausland, aber auch z. B. durch
- Mahnbescheid

> BGH, Urt. v. 17.4.2002 – XII ZR 182/00, WM 2002, 2389: Verjährungsunterbrechung durch schweizerischen Zahlungsbefehl.

- Einleitung eines Beweisverfahrens im Ausland

> RG, Urt. v. 22.1.1929 – II 424/28, IPRspr. 1929 Nr. 160 (Unterbrechung durch Beweissicherungsantrag) fordert Vergleichbarkeit des ausländischen Verfahrens mit dem inländischen Recht; ebenso LG Hamburg, IPRax 2001, 45. Zu *selbstständigen* Beweisverfahren im internationalen Kontext *Thode/Wenner*, Rn. 740–749.

- durch Streitverkündung im ausländischen Verfahren

> RG, Urt. v. 20.10.1905 – II 15/05, RGZ 61, 390, 393;
> MünchKomm/*Spellenberg*, Art. 12 Rom I-VO Rn. 145 ff.
> Zur Streitverkündung Näheres bei *Thode/Wenner*, Rn. 663 ff.

- durch Anmeldung im ausländischen Insolvenzverfahren

> Auch hier ist offen, ob das nur gilt, wenn das ausländische Insolvenzverfahren im Inland anerkannt werden kann, vgl. OLG Düsseldorf, Urt. v. 13.4.1989 – 6 U 170/88, NJW 1990, 640; dazu Hanisch/Aderhold, EWiR 1989, 971: Anerkennung nicht notwendig, ebenso MünchKomm/*Spellenberg*, Art. 12 Rom I-VO

Rn. 143. Zu den Mindesterfordernissen bei der Anmeldung von Forderungen im Insolvenzverfahren nach deutschem Recht Wenner/Schuster, BB 2006, 2649 ff.

- durch Aufrechnung im ausländischen Verfahren

    MünchKomm/*Spellenberg*, Art. 12 Rom I-VO Rn. 144.

dd) Insolvenzrechtliche Anmeldefrist für Forderungen

Die Versäumung einer Frist kann wiederum auch nach dem Insolvenzstatut Bedeutung haben. Wer im französischen Insolvenzverfahren seine Forderung nicht anmeldet, verliert sie. Auch dies ist hier zu beachten. **579**

BGH, Urt. v 27.5.1993 – IX ZR 254/92, BGHZ 122, 373, 381; Mohrbutter/Ringstmeier/*Wenner*, Rn. 268, Rn. 371.

h) Nichtigkeitsfolgen

Nicht nur die Unwirksamkeit als solche, sondern auch die Folgen einer vertraglichen Nichtigkeit sind nach Maßgabe des Geschäftsstatuts zu beurteilen (Art. 12 Abs. 1 lit. e) Rom I-VO). Auf diese Weise wird erreicht, dass die Rückabwicklung fehlgeschlagener Leistungsbeziehungen immer gleich angeknüpft wird, einerlei ob sie materiellrechtlich aufgrund eines Rücktritts, einer Kündigung oder aufgrund eines Bereicherungsausgleichs durchgeführt wird. Vertraglicher Rückgewähranspruch und gesetzliche Leistungsbereicherung sind damit demselben Recht unterworfen. **580**

MünchKomm/*Spellenberg*, Art. 12 Rom I-VO Rn. 169. Zum früheren Recht BGH, Urt. v. 3.9.1979 – V ZR 85/77, BGHZ 73, 391, 393. Zur Rückabwicklung auf der Grundlage einer Leistungskondition auch BGH, Urt. v. 17.11.1994 – III ZR 70/93, DtZ 1995, 250, 253, insoweit in BGHZ 128, 41 nicht abgedruckt.

i) Eingriffsnormen des Vertragsstatuts

Eingriffsnormen des Vertragsstatuts, die keinen schuldvertraglichen Charakter haben, kommen nicht deshalb zur Anwendung, weil sie der Rechtsordnung des Vertragsstatuts entstammen. So findet die HOAI nicht schon deshalb Anwendung, weil die Parteien deutsches Vertragsstatut gewählt haben. Denn die HOAI ist öffentliches Preisrecht und deshalb nicht Bestandteil des Vertragsstatuts. **581**

Vgl. Rn. 366. Unrichtig OLG Brandenburg, Urt. v. 25.1.2012 – 4 O 112/08, NJW-RR 2012, 535, 536.

j) Teilrechtswahl

Die Möglichkeit der Teilrechtswahl bleibt erhalten. Für die in Art. 12 Abs. 1 Rom I-VO angesprochenen Gebiete können die Parteien jeweils ein anderes Vertragsstatut wählen. **582**

> Staudinger/*Magnus* (2011), Art. 12 Rom I-VO Rn. 22.

583 Der abgetrennte Teil muss allerdings abspaltbar sein.

> Vgl. Rn. 158.

k) Forderungsübertragung

aa) Verhältnis Altgläubiger Neugläubiger

584 Nach Art. 14 Abs. 1 Rom I-VO unterliegt das Verhältnis des Altgläubigers zum Neugläubiger dem Vertragsstatut. Das gilt auch für die dingliche Seite.

> Erwägungsgrund 38 zu Rom I-VO. Die Rechtsprechung hat die dinglichen Aspekte früher dem Forderungsstatut unterstellt, vgl. BGH, Urt. v. 20.6.1990 – VIII ZR 158/89, BGHZ 111, 376, 379 mit Anm. *Thode*, WuB IV. E. Art. 33 EGBGB 1.90.

bb) Verhältnis zum Drittschuldner

585 Das Verhältnis zum Drittschuldner unterliegt nach Art. 14 Abs. 2 Rom I-VO dem Forderungsstatut. Ob der Schuldner sich auf ein Abtretungsverbot berufen und an wen er befreiend leisten kann, richtet sich also nach dem Recht, welches auf die Forderung anwendbar ist.

cc) Verhältnis zu anderen Dritten

586 Eine Regelung fehlt; die Kraft des Verordnungsgebers hat nicht gereicht, man war zerstritten. Fragen etwa nach der Rangfolge konkurrierender Abtretungen oder das Verhältnis des Alt- oder Neugläubigers zu jeweils seinen Gläubigern bleiben offen. Der Bundesgerichtshof hat früher auf das Forderungsstatut abgestellt.

> BGH, Urt. v. 8.12.1998 – XI ZR 302/97, NJW 1999, 940.

587 Grundlage hierfür war Art. 33 Abs. 2 EGBGB, den der deutsche Gesetzgeber aber im Zuge des Inkrafttretens der Rom I-VO abgeschafft hat. Was also jetzt in Deutschland gelten soll, ist unklar.

> *Kieninger*, in: Ferrari/Kieninger/Mankowski, Art. 14 Rom I-VO Rn. 12.

dd) Legalzession

588 Die gesetzliche Überleitung eines schuldvertraglichen Anspruchs ist anders geregelt (Art. 15 Rom I-VO). Sie beurteilt sich nach dem Statut, welches zur Zahlung verpflichtet und damit den Grund des Anspruchsübergangs liefert.

589 *Beispiel:*

> *Zahlt der Bürge auf die gesicherte Forderung, so bestimmt das Bürgschaftsstatut, ob und in welcher Höhe die Zahlung einen Forderungsübergang auf ihn anordnet.*

Verneint das Bürgschaftsstatut einen gesetzlichen Forderungsübergang, so kann ihm immerhin ein Leistungsverweigerungsrecht zustehen, wenn der Gläubiger seine Ansprüche gegen den Hauptschuldner nicht abtritt. Erhält der Bürge nach dem Bürgschaftsstatut keinen Anspruch auf diese oder eine andere Weise, so kann unter Umständen im Einzelfall im Wege der Angleichung ein solcher Anspruch geschaffen werden, vgl. *Thode/ Wenner*, Rn. 382.

Demgegenüber kumuliert das schweizerische Recht: Das Zessionsgrundstatut gilt nur unter Vorbehalt von Schutzvorschriften des Forderungsstatuts (Art. 146 IPRG). Schützt also etwa das Forderungsstatut den Schuldner vor der Inanspruchnahme des Neugläubigers (etwa durch Schutz des guten Glaubens im Falle der Leistung an den Altgläubiger), so ist dies zu berücksichtigen.

ee) Gesamtschuldnerausgleich

Haften mehrere Schuldner gleichrangig, gilt Art. 16 Satz 1 Rom I-VO: Ob der in Anspruch genommene Schuldner von den anderen Ausgleich verlangen kann, richtet sich nach dem Recht der Forderung des Gläubigers gegen diesen Schuldner. Dem können die übrigen Schuldner die Verteidigungsmittel entgegen halten, die das Recht vorsieht, welches das Verhältnis zwischen ihnen und dem Gläubiger regelt (Art. 16 Satz 2 Rom I-VO). 590

l) Beweislast

Schließlich sind auch etwaige Vermutungs- und Beweislastregeln dem anzuwendenden materiellen Vertragsrecht zu entnehmen (Art. 18 Abs. 1 Rom I-VO). Hingegen ist dem anwendbaren Verfahrensrecht, also der lex fori, zu entnehmen, wie die Beweiswürdigung vorzunehmen ist und welche Beweismittel zulässig sind. 591

Welcher Grad an Wahrscheinlichkeit für das Beweismaß erforderlich ist, beantworten einige nach der lex fori, andere nach der lex causae. 592

Für lex causae *Geimer*, Rn. 2334; für lex fori hingegen Stein/Jonas/ Leipold, § 286 ZPO Rn. 79. Dazu auch *Thode/Wenner*, Rn. 728.

2. Prozessuales Recht

Vom Vertragsstatut zu unterscheiden sind die Verfahrensregeln, nach denen das Gericht handelt. Diese Verfahrensregeln sind dem Recht des Gerichtsstaats (lex fori) zu entnehmen. 593

a) Beweiserheblichkeit

Über welche Tatsachen als erhebliche Umstände Beweis zu erheben ist, beantwortet die lex fori. Inwieweit beispielsweise ein Indizienbeweis zulässig ist, bestimmt also das Verfahrensrecht. 594

Geimer, Rn. 2272.

b) Beweismittel

595 Art. 18 Abs. 2 Rom I-VO bestätigt dies, indem er anordnet, dass zum Beweis eines Rechtsgeschäfts (unabhängig von dessen Vertragsstatut) alle Beweisarten des Rechts des angerufenen Gerichts zulässig sind.

596 *Beispiel:*

> *Einige Rechtsordnungen misstrauen dem Zeugenbeweis so sehr, dass sie ihn für bestimmte Rechtsgeschäfte ausschließen. Art. 18 Abs. 2 Rom I-VO bestimmt für das deutsche Verfahren, dass alle Beweismittel des deutschen Verfahrensrechts zulässig sind. Das ausländische Zeugenverbot ist vor deutschen Gerichten damit innerhalb des Anwendungsbereichs von Art. 18 Abs. 2 Rom I-VO unbeachtlich.*
>
> Vgl. BGH, Urt. v. 30.7.1954 – VI ZR 32/53, JZ 1955, 702: Zeugenbeweis für Vollmachtserteilung nach französischem Recht.

597 Art. 18 Abs. 2 Rom I-VO erweitert allerdings den Kreis der zulässigen Beweisarten: Eine im Formstatut vorgesehene Beweisart ist zulässig, wenn der Vertrag nach dem Formstatut formgültig ist und das Beweismittel nach der lex fori „erbracht werden kann".

> Das kann dazu führen, dass eine Reihe von Rechtsordnungen nebeneinander zu befragen sind, vgl. Schulze, in: Ferrari/Kieninger/Mankowski/Schulze, Art. 18 Rom I-VO Rn. 7.

c) Beweisverfahren und Beweiswürdigung

598 Das Beweisverfahren führt der Richter anhand der lex fori durch. Nach eigenem Verfahrensrecht bestimmt sich, ob und wann ein Beweisbeschluss zu erlassen ist. Nach der lex fori richtet sich, ob Strengbeweis, Freibeweis oder Glaubhaftmachung ausreichen.

> *Geimer*, Rn. 2268–2276.

599 Beweiswürdigung und Schadenschätzung (§§ 286, 287 ZPO) vollzieht der Richter nach eigenem Verfahrensrecht. Für deutsche Gerichte gilt also unabhängig von abweichenden Regelungen des Vertragsstatuts der Grundsatz der freien Beweiswürdigung.

> *Geimer*, Rn. 2338 f.; *Schack*, Rn. 693; *Thode/Wenner*, Rn. 727.

II. Gesonderte Anknüpfung spezieller Rechtsfragen

1. Einführung

600 Im internationalen Rechtsverkehr gibt es eine Reihe wichtiger Fragen, deren Beantwortung nicht dem Vertragsstatut überlassen wird, sondern gesonderten Regeln folgt. So kann der Praktiker im Zusammenhang mit der Konzeption oder Durchführung eines einfachen Vertrags auf ein eng verwobenes

II. Gesonderte Anknüpfung spezieller Rechtsfragen

Nebeneinander verschiedener Statuten treffen, die sämtlich voneinander abgegrenzt und beachtet werden müssen.

Fehler in der Handhabung sind hier an der Tagesordnung, so etwa, wenn das OLG Köln eine schuldrechtliche Rechtswahl zugunsten deutschen Rechts zum Anlass nimmt, „aus der Natur der Wahl einer anderen Rechtsordnung" abzuleiten, dass damit auch die ausländischen eherechtlichen Verpflichtungsbeschränkungen nicht mehr gelten. 601

> So OLG Köln, Urt. v. 21.3.1997 – 19 U 180/96, RIW 1998, 148, 149. Dazu noch Rn. 657.

Ebenso verfehlt ist es, wenn das OLG Brandenburg aus dem vertraglichen Hinweis der Parteien auf das deutsche Umsatzsteuerrecht ein Indiz für eine Wahl deutschen Schuldrechts sieht. 602

> OLG Brandenburg, Urt. v. 25.1.2012 – 4 U 112/08, NJW-RR 2012, 535.

Nicht hinreichend zwischen verschiedenen Statuten unterschieden wird, wenn die Wirksamkeit eines insolvenzabhängigen Lösungsrechts vom Vertrag nicht nach dem anwendbaren französischen Insolvenzstatut, sondern nach deutschem Insolvenzrecht mit der Begründung beurteilt wird, der Vertrag unterliege deutschem Schuldrecht. 603

> So OLG Karlsruhe, Urt. v. 15.2.2012 – 13 U 50/10, NJW 2012, 3106, 3107. Wenig verständlich ist auch, dass ausländisches Insolvenzrecht entgegen Art. 4 Abs. 2 lit. e) Eu InsVO als „ausländische Eingriffsnorm" nicht angewandt wird (so OLG Karlsruhe, ebenda).

Folgendes Beispiel mag zeigen, wie viele verschiedene Statuten schon bei einem simplen Wirtschaftsvertrag mit transnationalen Bezügen typischerweise nebeneinander auftreten, die jeweils eigenen kollisionsrechtlichen Regeln folgen: 604

- *Schuldvertragsstatut*

  Das Schuldrechtsstatut wird nach den Regeln des Internationalen Schuldvertragsrechts ermittelt.

- *Personalstatut/Gesellschaftsstatut*

  Rechts- und Geschäftsfähigkeit der Vertragspartner sind dem gesondert zu ermittelnden Personalstatut oder Gesellschaftsstatut zu entnehmen.

- *Vollmachtsstatut*

  Ob der Vertragspartner richtig vertreten ist, beantwortet das nach eigenen Regeln zu bestimmende Vollmachtsstatut.

- *Aufenthaltsrecht*

  Welche Bedeutung das Schweigen des Vertragspartners hat, ist nicht allein anhand des Vertragsstatuts, sondern auch unter Berücksichtigung des Aufenthaltsrechts des Vertragspartners zu beantworten.

D. Umfang und Grenzen des Vertragsstatuts

- *Formstatut*

  Formfragen unterstehen dem gesondert anzuknüpfenden Formstatut.

- *Recht des Erfüllungsorts*

  Die Erfüllung des Vertrags ist unter Berücksichtigung des Rechts des Staats zu beurteilen, in dem zu erfüllen ist (Art. 12 Abs. 2 Rom I-VO).

- *Währungs-/Devisenstatut*

  Der Zahlungsverkehr ist unter Berücksichtigung des Währungsstatuts und des anwendbaren Devisenrechts abzuwickeln.

- *Bürgschafts-/Garantiestatut*

  Bürgschaften und Garantien zur Sicherung der Zahlungsverpflichtungen unterliegen dem gesondert zu ermittelnden Bürgschafts- oder Garantiestatut.

- *Eherechtsstatut*

  Bei der Stellung von Sicherheiten können eherechtliche Beschränkungen einwirken, die wiederum nach eigenen kollisionsrechtlichen Regeln zu bestimmen sind.

- *Sachenrechtsstatut*

  Dingliche Sicherungen sind unter Berücksichtigung der lex rei sitae zu bestellen, bei Sicherungen an beweglichen Sachen (Eigentumsvorbehalt) sind unter Umständen die Sachenrechte mehrerer Staaten zu berücksichtigen.

- *Insolvenzstatut*

  Das Insolvenzstatut mischt sich in viele Fragen ein. Das Gewicht des anwendbaren Insolvenzrechts wird in der Praxis besonders häufig übersehen. Man sichert sich allzu häufig nach Maßgabe der heimischen Insolvenzordnung, die oft gar nicht zur Anwendung gelangt.

2. Beispiele gesondert anzuknüpfender Fragen

a) Rechts- und Geschäftsfähigkeit

aa) Natürliche Personen

605 Die Rechts- und Geschäftsfähigkeit des Vertragspartners beurteilt sich nach seinem Heimatrecht, also dem Recht des Staats, dem er angehört (Art. 7 Abs. 1 EGBGB). Daran hat die Rom I-VO nichts geändert. Es handelt sich um eine Gesamtnormverweisung, die Rückverweisung auf deutsches Recht und die Weiterverweisung auf ein fremdes Recht sind also zu beachten.

606 *Beispiel:*

Ein schweizerischer Staatsangehöriger mit Wohnsitz in Deutschland schließt hier einen Vertrag ab. Für die Geschäftsfähigkeit verweist Art. 7 Abs. 1 EGBGB auf schweizerisches Recht als sein Heimatrecht. Das schweizerische Kollisionsrecht (Art. 35 IPRG) knüpft anders an. Über die Geschäftsfähigkeit („Handlungsfähigkeit") entscheidet das Wohnsitzrecht. Schweizerisches Kollisionsrecht verweist also in unserem Fall zurück auf das deutsche Wohnsitzrecht. Diese Rückverweisung verstehen wir als Verweisung auf unser Sachrecht (Art. 4 Abs. 1 Satz 2 EGBGB), nehmen die Verweisung also an. Die Geschäftsfähigkeit des Schweizers beurteilt sich im Ergebnis nach deutschem materiellen Recht.

Fehlt die Geschäftsfähigkeit, so werden die hieraus resultierenden Folgen teils dem Heimatrecht entnommen. 607

> So die h. M., vgl. *Baetge*, IPRax 1996, 185, 187; Erman/*Hohloch*, Art. 7 EGBGB Rn. 14; Palandt/*Thorn*, Art. 7 EGBGB Rn. 5; *Hausmann*, in: Reithmann/Martiny, Rn. 6169; Soergel/*Kegel*, Art. 7 EGBGB Rn. 7.

Andere befragen das Vertragsstatut. 608

> Für die Anknüpfung an das Wirkungsstatut OLG Düsseldorf, Urt. v. 25.11.1994 – 22 U 23/94, NJW-RR 1995, 755, 756; MünchKomm/*Birk*, Art. 7 EGBGB Rn. 36.

Verkehrsschutz geht vor: Art. 13 Rom I-VO schränkt Art. 7 Abs. 1 EGBGB ein und bestimmt: Im Staat des Vertragsschlusses darf man sich auf seine Rechts- oder Handlungsunfähigkeit nur berufen, wenn der andere Vertragspartner diesen Mangel kannte oder kennen musste. 609

bb) Juristische Personen und nicht rechtsfähige Personenvereinigungen

Das Internationale Gesellschaftsrecht ist immer noch nicht kodifiziert. Art. 1 Abs. 2 lit. f) Rom I-VO stellt (ebenso wie Art. 1 Abs. 2 lit. d) Rom II-VO) klar, dass die Rom-Verordnungen nicht anwendbar sind. 610

> Betrachtet man den Kodifikationseifer der europäischen und deutschen Legislative in anderen Bereichen, etwa im Verbraucher- oder Versicherungsrecht, muss dies erstaunen.

Einigkeit besteht darüber, dass über die Rechtsfähigkeit und den Umfang der organschaftlichen Vertretungsmacht das Personalstatut entscheidet. Damit ist aber noch nicht gesagt, wie das Personalstatut ermittelt wird. Das ist das Spielfeld für die Gründungs- und die Sitztheorie. 611

(1) Gesellschaften aus den EU-Staaten und dem EWR

Bei Gesellschaften aus den EU-Staaten und dem Europäischen Wirtschaftsraum bestimmt die Rechtsprechung das Personalstatut nach der Gründungstheorie. Angeknüpft wird an das Recht des Staats, in dem die Gesellschaft gegründet wurde. Ihren Ursprung hat diese Kollisionsregel in der Rechtsprechung des EuGH, die deutsche Rechtsprechung hat diese Regel inzwischen übernommen. 612

EuGH, Urt. v. 9.3.1999 – Rs C-212/97, Slg. 1999, I-1459
= NJW 1999, 2027;
EuGH, Urt. v. 5.11.2002 – Rs C-208/00, Slg. 2002, I-9919
= NJW 2002, 3614;
EuGH, Urt. v. 30.9.2993 – Rs C-167/01, Slg. 2003, I-10155
= BB 2003, 2195;
EuGH, Urt. v. 16.12.2008 – Rs C-210/06, Slg. 2008, I-09641
= NJW 2009, 569;
BGH, Urt. v. 13.3.2003 – VII ZR 370/98, NJW 2003, 1461;
BGH, Urt. v. 14.3.2005 – II ZR 5/03, NJW 2005, 1648, 1649;
BGH, Urt. v. 27.10.2008 – II ZR 158/06, NJW 2009, 289, 290;
BGH, Urt. v. 12.7.2011 – II ZR 28/10, NJW 2011, 3372.

613 Eine über den Registereintrag hinausgehende wirtschaftliche Beziehung der Gesellschaft zum Gründungsstaat ist nicht erforderlich.

BGH, Urt. v. 14.3.2005 – II ZR 5/03, NJW 2005, 1648;
BGH, Urt. v. 12.7.2011 – II ZR 98/10, NJW 2011, 3372, 3374.
Diese Anknüpfung gilt auch für nichtrechtsfähige Personengesellschaften; Palandt/*Thorn*, Anhang Art. 12 EGBGB, Rn. 22.

(2) Gesellschaften aus Drittstaaten

614 Gesellschaften aus Drittstaaten behandelt der BGH anders. Hier kommt (wie im früheren Recht) die Sitztheorie zur Anwendung. Angeknüpft wird das an das Recht des Staats, in dem die juristische Person ihren tatsächlichen Verwaltungssitz hat.

BGH, Urt. v. 12.7.2011 – II ZR 28/10, NJW 2011, 3372, 3374;
BGH, Urt. v. 15.3.2010 – II ZR 27/09, NJW-RR 1364;
BGH, Beschl. v. 10.3.2009 – VIII ZB 105/07, NJW 2009, 1610, 1611.
In der Literatur wollen hingegen zahlreiche Stimmen auch hier die Gründungstheorie anwenden, vgl. etwa *Eidenmüller*, ZIP 2002, 2233, 2244; *Gottschalk*, ZIP 2009, 948, 951; *Kieninger*, NJW 2009, 292, 293.

b) Schweigen

615 Seinem umfassenden Charakter entsprechend befindet das Vertragsstatut auch darüber, ob die Parteien überhaupt Willenserklärungen abgegeben haben, ob Willensmängel vorliegen, wie diese geltend zu machen sind usw. Im Einzelnen gehört dazu ferner, wie es um das Erklärungsbewusstsein der Person bestellt sein muss, ob die Erklärung ausdrücklich oder schlüssig verlautbart werden kann und welche Folgen sonst aus dem Verhalten seines Gesprächspartners gezogen werden können. Ein besonders neuralgischer Punkt des (konsensualen) Verhaltens ist das Nichtstun, das Unterlassen, vor allem das Schweigen einer Person.

II. Gesonderte Anknüpfung spezieller Rechtsfragen

Nach deutschem Recht kann Schweigen ein Vertragsverhältnis begründen (§ 362 Abs. 1 Satz 1 HGB). Ebenso kann nach deutschem Recht durch Schweigen der Inhalt eines Vertragsverhältnisses durch widerspruchslose Hinnahme eines kaufmännischen Bestätigungsschreibens, welches von der zuvor getroffenen Vereinbarung abweicht, festgelegt werden. Schließlich kann die widerspruchslose Entgegennahme von Allgemeinen Geschäftsbedingungen deren Einbeziehung in den Vertrag bedeuten. 616

In weiten Teilen der Welt ist Schweigen hingegen bedeutungslos. Wer etwa in England auf ein kaufmännisches Bestätigungsschreiben schweigt, riskiert nichts: Er stimmt nicht zu und bleibt frei, den ursprünglich getroffenen Vertragsinhalt nachzuweisen. 617

> Zu England OLG Hamburg, Urt. v. 1.6.1979 – 11 U 32/79, NJW 1980, 1232.

Wegen dieser (materiellrechtlichen) Abweichung des deutschen vom ausländischen Handelsrecht könnte die Anknüpfung der Bedeutung des Schweigens an das deutsche Vertragsstatut dazu führen, dass der ausländische Vertragspartner – ahnungslos, wie er nach „seinem" Recht sein muss und sein darf – überfahren wird, wenn man ihn auf sein Schweigen festnageln wollte. Die Lösung findet sich in Art. 10 Abs. 2 Rom I-VO, demzufolge diese Partei sich für ihre Behauptung, sie habe dem Vertrag nicht zugestimmt, auf das Recht des Staats ihres gewöhnlichen Aufenthaltsorts berufen darf. Voraussetzung ist, dass es nach den Umständen des Falls nicht gerechtfertigt wäre, die Wirkung des Verhaltens dieser Partei nach dem Vertragsstatut zu bestimmen. Eine Partei soll also nach Art. 10 Abs. 2 Rom I-VO nicht nach fremdem Recht rechtsgeschäftlich gebunden werden, wenn sie mit dessen Anwendung nicht rechnen musste, weil ihr das Erklärungsbewusstsein fehlte. 618

> Ebenso zum Vorgänger der Regelung, Art. 31 Abs. 2 EGBGB:
> BGH, Urt. v. 19.3.1997 – VIII ZR 316/96, BGHZ 135, 124, 137
> = ZIP 1997, 848.

Deshalb beschränkt sich Art. 10 Abs. 2 Rom I-VO auch im Wesentlichen auf die Fälle, in denen durch Schweigen ein Angebot angenommen werden kann, in denen Schweigen die Einbeziehung Allgemeiner Geschäftsbedingungen bedeutet oder durch widerspruchslose Entgegennahme eines Bestätigungsschreibens eine Vertragsänderung herbeigeführt wird. 619

> BGH, Urt. v. 19.3.1997 – VIII ZR 316/96, BGHZ 135, 124, 137
> = ZIP 1997, 848.

Ob das Recht des Staats des gewöhnlichen Aufenthaltsorts ein Widerrufs- oder Rücktrittsrecht gewährt, ist unbeachtlich. 620

Vgl. BGH 19.3.1997 – VIII ZR 316/96, BGHZ 135, 124, 138 = ZIP 1997, 848. Dort auch Nachweise zu entsprechenden Versuchen einiger Instanzgerichte unter Geltung früheren Rechts, reisenden Verbrauchern in Time-Sharing-Fällen über Art. 31 Abs. 2 EGBGB den inländischen Verbraucherschutz zukommen zu lassen. Ebenso verfehlt ist die Annahme des OLG Düsseldorf, Urt. v. 14.1.1994 – 17 U 129/93, RIW 1994, 420 (mit Anm. *Mankowski*), Art. 31 Abs. 2 EGBGB werde „ausgefüllt durch Art. 29 EGBGB".

621 Auf sein Umweltrecht darf sich der Vertragspartner nach Art. 10 Abs. 2 Rom I-VO nur dann berufen, wenn dies „gerechtfertigt" ist. Es entscheiden alle Einzelumstände des Falls. Wer seinen im Ausland liegenden Aufenthaltsort verlässt, um im Inland den Vertrag zu schließen, wird sich auf sein ausländisches Umweltrecht nicht ohne Weiteres berufen dürfen. Er hätte es unter Umständen besser wissen können. Erst recht schützt Art. 10 Abs. 2 Rom I-VO nicht den, der die Bedeutung seines Schweigens kennt.

Siehr, in: Festschrift Keller, S. 485, 495 zu Art. 123 des schweizerischen IPRG.

622 Zu beachten ist schließlich: Art. 10 Abs. 2 Rom I-VO schützt vor einem Vertragsschluss, bringt einen Vertrag aber nicht zustande. Sagt das Vertragsstatut, der Vertrag sei nicht zustande gekommen, so hilft es dem Vertragspartner nicht, dass sein Aufenthaltsrecht einen Vertragsschluss bejahen würde.

MünchKomm/*Spellenberg*, Art. 10 Rom I-VO Rn. 233; *Martiny*, in: Reithmann/Martiny, Rn. 268.

c) Alternative Ortsform

aa) Geschäftsform

623 Formbedürftigkeit und Formgültigkeit eines Vertrags lassen sich – ebenso wie die meisten anderen materiellrechtlichen Fragen – ebenfalls nach dem Geschäftsstatut beurteilen. Wenn die vom Vertragsstatut vorgeschriebene Form gewahrt ist, erübrigen sich weitere Überlegungen. Denn nach Art. 11 Abs. 1 Rom I-VO ist ein Vertrag formgültig, „wenn er die Formerfordernisse des auf ihn nach dieser Verordnung anzuwendenden materiellen Rechts" erfüllt.

BGH, Urt. v. 22.1.1997 – VIII ZR 339/95, WM 1997, 1713, 1715.

bb) Ortsform

624 Wenn aber die Form, die das Vertragsstatut vorsieht, nicht eingehalten ist, kann die Formfrage vom Geschäftsstatut abgespalten und nach einer anderen Rechtsordnung berufen werden. Alternativ maßgeblich ist nach Art. 11 Abs. 1 Rom I-VO nämlich das Recht des Staats, in dem der Vertrag „geschlossen wird".

II. Gesonderte Anknüpfung spezieller Rechtsfragen

Beispiel: 625

Italienischer Bauunternehmer verkauft deutschen Eheleuten anlässlich deren Urlaubs in Mailand auf einem privatschriftlichen Formular ein Grundstück am Lago Maggiore. Die Vertragspartner wählen ausdrücklich deutsches Recht. Die deutsche Geschäftsform ist nicht gewahrt (§ 311b BGB). Aber der italienischen Ortsform ist genügt.

> Beispiel nach BGH, Urt. v. 3.12.1971 – V ZR 126/69, BGHZ 57, 337.

(1) Distanzgeschäfte

Sitzen Erklärender und Empfänger in verschiedenen Staaten, genügt es, wenn die Formerfordernisse entweder des Absenderstaats oder des Empfängerstaats eingehalten sind (Art. 11 Abs. 2 Rom I-VO). Der Gesetzgeber stellt bei Distanzgeschäften also zwei Ortsformen zur Verfügung. 626

(2) Vertretergeschäfte

Handelt ein Vertreter, so reicht es, wenn die Ortsform am Aufenthaltsort des Vertreters gewahrt ist. Hingegen ist es nicht ausreichend, wenn die Ortsform am Aufenthaltsort des Vertretenen eingehalten wurde. 627

> BGH, Urt. v. 28.1.1993 – IX ZR 259/91, NJW 1993, 1126, 1128; Schulze, in: Ferrari/Kieninger/Mankowski, Art. 11 Rom I-VO Rn. 25.

(3) Grundstücksgeschäfte

Verpflichtungsgeschäfte in Bezug auf Grundstücke unterstehen im Prinzip den allgemeinen Anknüpfungsregeln, insbesondere also auch dem Grundsatz der Rechtswahlfreiheit. Immerhin wird bei fehlender Rechtswahl vermutet, dass der grundstücksbezogene Schuldvertrag die engsten Beziehungen zu dem Staat aufweist, in dem das Grundstück belegen ist (Art. 4 Abs. 1 lit. e) Rom I-VO). Hinsichtlich der Form geht das Gesetz noch einen Schritt weiter, indem es anordnet, dass ausschließlich die Belegenheitsform zu wahren ist, wenn das Recht des Belegenheitsstaats einen solchen Ausschließlichkeitsanspruch stellt. Reicht dem Recht des Belegenheitsstaats die Einhaltung des Rechts des Abschlussorts, so genügt die Wahrung dieser alternativen Ortsform (Art. 11 Abs. 4 Rom I-VO). 628

Beispiel: 629

Verkauf eines in Deutschland belegenen Grundstücks durch privatschriftlichen, in Madrid unterzeichneten Vertrag zwischen zwei Deutschen, in dem die Anwendung deutschen Rechts vereinbart wird. Die Rechtswahl ist gültig; die Geschäftsform nicht eingehalten (§ 311b BGB). Jedoch lässt die Ortsform privatschriftliche Verträge zu. Die Wahrung dieser Ortsform genügt. Denn das deutsche Recht ordnet nicht an, es sei ausschließlich die Belegenheitsform zu wahren.

Palandt/*Thorn*, Art. 11 Rom I-VO Rn. 16.

630 Die Möglichkeit, an die alternative Ortsform anzuknüpfen, gilt nur für die Form des schuldrechtlichen Verpflichtungsvertrags. Dingliche Verfügungen über Grundstücksrechte richten sich ausschließlich nach dem Belegenheitsrecht (lex rei sitae). Dies regelt Art. 11 Abs. 4 EGBGB für dingliche Rechtsgeschäfte mit Bezug auf bewegliche Sachen und Grundstücke.

Umstritten ist, ob Art. 11 Abs. 4 EGBGB entsprechend auf das Verfügungsgeschäft bei der Übertragung von Gesellschaftsanteilen anzuwenden ist, vgl. Palandt/*Thorn*, Art. 11 EGBGB Rn. 10.

(4) Abwahl der Ortsform

631 Wie oben (Rn. 240) dargelegt, kann die Rechtswahl der Parteien der Rechtsprechung zufolge bedeuten, dass ein Rückgriff auf das alternative Formstatut des Vornahmeorts stillschweigend ausgeschlossen werden sollte.

BGH, Urt. v. 3.12.1971 – V ZR 126/69, BGHZ 57, 337.

Zu den Konsequenzen für die Rechtswahlklausel Rn. 242.

d) Vollmacht

632 Art. 1 Abs. 2 lit. g) Rom I-VO nimmt das Vertretungsrecht (rechtsgeschäftlich und organschaftlich) aus dem Geltungsbereich der Rom I-VO aus.

Der von der EG-Kommission vorgelegte Entwurf der Rom I-VO enthielt in Art. 7 eine Regelung, auf die man sich nicht einigen konnte, vgl. Reithmann/Martiny/*Hausmann*, Rn. 5422.

633 Weiterhin anzuwenden sind die von der Rechtsprechung entwickelten Grundsätze.

634 Demgegenüber enthält eine Regelung zur Anknüpfung der Vertretungsmacht Art. 126 des schweizerischen IPRG. Die Vorschrift lautet:

„Bei rechtsgeschäftlicher Vertretung untersteht das Verhältnis zwischen dem Vertretenen und dem Vertreter dem auf ihren Vertrag anwendbaren Recht.

Die Voraussetzungen, unter denen eine Handlung des Vertreters den Vertretenen gegenüber dem Dritten verpflichtet, unterstehen dem Recht des Staates, in dem der Vertreter seine Niederlassung hat oder, wenn eine solche fehlt oder für den Dritten nicht erkennbar ist, dem Recht des Staates, in dem der Vertreter im Einzelfall hauptsächlich handelt.

Steht der Vertreter in einem Arbeitsverhältnis zum Vertretenen und besitzt er keine eigene Geschäftsniederlassung, so befindet sich der Ort seiner Niederlassung am Sitz des Vertretenen.

Das nach Absatz 2 anwendbare Recht gilt auch für das Verhältnis zwischen dem nicht ermächtigten Vertreter und dem Dritten."

II. Gesonderte Anknüpfung spezieller Rechtsfragen

aa) Gewillkürte Stellvertretung

(1) Recht des Wirkungslands

Maßgeblich ist das Recht des Staats, in dem die Vollmacht ihre Wirkungen entfalten soll, weshalb man auch vom Recht des Wirkungslands spricht. Nach diesem Wirkungsstatut richten sich Erteilung, Gültigkeit, Auslegung, Umfang, Dauer und Ende der Vollmacht. 635

> BGH, Urt. v. 3.2.2004 – XI ZR 125/03, NJW 2004, 1315, 1316; BGH, Urt. v. 17.11.1994 – III ZR 70/93, BGHZ 128, 41, 47; BGH, Urt. v. 16.4.1975 – I ZR 40/73, BGHZ 64, 183, 191, 192; BGH, Urt. v. 9.12.1964 – VIII ZR 304/62, BGHZ 43, 21, 26; BGH, Urt. v. 13.5.1982 – III ZR 1/80, NJW 1982, 2733. BGH, Urt. v. 26.4.1990 – VII ZR 218/89, NJW 1990, 3088 knüpft an das Recht des Staats an, in dem die Vollmacht ihre Wirkung tatsächlich entfaltet.

Diese Anknüpfung an das Wirkungsstatut soll im Interesse des Verkehrsschutzes liegen, während sie die Belange des Vollmachtgebers vernachlässigt. 636

Beispiel: 637

Der russische Schriftsteller Solschenizyn (damals noch in Moskau) bevollmächtigt einen Zürcher Rechtsanwalt zum Abschluss eines Verlagsvertrags mit einem deutschen Verleger, der die deutsche Übersetzung und Verbreitung seines Romans „August vierzehn" übernehmen soll. Der Rechtsanwalt schließt einen entsprechenden Vertrag mit einem deutschen Verleger in der Bundesrepublik ab.

> Beispiel nach BGH, Urt. v. 16.4.1975 – I ZR 40/73, BGHZ 64, 183.

Hier ist zu unterscheiden:

– *Das Geschäftsbesorgungsverhältnis (der Anwaltsvertrag) zwischen Schriftsteller und Rechtsanwalt wäre – mangels einer Rechtswahl – gemäß Art. 4 Abs. 1 Rom I-VO anzuknüpfen und nach schweizer Recht zu beurteilen. Das der Vollmacht zugrunde liegende Schuldverhältnis folgt internationalprivatrechtlich den allgemeinen Regeln. Die schuldrechtliche Vertragsanknüpfung soll aber nach herrschender Meinung nicht auf die internationalprivatrechtliche Behandlung der abstrakten Vollmacht durchschlagen.*

– *Der Verlagsvertrag (das Ausführungsgeschäft) zwischen Schriftsteller und Verleger wäre – mangels einer Rechtswahl – gleichfalls vertragstypisch anzuknüpfen und nach deutschem Recht zu beurteilen. Denn die charakteristische Leistung besteht in der Vervielfältigung und der Verbreitung des Werks in der Bundesrepublik, sodass das Recht der deutschen Geschäftsniederlassung des deutschen Verlegers Maß gibt.*

> Vgl. Rn. 531.

D. Umfang und Grenzen des Vertragsstatuts

– *Die Vollmacht hingegen richtet sich weder nach schweizer Geschäftsbesorgungsrecht noch nach deutschem Verlagsvertragsrecht, sondern ist internationalprivatrechtlich gemäß ihrem eigenen (besonderen) Vollmachtsstatut anzuknüpfen. Also ist das Recht des Gebrauchs- oder Wirkungslands zu ermitteln. Da der Bevollmächtigte (Zürcher Anwalt) den Geschäftsherrn (Moskauer Schriftsteller) in Deutschland vertreten sollte und vertreten hat, ist deutsches Vollmachtsrecht anzuwenden. Es entscheidet darüber, ob die Vollmacht wirksam erteilt ist, welchen Umfang sie hat und wie sie gegebenenfalls erlöschen kann. Das (Heimat- oder Wohnsitz-)Recht des Vollmachtgebers (Solschenizyn) hat auf diese Fragen keinen Einfluss.*

BGH, Urt. v. 16.4.1975 – I ZR 40/73, BGHZ 64, 183, 191.

638 Der Verkehrsschutz kommt freilich nur deshalb zum Tragen, weil im Geschäftsstaat des Vertragspartners kontrahiert wurde. Sofern sich Rechtsanwalt und Verleger auf einer ausländischen Messe (z. B. in London oder Paris) getroffen hätten, wäre die Anwendung des Stellvertretungsrechts des Gebrauchslands zufällig und für beide Seiten wenig sachdienlich.

Diese und andere Ungereimtheiten der h. M. kritisiert *Spellenberg*, Geschäftsstatut und Vollmacht im Internationalen Privatrecht; MünchKomm/*Spellenberg*, vor Art. 11 EGBGB Rn. 142 ff. *Spellenberg* will die Vertretungsmacht un*selbstständig* an das Statut des Hauptgeschäfts zwischen Vertretenem und dessen Vertragspartner anknüpfen, ebenda Rn. 145 ff.

(2) Einzelheiten

(a) Vertreter mit Niederlassung

639 Wenn der Bevollmächtigte (z. B. Handelsvertreter) eine feste Niederlassung in einem ausländischen Staat hat, ist es sinnvoll, an das Recht dieser Niederlassung anzuknüpfen, vorausgesetzt, dass der Vertrag dort abgeschlossen wird.

BGH, Urt. v. 9.12.1964 – VIII ZR 304/62, BGHZ 43, 21, 26;
BGH, Urt. v. 26.4.1990 – VII ZR 218/89, NJW 1990, 3088; dazu *Reithmann*, EWiR 1990, 1087;
BGH, Urt. v. 8.10.1991 – IX ZR 64/90, NJW 1992, 618.

(b) Vertreter mit Verfahrensvollmacht

640 Hat der Bevollmächtigte (Rechtsanwalt) Vertretungsmacht zur Besorgung prozessualer Angelegenheiten vor bestimmten (staatlichen) Gerichten, ist es sinnvoll, die Prozessvollmacht nach der lex fori (des Gerichtsstaats) zu beurteilen.

BGH, Urt. v. 26.4.1990 – VII ZR 218/89, NJW 1990, 3088;
BGH, Urt. v. 5.2.1958 – IV ZR 204/57, WM 1958, 557;
OLG München, Urt. v. 30.10.1974 – 7 U 2263/73, IPRspr. 1974 Nr. 10.

Ebenso unterliegt beispielsweise die Vollmacht zur Einlegung eines Ein- 641
spruchs beim Patentgericht dem Recht am Sitz dieses Gerichts.

BPatG, Urt. v. 10.1.1998 – 31 W (pat) 76/85, BPatGE 29, 198.

(c) Vertreter ohne Vertretungsmacht

Duldungs- und Anscheinsvollmachten sind ebenfalls nach dem Recht des 642
Wirkungslands zu beurteilen. Es ist also an das Recht des Staats anzuknüpfen, wo sich der Rechtsschein entfaltet und ausgewirkt hat.

BGH, Urt. v. 5.2.2007 – II ZR 84/05, NJW 2007, 1529, 1530;
BGH, Urt. v. 7.11.1994 – III ZR 70/93, BGHZ 128, 41, 47;
BGH, Urt. v. 9.12.1964 – VIII ZR 304/62, BGHZ 43, 21, 27.

Beispiel: 643

Die „Vertretung der bulgarischen staatlichen Unternehmen für Ein- und Ausfuhr" in Frankfurt/M. vermittelt einen Kaufvertrag über 500 t Erdbeerpulpe zwischen bulgarischem Lieferanten und deutschem Bezieher. Als die Erfüllung ausbleibt, verklagt der deutsche Käufer den bulgarischen Verkäufer auf Schadensersatz. Dieser wendet ein, die Frankfurter Vertretung habe keine Abschlussvollmacht gehabt. Der Bundesgerichtshof entscheidet, dass zwischen Vertragsstatut und Vollmachtsstatut zu unterscheiden sei: Aus den Umständen des Falls ergebe sich, dass deutsches Kaufvertragsrecht maßgebend sei. Das gesondert angeknüpfte Vollmachtsstatut sei ebenfalls deutsches Recht. Hier sei der Rechtsschein einer Vertretungsmacht entstanden und bewirkt worden. Dieser Rechtsschein sei dem beklagten bulgarischen Lieferanten zuzurechnen.

BGH, Urt. v. 9.12.1964 – VIII ZR 304/62, BGHZ 43, 21.

(d) Nachträgliche Genehmigung

Genehmigt der Vertretene nachträglich das vom Vertreter ohne Vertre- 644
tungsmacht abgeschlossene Geschäft, so entscheidet über die Wirksamkeit
dieser Genehmigung nicht das Vollmachtsstatut, sondern das Vertragsstatut.

BGH, Urt. v. 8.10.1991 – XI ZR 64/90, ZIP 1991, 1582
= NJW 1992, 618;
BGH, Urt. v. 22.6.1965 – V ZR 55/64, WM 1965, 868, 869.

(3) Rechtswahl

Das Vollmachtsstatut kann gewählt werden. 645

Bamberger/Roth/*Mäsch*, Art. 10 EGBGB Rn. 100; MünchKomm/
Spellenberg, vor Art. 11 EGBGB Rn. 91 f.; *Hausmann*, in:
Reithmann/Martiny, Rn. 5445. Ob diese Rechtswahl einseitig
durch den Vollmachtgeber festgelegt werden kann und darüber
hinaus der Zustimmung des Vertreters bedarf, ist umstritten.
Streitstand bei MünchKomm/*Spellenberg*, vor Art. 11 EGBGB
Rn. 94.

646 *Beispiel einer Wahl des Vollmachtsstatuts:*

„Hiermit erteile ich Herrn X Vollmacht, mich nach Maßgabe der Vorschriften des deutschen Rechts (BGB/HGB) zu vertreten."

Wer die kollisionsrechtliche Verweisung, die in dieser Klausel steckt, nicht anerkennen will, mag sie (wie auch sonst) in eine materiellrechtliche Bezugnahme umdeuten.

bb) Gesetzliche Vertretung

647 Hier gilt das Recht, welches die Beziehung zwischen Vertreter und Vertretenem beherrscht, etwa also das Gesellschaftsstatut oder das Familienrecht.

e) Sicherungen

648 Im internationalen Rechtsverkehr ist es wichtiger als im nationalen Verkehr, die Leistungsverpflichtung seines Vertragspartners abzusichern. Das erklärt sich aus der größeren Entfernung zu seinem Vertragspartner. Einmal kann man die Solvenz (und die Folgen der Insolvenz) seines ausländischen Vertragspartners nicht so gut beurteilen. Zum anderen ist die Durchsetzung des eigenen Anspruchs im Ausland mühsamer. Diesen Weg in das Ausland muss man aber häufig beschreiten. Selbst bei vereinbartem Gerichtsstand im Inland muss immerhin die Vollstreckung oft im Ausland erfolgen.

649 Die Sicherung im internationalen Rechtsverkehr ist aber auch komplizierter als im nationalen. Das wiederum liegt daran, dass verschiedene Statuten voneinander abgegrenzt werden müssen. Dies gilt einmal für das Statut der Sicherungsabrede und das Statut der Sicherung selbst (Forderungsstatut, Bürgschaftsstatut, lex rei sitae). Ebenso wichtig – und in der Praxis sträflich vernachlässigt – ist der Blick auf das Insolvenzstatut.

aa) Persönliche Sicherheiten

650 Persönliche Sicherheiten, nämlich insbesondere Bürgschaften, Garantien, Akkreditive begleiten regelmäßig den transnationalen Rechtsverkehr. Diese Sicherungen sind in besonderem Maße dann geeignet, das aus der Distanz des Vertragspartners folgende Risiko zu vermindern, wenn der ausländische Vertragspartner eine „inländische Sicherheit" stellt, die den Gang ins Ausland entbehrlich macht, also etwa die Garantie einer inländischen Bank.

651 *Beispiel:*

Mexikaner kauft bei deutschem Unternehmen ein gebrauchtes Walzwerk. Im Auftrag des Mexikaners eröffnet eine mexikanische Bank (Erstbank) zur Sicherung der Kaufpreiszahlung ein unwiderrufliches Dokumentenakkreditiv zugunsten des deutschen Verkäufers. Das allein nützt dem deutschen Unternehmen noch recht wenig, müsste es doch in Mexiko die Dokumente einreichen, gegebenenfalls dort sogar die Bank verklagen, um die Auszahlung zu erreichen. Deshalb beauf-

tragt die mexikanische Bank auf Anweisung des Käufers eine deutsche Bank (Zweitbank) mit Abwicklung und Bestätigung des Akkreditivs gegenüber dem Verkäufer. Die Bestätigung des Akkreditivs gegenüber dem Verkäufer ist ein eigenes Schuldversprechen der deutschen Bank, sodass der Verkäufer die Auszahlung aus dem Akkreditiv in Deutschland, gegebenenfalls klageweise, erreichen kann.

> Wichtige Bereiche des Akkreditivs werden geregelt durch die von der IHK aufgestellten Einheitlichen Richtlinien und Gebräuche für Dokumentenakkreditive (ERA-Revision 2007). In Bankformularen ist die Anwendbarkeit dieser Richtlinien vorgesehen.

Das Beispiel zeigt, welch vielfältige Vertragsbeziehungen entstehen, die kollisionsrechtlich sämtlich gesondert anzuknüpfen sind. Das Vertragsverhältnis zwischen Käufer und Verkäufer unterliegt seinem eigenen Statut. Ihm ist insbesondere zu entnehmen, welche Sicherheit der Käufer zu stellen hat. Das Verhältnis zwischen Käufer und der Akkreditivbank (Erstbank) ist kollisionsrechtlich gesondert zu behandeln. Fehlt eine Rechtswahl, gilt nach Art. 4 Abs. 1 Rom I-VO im Zweifel das Recht der Bank. Im Verhältnis der Akkreditivbank (Erstbank) zum Verkäufer und im (wiederum gesondert anzuknüpfenden) Verhältnis der bestätigenden Zweitbank zum Verkäufer (Schuldversprechen) gilt bei fehlender Rechtswahl ebenfalls jeweils das Recht am Ort der Erst- bzw. der Zweitbank. Davon getrennt ist wiederum das Verhältnis zwischen Erst- und Zweitbank zu beurteilen. Der hier geschlossene Geschäftsbesorgungsvertrag unterliegt im Zweifel dem Recht der Zweitbank. 652

> Zur Anknüpfung von Banksicherheiten Rn. 494, zum Akkreditiv Rn. 484, zur Bürgschaft Rn. 494, 499, zur Garantie Rn. 504. Es wurde zu Unrecht vertreten, bei Einschaltung einer inländischen Korrespondenzbank als Zahlstelle oder bestätigende Bank sei auf das Verhältnis zur ausländischen Erstbank und auf das zur Zweitbank einheitlich das Recht am Ort der Zweitbank anzuwenden, zutreffende Kritik bei *Schefold*, IPRax 1996, 347, 352.

> Zur Anknüpfung des Geschäftsbesorgungsvertrags zwischen Erst- und Zweitbank Staudinger/*Magnus* (2011), Art. 4 Rom I-VO Rn. 489.

Überlagert werden können Sicherungsgeschäfte durch ausländische Devisenvorschriften, welche nach Art. VIII Abschnitt 2 (b) Satz 1 des IWF-Abkommens zu beachten sein mögen. 653

Dazu Rn. 425 ff.

Außerhalb des Bankgeschäfts können Sicherungserklärungen wie Bürgschaft, Garantie, Schuldbeitritt insbesondere unwirksam sein, weil eherechtliche Verpflichtungsbeschränkungen entgegenstehen. 654

Beispiel: 655

Der Geschäftsführer eines Unternehmens in den Niederlanden verbürgt sich für die Schulden einer deutschen Kommanditgesellschaft. Die Bürgschaft unterliegt kraft ausdrücklicher Rechtswahl deutschem Recht. Gegenüber der Inanspruchnahme aus der Bürgschaft wendet der niederländische Geschäftsführer ein, seine

Verpflichtung sei unwirksam nach Art. 88 Abs. 1 (jetzt Art. 88 Abs. 1 lit. c) des niederländischen Bürgerlichen Gesetzbuchs (B. W.), weil seine Ehefrau der Bürgschaftsstellung nicht zugestimmt hatte. Der Bundesgerichtshof hat die niederländische Verpflichtungsbeschränkung nicht angewandt. Ob die Zustimmung der Ehefrau für die Abgabe der Bürgschaftserklärung erforderlich sei, richte sich nach dem gewählten deutschen Bürgschaftsstatut.

> BGH, Urt. v. 15.11.1976 – VIII ZR 76/75, NJW 1977, 1011 f., mit kritischer Anm. *Jochem*, ebenda, 1012 f.; vgl. auch Staudinger/*Mankowski* (2011), Art. 14 EGBGB Rn. 237.

656 Demgegenüber können eherechtliche Verpflichtungsbeschränkungen nicht durch eine schuldvertragliche Rechtswahl beeinflusst werden. Der gutgläubige Geschäftsverkehr kann lediglich nach Art. 12 EGBGB oder Art. 16 Abs. 2 EGBGB geschützt sein.

> Kegel/*Schurig*, S. 839 Fußn. 253; Palandt/*Heldrich*, Art. 14 EGBGB Rn. 18; Staudinger/*Mankowski* (2011), Art. 14 EGBGB Rn. 238.

657 Angesichts der zutreffenden Kritik an der Entscheidung des Bundesgerichtshofs aus dem Jahr 1976 ist es unverständlich, dass das OLG Köln den Fehler des Bundesgerichtshofs wiederholt hat und in der Wahl deutschen Schuldrechts zugleich die Abwahl der eherechtlich zu qualifizierenden Art. 88, 89 des niederländischen B. W. erblickt.

> OLG Köln, Urt. v. 21.3.1997 – 19 U 180/96, RIW 1998, 148, 149.

bb) Dingliche Sicherheiten

658 Dingliche Sicherheiten im transnationalen Rechtsverkehr werfen eine Vielzahl von Fragen auf, die teils nicht gelöst sind. Deshalb sind persönliche Sicherungen durch Bankbürgschaft etc. vorzuziehen und in der Praxis auch populärer.

(1) Sicherungsabtretung

659 Die Sicherungsabrede im Grundgeschäft untersteht dem Statut des Vertrags, den der Sicherungsnehmer mit dem Sicherungsgeber abgeschlossen hat. Dies gilt – nach neuem Recht – auch für die Zulässigkeit und für die Voraussetzung einer Sicherungsabtretung im Verhältnis zwischen Alt- und Neugläubiger.

> *Flessner*, IPRax 2009, 35, 42 f.; MünchKomm/*Martiny*, Art. 14 Rom I-VO Rn. 38; Staudinger/*Hausmann* (2011), Art. 14 Rom I-VO Rn. 87 ff.
>
> Anders die bislang herrschende Meinung zum alten Recht, Meinungsstand bei Staudinger/*Hausmann*, a. a. O. Rn. 84.

660 Diese Grundsätze kommen auch beim verlängerten Eigentumsvorbehalt mit Vorausabtretung der Forderung aus der Weiterveräußerung und bei der Globalzession zur Anwendung.

II. Gesonderte Anknüpfung spezieller Rechtsfragen

MünchKomm/*Martiny*, Art. 14 Rom I-VO Rn. 39; Palandt/ *Thorn*, Art. 14 Rom I-VO Rn. 5; Staudinger/*Hausmann* (2011), Art. 14 Rom I-VO Rn. 89.

Die Zulässigkeit und die Voraussetzungen für eine Sicherungsabtretung unterliegen hingegen grundsätzlich dem Statut der abgetretenen Forderung (Art. 14 Abs. 2 Rom I-VO). 661

Bei ausländischem Forderungsstatut ist zu beachten, dass die Zulässigkeit der Sicherungsabtretung nicht selten beschränkt ist (z. B. Verbot der Abtretung künftiger Forderungen) oder einen Publizitätsakt voraussetzt. 662

Beispiel: 663

Art. 1690 des französischen Code Civil verlangt für die Wirksamkeit der Abtretung gegenüber dem Drittschuldner eine förmliche Benachrichtigung, die durch den Gerichtsvollzieher zu geschehen hat, wenn die Abtretung nicht in einer öffentlichen Urkunde erfolgt ist. Die deutsche Rechtsprechung hat dies als Wirksamkeitsvoraussetzung, nicht als Formerfordernis ausgelegt, sodass Art. 14 Abs. 2 Rom I-VO gilt.

Vgl. MünchKomm/*Martiny*, Art. 14 Rom I-VO Rn. 30.

Zu Art. 33 Abs. 2 EGBGB siehe OLG Köln, Urt. v. 25.5.1994 – 2 U 143/93, ZIP 1994, 1791, 1792 f.; dazu Schütze, EWiR 1995, 129. Die dort unterstellte stillschweigende Rechtswahl zugunsten deutschen Rechts beruht allerdings auf kollisionsrechtlich nicht akzeptablen Überlegungen; vgl. dazu kritisch *Thorn*, IPRax 1996, 257–259.

(2) Eigentumsvorbehalt und Sicherungseigentum

Wiederum gilt, dass die Sicherungsabrede zwischen Sicherungsnehmer und Sicherungsgeber dem Statut des zwischen diesen abgeschlossenen Vertrags folgt. Die schuldrechtlichen Voraussetzungen für den Eigentumsvorbehalt und die Sicherungsübereignung sind also dem Vertragsstatut zu entnehmen. Die sachenrechtlichen Wirkungen des Eigentumsvorbehalts oder der Sicherungsübereignung richten sich demgegenüber zwingend nach dem Recht des Lageorts der Sache entsprechend dem im Internationalen Sachenrecht geltenden Grundsatz der lex rei sitae. 664

Siehe jetzt Art. 43 Abs. 1 EGBGB, der Gewohnheitsrecht kodifiziert, vgl. *v. Plehwe*, in: Heidel/Hüßtege/Mansel/Noack, Art. 43 EGBGB Rn. 10.

Zur Prüfung des Eigentumsübergangs und der in diesem Zusammenhang erforderlichen Auslegung des Vertrags vgl. BGH, Urt. v. 20.7.2012 – V ZR 135/11, WM 2013, 858, 860.

Zum Einfluss europäischer Grundfreiheiten auf diesen Grundsatz MünchKomm/*Wendehorst*, Art. 43 EGBGB Rn. 154–159. Eine Rechtswahl bei der Begründung von dinglichen Sicherheiten befürwortet etwa *Hohloch*, in: Festskrift Thue, S. 257, 268.

665 Beispiel 1:

Klägerin mit Sitz in Deutschland verkauft und liefert an die Fa. H. KG eine Fräsmaschine unter Eigentumsvorbehalt. Die Käuferin übereignet die Maschine zur Sicherung einer Forderung an Herrn C. Dieser tritt seine Rechte aus dem Sicherungsvertrag an das englische Unternehmen L. Ltd. ab. Das englische Unternehmen L. Ltd. wiederum tritt seine Rechte an die Beklagte ab. Die Klägerin begehrt Herausgabe der Fräsmaschine. Zu Unrecht. Da sich die Maschine bei Abschluss der Sicherungsgeschäfte stets in Deutschland befand, richtet sich die Frage, ob die Sicherungsnehmer Eigentum erworben haben, nach deutschem Recht. Danach hat zwar mangels unmittelbaren Besitzes C nie Eigentum erworben (§§ 930, 933 BGB). Die Fa. L. Ltd. hat aber gutgläubig Eigentum erworben (§§ 931, 934 BGB).

BGH, Urt. v. 27.3.1968 – VIII ZR 11/66, BGHZ 50, 45.

666 Beispiel 2:

Die Klägerin verlangt vom Beklagten die Herausgabe eines PKWs, der in Deutschland gestohlen und in Polen weiterveräußert worden war. Der Beklagte beruft sich darauf, er habe das Eigentum an dem PKW in Polen gutgläubig erworben. Es entscheidet polnisches Sachenrecht als lex rei sitae, derzufolge grundsätzlich ein gutgläubiger Erwerb abhanden gekommener Sachen möglich ist.

OLG Brandenburg, Urt. v. 12.12.2000 – 11 U 14/00, NJW-RR 2001, 597, 598.

667 Bei Transport des Sicherungsguts von einem in ein anderes Land kommt zunächst das Sachenrecht des Absendeorts und mit Grenzübertritt das Sachenrecht des Bestimmungsorts zur Anwendung. Das bestimmt Art. 43 Abs. 2 EGBGB. Ist der Eigentumsvorbehalt nur nach der Rechtsordnung des Bestimmungslands zulässig, so wird der Eigentumsvorbehalt mit Grenzübertritt wirksam.

668 Beispiel 3:

Ein Hersteller aus Mailand liefert unter Eigentumsvorbehalt Strickmaschinen an ein Unternehmen in Wiesbaden. Die AOK pfändet die Strickmaschinen und verwertet sie für 16.000 DM. Nach Konkurs des Käufers verlangt der italienische Hersteller den Verwertungserlös von der AOK heraus. Diese wendet ein, nach italienischem Recht sei der Eigentumsvorbehalt mangels Beachtung gewisser Förmlichkeiten nur zwischen den Parteien des Kaufvertrags wirksam. Der Bundesgerichtshof sagt: Mit Grenzüberschreitung tritt ein Statutenwechsel ein. Es gilt deutsches Sachenrecht. Das deutsche Recht akzeptiert den nur relativ wirksamen Eigentumsvorbehalt. Dem Sinn der Vereinbarung der Parteien ist aber zu entnehmen, dass mit Grenzübertritt ein dinglich wirksamer Eigentumsvorbehalt entstehen sollte. Zu diesem Zeitpunkt wird der italienische Hersteller deshalb wieder absolut wirksamer Eigentümer.

BGH, Urt. v. 2.2.1966 – VIII ZR 153/64, BGHZ 45, 95. Allerdings missversteht der BGH in dieser Entscheidung die italienischen Regelungen zum Eigentumsvorbehalt, vgl. *v. Plehwe*, S. 115 f.

(a) Anerkennung ausländischer Sicherungsinstitute in Deutschland

Das Beispiel (Rn. 668) zeigt zugleich: Grundsätzlich übernehmen wir bei Grenzübertritt die Sache mit der sachrechtlichen Prägung, die sie unter Herrschaft des alten Statuts erhalten hat. **669**

BGH, Urt. v. 8.4.1987 – VIII ZR 211/86, BGHZ 100, 321, 326;
BGH, Urt. v. 2.2.1966 – VIII ZR 153/64, BGHZ 45, 95, 97;
BGH, Urt. v. 20.3.1963 – VIII ZR 130/61, BGHZ 39, 173.

Bei der Anerkennung ausländischer Sicherungsinstitute ist die deutsche Rechtsprechung sehr großzügig. **670**

Beispiel 1: **671**

In Italien wird an einem Ferrari eine Autohypothek bestellt. Dann kommt der Wagen nach Deutschland. Der Bundesgerichtshof erkennt die Autohypothek an und behandelt sie im Rahmen der Verwertung wie deutsches Sicherungseigentum.

BGH, Urt. v. 11.3.1991 – II ZR 88/90, NJW 1991, 1415, 1416 mit Anm. *Thode*, WuB IV. E. Art. 38 EGBGB 2.91; *Kreuzer*, IPRax 1993, 157, 159 f.

Beispiel 2: **672**

In den USA wird ein Pfandrecht (mortgage) an einem Privatflugzeug der Marke Cessna bestellt, welches im Luftfahrtregister in Oklahoma City eingetragen ist. Die Cessna kommt nach Deutschland. Hier behandelt der Bundesgerichtshof das Pfandrecht wie ein nach deutschem Recht wirksam entstandenes Registerpfandrecht.

BGH, Urt. v. 7.10.1992 – II ZR 252/90, NJW 1992, 362, 363 mit Anm. *Thode*, WuB IV A. § 439 BGB 1.92; *Kreuzer*, IPRax 1993, 157, 160 ff.

Beispiel 3: **673**

In den USA wird ein „Lien" an einem Sportwagen des Typs Dodge Viper bestellt. Dann wird das Fahrzeug nach Deutschland verbracht. Hier wird das besitzlose Pfandrecht wie Sicherungseigentum behandelt.

OLG Karlsruhe, Urt. v. 6.7.2000 – 9 U 159/99, WM 2003, 584, 585.

(b) Anerkennung inländischer Sicherungsinstitute im Ausland

Ausländische Gerichte sind mitunter erheblich engherziger bei der Anerkennung deutscher Sicherungen. **674**

D. Umfang und Grenzen des Vertragsstatuts

675 Beispiel 1:

Besitzlose Sicherungsrechte werden in vielen Ländern nicht anerkannt, vgl. *Brinkmann*, S. 322, 324, 326 ff.; *Graham-Siegenthaler*, S. 396; Mohrbutter/Ringstmeier/*Wenner*, § 20 Rn. 312.

An einem Kfz wird Sicherungseigentum begründet. Dann wird es nach Österreich verbracht. Auch nach österreichischem internationalen Sachenrecht bewirkt der Grenzwechsel einen Statutenwechsel. Es gilt die neue lex rei sitae (§ 31 Abs. 1 öst. IPRG), und zwar sowohl „mit heilender als auch mit vernichtender Wirkung". Nach neuem – österreichischem – Statut wird das Sicherungseigentum nicht anerkannt, weil es mit der dortigen Sachenrechtsordnung (Publizitätserfordernis) nicht vereinbar ist.

Öst. OGH, Urt. v. 14.12.1983 – 3 Ob 126, 127/83, IPRax 1985, 165, 166 f. mit Anm. *Martiny*, ebenda, 168–171.

676 Beispiel 2:

Gottlieb Meier, Inhaber eines Pneuhandels mit Sitz in Wald/Kanton Zürich, kauft bei der deutschen Fa. Peters & Co. Maschinen und Apparate. Deren Formularbedingungen sehen einen Eigentumsvorbehalt vor. Nach Lieferung fällt Meier in Konkurs. Die Klage des deutschen Unternehmens auf Herausgabe der Maschinen weist das schweizer Bundesgericht ab. Ob ein Aussonderungsrecht besteht, bestimmt schweizer Konkursrecht. Die Vorfrage, ob der Eigentumsvorbehalt wirksam begründet wurde, richtet sich nach der schweizer lex rei sitae. Nach schweizer Sachenrecht bedarf es zur Begründung und für den Fortbestand des Eigentumsvorbehalts der Eintragung in ein Register. Daran fehlt es hier.

So Art. 715 Abs. 1 ZGB. Die Vorschrift lautet: „Der Vorbehalt des Eigentums an einer dem Erwerber übertragenen beweglichen Sache ist nur dann wirksam, wenn er an dessen jeweiligem Wohnort in einem vom Betreibungsbeamten zu führenden öffentlichen Register eingetragen ist".

Mangels Eintragung, so das Bundesgericht, stehe die Lieferung im Eigentum von Meier.

BG, Urt. v. 6.7.1967 – BGE 93 III 96;
BG, Urt. v. 19.8.1980 BGE 106 II 197, IPRax 1982, 199, 200.

677 Heute hilft ein wenig Art. 102 Abs. 2 des schweizerischen IPRG. Die Vorschrift lautet:

„Gelangt eine bewegliche Sache in die Schweiz und ist an ihr im Ausland ein Eigentumsvorbehalt gültig begründet worden, der den Anforderungen des schweizerischen Rechts nicht entspricht, so bleibt der Eigentumsvorbehalt in der Schweiz noch während dreier Monate gültig."

678 Innerhalb dieser Schonfrist muss also die Registrierung erfolgen. Gutgläubiger Erwerb ist aber innerhalb der Frist möglich (Art. 102 Abs. 3 IPRG).

Anpassungsfristen dieser Art gibt es auch in einigen anderen Rechten, z. B. in Sec. 9–103 (3) (e) des US-amerikanischen UCC.

cc) Sicherheiten und Insolvenz

Die Behandlung der Sicherheiten in der Insolvenz des Vertragspartners gehört seit Jahrzehnten zu den besonders dunklen Kapiteln des deutschen Kollisionsrechts. Dies lag lange Zeit daran, dass das deutsche Internationale Insolvenzrecht ungeschrieben war und es wenig Präjudizien gab. 679

Vgl. Vorauflage Rn. 598 ff.

Inzwischen ist der Gesetzgeber tätig geworden. Das Internationale Insolvenzrecht hat eine ausführliche Regelung erhalten (EuInsVO, §§ 335 ff. InsO). Die Unsicherheiten allerdings sind geblieben. Das ist in besonderem Maße bedauerlich. Denn nur wer weiß, welche Folgen im Fall der Insolvenz eintreten, kann die Leistungsfähigkeit, den Wert der Versprechungen und die gewährten Sicherungen seines Geschäftspartners richtig einschätzen. 680

(1) Insolvenzstatut

Das geltende deutsche Internationale Insolvenzrecht geht davon aus, dass das Insolvenzrecht des Staats zur Anwendung kommt, der das Insolvenzverfahren eröffnet hat (lex fori concursus; vgl. Art. 4 EuInsVO, § 335 InsO). Ausländisches Insolvenzrecht wenden wir allerdings nur an, wenn das ausländische Insolvenzverfahren im Inland anerkannt werden kann (Art. 16 Abs. 1 EuInsVO, § 343 Abs. 1 InsO). Zu den Anerkennungsvoraussetzungen gehört insbesondere, dass die eröffnende Stelle international zuständig, die Eröffnung wirksam ist und die Anerkennung nicht gegen den ordre public verstößt. 681

> Anders als im autonomen Internationalen Insolvenzrecht gilt im Bereich der EuInsVO allerdings, dass der erkennende Staat ohne Prüfung davon auszugehen hat, dass das Eröffnungsgericht des anderen Mitgliedstaats seine internationale Zuständigkeit zu Recht angenommen hat, diese wird hier nicht überprüft, vgl. *Wenner/Schuster*, in: Frankfurter Kommentar, Anhang I, Art. 16 EuInsVO Rn. 7.

(2) Einschränkungen der lex fori concursus

Der oben beschriebene Grundsatz (Rn. 681) führt (in der Regel) dazu, dass das Insolvenzrecht des Staats zur Anwendung kommt, in dem der Schuldner den wirtschaftlichen Mittelpunkt seiner Interessen hat. Denn dieser Staat ist meist der international zuständige Eröffnungsstaat. 682

Einzelheiten bei Mohrbutter/Ringsmeier/*Wenner*, § 20 Rn. 30.

Das Hauptproblem des Internationalen Insolvenzrechts besteht darin, dass der Grundsatz der Anwendung des Insolvenzrechts des Eröffnungsstaats zahlreiche Durchbrechungen kennt. Diese Sonderanknüpfungen führen nicht nur zu einer Ungleichbehandlung der Gläubiger, sie machen die Vorhersage schwer, welches Recht im Einzelfall zur Anwendung kommt. Das gegenwär- 683

D. Umfang und Grenzen des Vertragsstatuts

tige und künftige Internationale Insolvenzrecht bietet für den Rechtsverkehr kaum erträgliche Unsicherheiten.

> Mohrbutter/Ringstmeier/*Wenner*, § 20 Rn. 36 ff.; Wenner/Schuster, in: Frankfurter Kommentar, vor §§ 335 ff. Rn. 20 f., 27 ff.
>
> Zur Frage, ob das jetzige Internationale Insolvenzrecht mit der europäischen Niederlassungsfreiheit in Übereinstimmung zu bringen ist, siehe Mohrbutter/Ringstmeier/*Wenner*, Rn. 40 ff.

(a) Partikularverfahren

684 Durchbrochen wird die Grundregel einmal durch die im Inland und Ausland bestehende Möglichkeit, örtlich beschränkte Partikularinsolvenzverfahren nach örtlichem Insolvenzrecht dort durchzuführen, wo Vermögen des Gemeinschuldners belegen ist.

> Diese Partikularverfahren nennt man Sekundärinsolvenzverfahren, wenn sie neben einem Hauptverfahren in einem anderen Staat betrieben werden (Art. 27 ff. EuInsVO, § 356 InsO). Partikularverfahren sind aber auch als isolierte Verfahren möglich (Art. 3 Abs. 2 EuInsVO, § 354 InsO).

685 Die EuInsVO lässt Partikularverfahren insbesondere dann zu, wenn der Schuldner im Staat des Partikularverfahrens über eine Niederlassung verfügt. Das deutsche autonome Internationale Insolvenzrecht erlaubt ein Partikularverfahren bereits dann, wenn im Inland Vermögen belegen ist.

> Im Einzelnen Mohrbutter/Ringstmeier/*Wenner*, § 20 Rn. 64 ff., Rn. 70 ff.

686 Diese Partikularverfahren werden nach eigenem Insolvenzrecht abgewickelt, das Sitzrecht des Schuldners wird also verdrängt. Das führt nicht nur zu einer rechtspolitisch verfehlten Aufsplitterung des Insolvenzstatuts, sondern vor allem auch zu dem gläubigerfeindlichen Ergebnis, dass das Insolvenzstatut nicht vorhersehbar ist. Da nicht voraussagbar ist, in welchen Staaten bei Eintritt der Insolvenz die Voraussetzungen zur Eröffnung eines Partikularverfahrens erfüllt sind und wo die Eröffnung eines Partikularverfahrens beantragt werden wird, kann der Gläubiger nicht abschätzen, an welchem Insolvenzrecht er seine Besicherung ausrichten soll.

> Mohrbutter/Ringstmeier/*Wenner*, § 20 Rn. 38, 63.

687 Für Sicherungen bedeutet dies: Ob sie im Insolvenzfall Sicherheit gewähren, kann man nicht vorhersagen, da das anwendbare Insolvenzrecht nicht feststeht. Das gilt insbesondere für dingliche Sicherheiten.

(b) Umstrittene Regeln für Mobiliarsicherheiten

688 Die zweite Unsicherheit entsteht daraus, dass die EuInsVO und das autonome deutsche Internationale Insolvenzrecht Regelungen für dingliche Rechte

II. Gesonderte Anknüpfung spezieller Rechtsfragen

vorsehen, welche die Anwendbarkeit des Insolvenzstatuts erheblich einschränken, ohne dass die Konturen dieser Einschränkungen klar bestimmt sind.

> Vgl. Art. 5 Abs. 1 EuInsVO, § 351 Abs. 1 InsO; sowie für den Eigentumsvorbehalt Art. 7 Abs. 1 EuInsVO.

Ziel des Gesetzgebers ist es, der lex rei sitae gegenüber dem Insolvenzstatut Vorrang zu geben. Angeblich soll damit das Vertrauen des inländischen Wirtschaftsverkehrs geschützt werden. **689**

> BT-Drucksache/15 S. 24; siehe auch *Stoll/Virgós/Schmit*, Vorschläge und Gutachten zur Umsetzung des EU-Übereinkommens über Insolvenzverfahren im deutschen Recht, S. 32, S. 70; *Undritz*, in: Hamburger Kommentar, Art. 5 EuInsVO Rn. 2.

In Wahrheit ist diese Regelungstechnik ein schwerer konzeptioneller Fehler des Gesetz- und Verordnungsgebers, der dingliche Sicherungen im internationalen Rechtsverkehr erheblich erschwert. Denn bei beweglichen Sachen ist der Belegenheitsort und damit die zur Anwendung kommende lex rei sitae im Vorhinein häufig nicht sicher vorherzusagen. **690**

> Vgl. die Kritik bei Mohrbutter/Ringstmeier/*Wenner*, § 20 Rn. 294 f. m. N.

(c) Komplizierte Regeln für Anfechtungen

Auch die Anknüpfung der insolvenzrechtlichen Anfechtungsvorschriften ist im geltenden Recht kompliziert, weil der Gesetz- und Verordnungsgeber sich für eine Kumulationslösung entschieden haben, die das Insolvenzstatut und das Vertragsstatut ins Spiel bringen (Art. 4 Abs. 2 lit. m) i. V. m. Art. 13 EuInsVO, § 339 InsO). Zu welchem Ergebnis diese Kumulation führt, ist nicht immer einfach zu ermitteln. **691**

> Kritisch Mohrbutter/Ringstmeier/*Wenner*, § 20 Rn. 40 ff.

Anhang

ABC des Internationalen Vertragsrechts

Wie jedes Fachgebiet hat auch das IPR seine eigene Sprache. Einige zentrale 692
Begriffe seien nachfolgend stichwortartig erläutert.

Angleichung

Im IPR kann es dazu kommen, dass verschiedene Rechtsordnungen auf den- 693
selben Sachverhalt zur Anwendung kommen. Dieses Nebeneinander kann zu
widersprechenden Rechtsfolgen führen. Die Lösung dieses Widerspruchs erfolgt durch Angleichung (auch Anpassung) des Kollisionsrechts oder der beteiligten materiellen Rechte.

> Beispiel bei *Thode/Wenner*, Rn. 24, 380–382.

Anknüpfung

Die Zuweisung eines Sachverhalts an eine Rechtsordnung. 694

Anpassung

Synonym für → Angleichung. 695

Eingriffsnorm

Eine Norm, die sich gegen das Schuldstatut durchsetzen möchte, also unge- 696
achtet des Schuldstatuts angewandt werden will (Art. 9 Rom I-VO). Dabei
handelt es sich um „international zwingende" wirtschafts- oder sozialpolitische Normen, die nicht so sehr im Interesse der Vertragsparteien, sondern
im übergeordneten Staatsinteresse erlassen wurden.

Gesamtnormverweisung

Verweisung auf die gesamte Rechtsordnung einschließlich des Kollisions- 697
rechts eines anderen Staats. Das Gegenteil ist die → Sachnormverweisung,
welche auf das Sachrecht eines Staats verweist. Bei einer Gesamtverweisung
beachten wir, was das ausländische Kollisionsrecht sagt. Es kann deshalb zu
einer → Rückverweisung oder zu einer → Weiterverweisung kommen, die
das ausländische Kollisionsrecht ausspricht und von uns beachtet wird. Der
Grundsatz der Gesamtnormverweisung (oder Gesamtverweisung) ist die
Grundregel im deutschen IPR (Art. 4 Abs. 1 EGBGB). Die Sachnormverweisung hingegen ist die Regel im Internationalen Vertragsrecht (Art. 20
Rom I-VO; vgl. auch Art. 4 Abs. 2 EGBGB).

Internationales Privatrecht (IPR)

Regelt die Anwendbarkeit materieller Privatrechtsordnungen verschiedener 698
Staaten. IPR ist Teil des → Kollisionsrechts. Der Begriff IPR ist irreführend:
IPR ist nationales, nicht internationales Recht. Jeder Staat (oder Staatengemeinschaft) hat sein eigenes IPR.

Kollisionsnorm

699   Norm des → Kollisionsrechts, also eine Norm, die einen Sachverhalt einer Rechtsordnung zur Beurteilung zuweist. Es gibt verschiedene Arten, z. B. einseitige, allseitige, versteckte, *selbstständige* und *unselbstständige* Kollisionsnormen.

Kollisionsrecht

700   Regelt die Anwendbarkeit verschiedener → materieller Rechtsordnungen. Im Zusammenhang mit IPR meint man Internationales Kollisionsrecht. Dieses regelt die Anwendbarkeit materieller Rechte verschiedener Staaten. Der Begriff ist weiter als der des IPR, weil er mehr umfasst als die privatrechtlichen Kollisionsnormen.

> Es gibt auch intertemporales, interlokales und interpersonales Kollisionsrecht.

Lex fori

701   Recht des Gerichtsstaats.

Lex rei sitae

702   Das Recht des Orts, an dem die Sache belegen ist.

Materielles Recht

703   Das Sachrecht, dessen Ermittlung das → Kollisionsrecht dient.

Ordre public

704   Wesentliche Grundsätze einer Rechtsordnung, gegen die nicht verstoßen werden darf. Diese inländische öffentliche Ordnung bildet die Grenze der Anwendung ausländischen Rechts (Art. 6 EGBGB, Art. 21 Rom I-VO). Ausländisches Recht wird danach nicht angewandt, wenn seine Anwendung zu einem mit wesentlichen Grundsätzen des deutschen Rechts nicht vereinbaren Ergebnis führen würde (Schmerzgrenze).

> Noch großzügiger ist der anerkennungsrechtliche ordre public im Verfahrensrecht (z. B. § 328 Abs. 1 Nr. 4 ZPO), dazu BGH, Urt. v. 21.4.1998 – XI ZR 377/97, NJW 1998, 2358.

Parteiautonomie

705   Die Freiheit der Parteien, das anwendbare materielle Recht zu wählen. Die kollisionsrechtliche Parteiautonomie erlaubt die Wahl oder Abwahl des Vertragsstatuts einschließlich seiner zwingenden Bestimmungen. Materiellrechtliche Parteiautonomie ist Ausfluss der Vertragsfreiheit. Sie berührt die zwingenden Bestimmungen des Vertragsstatuts nicht.

Qualifikation

706   Die Tatbestandsmerkmale einer Kollisionsnorm enthalten häufig Begriffe, die dem eigenen nationalen Recht entnommen sind. Die Auslegung dieser Systembegriffe nennt man Qualifikation.

Beispiele bei *Thode/Wenner*, Rn. 16–21.

Rückverweisung

Verweist unser Kollisionsrecht auf die Kollisionsnorm eines fremden Staats, 707
so kann diese Kollisionsnorm unsere Verweisung annehmen (also auf eigenes
Recht verweisen), auf unser Recht zurückverweisen (Rückverweisung) oder
auf ein drittes Recht weiterverweisen (→ Weiterverweisung).

Sachnorm

Eine Norm des → materiellen Rechts. Im Unterschied zur → Kollisionsnorm 708
enthält die Sachnorm eine Sachentscheidung.

Sachnormverweisung

Verweist auf die Sachnormen der Rechtsordnung eines Staats (Art. 3 Abs. 1 709
Satz 2 EGBGB). Das bedeutet: Das Kollisionsrecht des fremden Staats wird
nicht beachtet. Der Grundsatz der Sachnormverweisung gilt beispielsweise
im Internationalen Vertragsrecht (Art. 20 Rom I-VO). Gegenteil der Sachnormverweisung ist die → Gesamtnormverweisung.

Statut

Das anwendbare Recht. IPR ist der Weg, Statut ist das Ziel. Beispiel: Das 710
nach den Regeln des IPR zu bestimmende Vertragsstatut ist das auf den Vertrag anzuwendende Vertragsrecht. Das Sachenrechtsstatut umfasst die Gruppe
der sachenrechtlichen Normen, welche den sachenrechtlichen Teil des Falls
regeln.

Substitution

Hier wird gefragt, ob die Tatbestandsvoraussetzung einer inländischen Norm 711
auch durch einen Vorgang erfüllt werden kann, der im Ausland stattfindet.

> Beispielsweise stellt sich die Frage, ob die im Inland geforderte
> notarielle Beurkundung auch vor einem ausländischen Notar erfolgen kann. Weiteres Beispiel: Ist § 240 ZPO anwendbar, wenn
> das Insolvenzverfahren im Ausland eröffnet wurde?

Vertragsstatut

Das auf den Vertrag anzuwendende → Statut, also das materielle Vertrags- 712
recht.

Verweisung

Rechtsfolge einer → Kollisionsnorm. 713

Verweisungsrecht

Synonym für → Kollisionsrecht. 714

Vorfrage

Vorfragen stellen sich, wenn man bei Anknüpfung eines Sachverhalts auf den 715
Tatbestand einer Kollisions- oder Sachnorm stößt, in dem ein Rechtsverhält-

nis oder eine Rechtsfrage eine Rolle spielt. Wie dies zu beurteilen ist, ist eine Vorfrage, welche einer gesonderten kollisionsrechtlichen Betrachtung unterworfen wird (Einzelheiten sind streitig).

Weiterverweisung

716 Verweist unser Kollisionsrecht auf die Kollisionsnorm eines fremden Staats, so kann diese Kollisionsnorm unsere Verweisung annehmen (verweist also auf eigenes Recht), auf ein drittes Recht weiterverweisen (Weiterverweisung) oder auf unser Recht zurückverweisen (→ Rückverweisung).

Verordnung (EG) Nr. 593/2008 des Europäischen Parlaments und des Rates vom 17. Juni 2008 über das auf vertragliche Schuldverhältnisse anzuwendende Recht (Rom I)

Verordnung vom 17.6.2008
(Amtsblatt Nr. L 177 vom 4.7.2008, S. 6, ber.
Amtsblatt Nr. L 309 vom 24.11.2009, S. 87)

In Kraft getreten teils am 17.6.2009 (Art. 26),
im Wesentlichen am 17.12.2009

Erwägungsgründe

DAS EUROPÄISCHE PARLAMENT UND DER RAT DER EUROPÄISCHEN UNION –

gestützt auf den Vertrag zur Gründung der Europäischen Gemeinschaft, insbesondere auf Artikel 61 Buchstabe c und Artikel 67 Absatz 5, zweiter Gedankenstrich,

auf Vorschlag der Kommission,

nach Stellungnahme des Europäischen Wirtschafts- und Sozialausschusses,[1]

gemäß dem Verfahren des Artikels 251 des Vertrags,[2]

in Erwägung nachstehender Gründe:

(1) Die Gemeinschaft hat sich zum Ziel gesetzt, einen Raum der Freiheit, der Sicherheit und des Rechts zu erhalten und weiterzuentwickeln. Zur schrittweisen Schaffung dieses Raums muss die Gemeinschaft im Bereich der justiziellen Zusammenarbeit in Zivilsachen, die einen grenzüberschreitenden Bezug aufweisen, Maßnahmen erlassen, soweit sie für das reibungslose Funktionieren des Binnenmarkts erforderlich sind.

(2) Nach Artikel 65 Buchstabe b des Vertrags schließen diese Maßnahmen solche ein, die die Vereinbarkeit der in den Mitgliedstaaten geltenden Kollisionsnormen und Vorschriften zur Vermeidung von Kompetenzkonflikten fördern.

(3) Auf seiner Tagung vom 15. und 16. Oktober 1999 in Tampere hat der Europäische Rat den Grundsatz der gegenseitigen Anerkennung von Urteilen und anderen Entscheidungen von Justizbehörden als Eckstein der justiziellen Zusammenarbeit in Zivilsachen unterstützt und den Rat und die Kom-

---

1) ABl. C 318 vom 23.12.2006, S. 56.
2) Stellungnahme des Europäischen Parlaments vom 29. November 2007 (noch nicht im Amtsblatt veröffentlicht) und Beschluss des Rates vom 5. Juni 2008.

mission ersucht, ein Maßnahmenprogramm zur Umsetzung dieses Grundsatzes anzunehmen.

(4) Der Rat hat am 30. November 2000 ein gemeinsames Maßnahmenprogramm der Kommission und des Rates zur Umsetzung des Grundsatzes der gegenseitigen Anerkennung gerichtlicher Entscheidungen in Zivil- und Handelssachen verabschiedet.[3] Nach dem Programm können Maßnahmen zur Harmonisierung der Kollisionsnormen dazu beitragen, die gegenseitige Anerkennung gerichtlicher Entscheidungen zu vereinfachen.

(5) In dem vom Europäischen Rat am 5. November 2004 angenommenen Haager Programm[4] wurde dazu aufgerufen, die Beratungen über die Regelung der Kollisionsnormen für vertragliche Schuldverhältnisse („Rom I") energisch voranzutreiben.

(6) Um den Ausgang von Rechtsstreitigkeiten vorhersehbarer zu machen und die Sicherheit in Bezug auf das anzuwendende Recht sowie den freien Verkehr gerichtlicher Entscheidungen zu fördern, müssen die in den Mitgliedstaaten geltenden Kollisionsnormen im Interesse eines reibungslos funktionierenden Binnenmarkts unabhängig von dem Staat, in dem sich das Gericht befindet, bei dem der Anspruch geltend gemacht wird, dasselbe Recht bestimmen.

(7) Der materielle Anwendungsbereich und die Bestimmungen dieser Verordnung sollten mit der Verordnung (EG) Nr. 44/2001 des Rates vom 22. Dezember 2000 über die gerichtliche Zuständigkeit und die Anerkennung und Vollstreckung von Entscheidungen in Zivil- und Handelssachen („Brüssel I")[5] und der Verordnung (EG) Nr. 864/2007 des Europäischen Parlaments und des Rates vom 11. Juli 2007 über das auf außervertragliche Schuldverhältnisse anzuwendende Recht („Rom II")[6] im Einklang stehen.

(8) Familienverhältnisse sollten die Verwandtschaft in gerader Linie, die Ehe, die Schwägerschaft und die Verwandtschaft in der Seitenlinie umfassen. Die Bezugnahme in Artikel 1 Absatz 2 auf Verhältnisse, die mit der Ehe oder anderen Familienverhältnissen vergleichbare Wirkungen entfalten, sollte nach dem Recht des Mitgliedstaats, in dem sich das angerufene Gericht befindet, ausgelegt werden.

(9) Unter Schuldverhältnisse aus Wechseln, Schecks, Eigenwechseln und anderen handelbaren Wertpapieren sollten auch Konnossemente fallen, soweit die Schuldverhältnisse aus dem Konnossement aus dessen Handelbarkeit entstehen.

---

3) ABl. C 12 vom 15.1.2001, S. 1.
4) ABl. C 53 vom 3.3.2005, S. 1.
5) ABl. L 12 vom 16.1.2001, S. 1. Zuletzt geändert durch die Verordnung (EG) Nr. 1791/2006 (ABl. L 363 vom 20.12.2006, S. 1).
6) ABl. L 199 vom 31.7.2007, S. 40.

(10) Schuldverhältnisse, die aus Verhandlungen vor Abschluss eines Vertrags entstehen, fallen unter Artikel 12 der Verordnung (EG) Nr. 864/2007. Sie sollten daher vom Anwendungsbereich dieser Verordnung ausgenommen werden.

(11) Die freie Rechtswahl der Parteien sollte einer der Ecksteine des Systems der Kollisionsnormen im Bereich der vertraglichen Schuldverhältnisse sein.

(12) Eine Vereinbarung zwischen den Parteien, dass ausschließlich ein Gericht oder mehrere Gerichte eines Mitgliedstaats für Streitigkeiten aus einem Vertrag zuständig sein sollen, sollte bei der Feststellung, ob eine Rechtswahl eindeutig getroffen wurde, einer der zu berücksichtigenden Faktoren sein.

(13) Diese Verordnung hindert die Parteien nicht daran, in ihrem Vertrag auf ein nichtstaatliches Regelwerk oder ein internationales Übereinkommen Bezug zu nehmen.

(14) Sollte die Gemeinschaft in einem geeigneten Rechtsakt Regeln des materiellen Vertragsrechts, einschließlich vertragsrechtlicher Standardbestimmungen, festlegen, so kann in einem solchen Rechtsakt vorgesehen werden, dass die Parteien entscheiden können, diese Regeln anzuwenden.

(15) Wurde eine Rechtswahl getroffen und sind alle anderen Elemente des Sachverhalts in einem anderen als demjenigen Staat belegen, dessen Recht gewählt wurde, so sollte die Rechtswahl nicht die Anwendung derjenigen Bestimmungen des Rechts dieses anderen Staates berühren, von denen nicht durch Vereinbarung abgewichen werden kann. Diese Regel sollte unabhängig davon angewandt werden, ob die Rechtswahl zusammen mit einer Gerichtsstandsvereinbarung getroffen wurde oder nicht. Obwohl keine inhaltliche Änderung gegenüber Artikel 3 Absatz 3 des Übereinkommens von 1980 über das auf vertragliche Schuldverhältnisse anzuwendende Recht[7] („Übereinkommen von Rom") beabsichtigt ist, ist der Wortlaut der vorliegenden Verordnung so weit wie möglich an Artikel 14 der Verordnung (EG) Nr. 864/2007 angeglichen.

(16) Die Kollisionsnormen sollten ein hohes Maß an Berechenbarkeit aufweisen, um zum allgemeinen Ziel dieser Verordnung, nämlich zur Rechtssicherheit im europäischen Rechtsraum, beizutragen. Dennoch sollten die Gerichte über ein gewisses Ermessen verfügen, um das Recht bestimmen zu können, das zu dem Sachverhalt die engste Verbindung aufweist.

(17) Soweit es das mangels einer Rechtswahl anzuwendende Recht betrifft, sollten die Begriffe „Erbringung von Dienstleistungen" und „Verkauf beweglicher Sachen" so ausgelegt werden wie bei der Anwendung von Artikel 5 der Verordnung (EG) Nr. 44/2001, soweit der Verkauf beweglicher Sachen und die Erbringung von Dienstleistungen unter jene Verordnung fallen. Franchise-

---

[7] ABl. C 334 vom 30.12.2005, S. 1.

verträge und Vertriebsverträge sind zwar Dienstleistungsverträge, unterliegen jedoch besonderen Regeln.

(18) Hinsichtlich des mangels einer Rechtswahl anzuwendenden Rechts sollten unter multilateralen Systemen solche Systeme verstanden werden, in denen Handel betrieben wird, wie die geregelten Märkte und multilateralen Handelssysteme im Sinne des Artikels 4 der Richtlinie 2004/39/EG des Europäischen Parlaments und des Rates vom 21. April 2004 über Märkte für Finanzinstrumente,[8] und zwar ungeachtet dessen, ob sie sich auf eine zentrale Gegenpartei stützen oder nicht.

(19) Wurde keine Rechtswahl getroffen, so sollte das anzuwendende Recht nach der für die Vertragsart spezifizierten Regel bestimmt werden. Kann der Vertrag nicht einer der spezifizierten Vertragsarten zugeordnet werden oder sind die Bestandteile des Vertrags durch mehr als eine der spezifizierten Vertragsarten abgedeckt, so sollte der Vertrag dem Recht des Staates unterliegen, in dem die Partei, welche die für den Vertrag charakteristische Leistung zu erbringen hat, ihren gewöhnlichen Aufenthalt hat. Besteht ein Vertrag aus einem Bündel von Rechten und Verpflichtungen, die mehr als einer der spezifizierten Vertragsarten zugeordnet werden können, so sollte die charakteristische Leistung des Vertrags nach ihrem Schwerpunkt bestimmt werden.

(20) Weist ein Vertrag eine offensichtlich engere Verbindung zu einem anderen als dem in Artikel 4 Absätze 1 und 2 genannten Staat auf, so sollte eine Ausweichklausel vorsehen, dass das Recht dieses anderen Staats anzuwenden ist. Zur Bestimmung dieses Staates sollte unter anderem berücksichtigt werden, ob der betreffende Vertrag in einer sehr engen Verbindung zu einem oder mehreren anderen Verträgen steht.

(21) Kann das bei Fehlen einer Rechtswahl anzuwendende Recht weder aufgrund der Zuordnung des Vertrags zu einer der spezifizierten Vertragsarten noch als das Recht des Staates bestimmt werden, in dem die Partei, die die für den Vertrag charakteristische Leistung zu erbringen hat, ihren gewöhnlichen Aufenthalt hat, so sollte der Vertrag dem Recht des Staates unterliegen, zu dem er die engste Verbindung aufweist. Bei der Bestimmung dieses Staates sollte unter anderem berücksichtigt werden, ob der betreffende Vertrag in einer sehr engen Verbindung zu einem oder mehreren anderen Verträgen steht.

(22) In Bezug auf die Auslegung von „Güterbeförderungsverträgen" ist keine inhaltliche Abweichung von Artikel 4 Absatz 4 Satz 3 des Übereinkommens von Rom beabsichtigt. Folglich sollten als Güterbeförderungsverträge auch Charterverträge für eine einzige Reise und andere Verträge gelten, die in der Hauptsache der Güterbeförderung dienen. Für die Zwecke dieser Verord-

---

8) ABl. L 145 vom 30.4.2004, S. 1. Zuletzt geändert durch die Richtlinie 2008/10/EG (ABl. L 76 vom 19.3.2008, S. 33).

nung sollten der Begriff „Absender" eine Person bezeichnen, die mit dem Beförderer einen Beförderungsvertrag abschließt, und der Begriff „Beförderer" die Vertragspartei, die sich zur Beförderung der Güter verpflichtet, unabhängig davon, ob sie die Beförderung selbst durchführt.

(23) Bei Verträgen, bei denen die eine Partei als schwächer angesehen wird, sollte die schwächere Partei durch Kollisionsnormen geschützt werden, die für sie günstiger sind als die allgemeinen Regeln.

(24) Insbesondere bei Verbraucherverträgen sollte die Kollisionsnorm es ermöglichen, die Kosten für die Beilegung von Rechtsstreitigkeiten zu senken, die häufig einen geringen Streitwert haben, und der Entwicklung des Fernabsatzes Rechnung zu tragen. Um die Übereinstimmung mit der Verordnung (EG) Nr. 44/2001 zu wahren, ist zum einen als Voraussetzung für die Anwendung der Verbraucherschutznorm auf das Kriterium der ausgerichteten Tätigkeit zu verweisen und zum anderen auf die Notwendigkeit, dass dieses Kriterium in der Verordnung (EG) Nr. 44/2001 und der vorliegenden Verordnung einheitlich ausgelegt wird, wobei zu beachten ist, dass eine gemeinsame Erklärung des Rates und der Kommission zu Artikel 15 der Verordnung (EG) Nr. 44/2001 ausführt, „dass es für die Anwendung von Artikel 15 Absatz 1 Buchstabe c nicht ausreicht, dass ein Unternehmen seine Tätigkeiten auf den Mitgliedstaat, in dem der Verbraucher seinen Wohnsitz hat, oder auf mehrere Staaten – einschließlich des betreffenden Mitgliedstaats –, ausrichtet, sondern dass im Rahmen dieser Tätigkeiten auch ein Vertrag geschlossen worden sein muss." Des Weiteren heißt es in dieser Erklärung, „dass die Zugänglichkeit einer Website allein nicht ausreicht, um die Anwendbarkeit von Artikel 15 zu begründen; vielmehr ist erforderlich, dass diese Website auch den Vertragsabschluss im FernAbsatz anbietet und dass tatsächlich ein Vertragsabschluss im FernAbsatz erfolgt ist, mit welchem Mittel auch immer. Dabei sind auf einer Website die benutzte Sprache oder die Währung nicht von Bedeutung."

(25) Die Verbraucher sollten dann durch Regelungen des Staates ihres gewöhnlichen Aufenthalts geschützt werden, von denen nicht durch Vereinbarung abgewichen werden kann, wenn der Vertragsschluss darauf zurückzuführen ist, dass der Unternehmer in diesem bestimmten Staat eine berufliche oder gewerbliche Tätigkeit ausübt. Der gleiche Schutz sollte gewährleistet sein, wenn ein Unternehmer zwar keine beruflichen oder gewerblichen Tätigkeiten in dem Staat, in dem der Verbraucher seinen gewöhnlichen Aufenthalt hat, ausübt, seine Tätigkeiten aber – unabhängig von der Art und Weise, in der dies geschieht – auf diesen Staat oder auf mehrere Staaten, einschließlich dieses Staates, ausrichtet und der Vertragsschluss auf solche Tätigkeiten zurückzuführen ist.

(26) Für die Zwecke dieser Verordnung sollten Finanzdienstleistungen wie Wertpapierdienstleistungen und Anlagetätigkeiten und Nebendienstleistungen nach Anhang I Abschnitt A und Abschnitt B der Richtlinie 2004/39/EG,

die ein Unternehmer für einen Verbraucher erbringt, sowie Verträge über den Verkauf von Anteilen an Organismen für gemeinsame Anlagen in Wertpapieren, selbst wenn sie nicht unter die Richtlinie 85/611/EWG des Rates vom 20. Dezember 1985 zur Koordinierung der Rechts- und Verwaltungsvorschriften betreffend bestimmte Organismen für gemeinsame Anlagen in Wertpapieren (OGAW)[9] fallen, Artikel 6 der vorliegenden Verordnung unterliegen. Daher sollten, wenn die Bedingungen für die Ausgabe oder das öffentliche Angebot bezüglich übertragbarer Wertpapiere oder die Zeichnung oder der Rückkauf von Anteilen an Organismen für gemeinsame Anlagen in Wertpapieren erwähnt werden, darunter alle Aspekte fallen, durch die sich der Emittent bzw. Anbieter gegenüber dem Verbraucher verpflichtet, nicht aber diejenigen Aspekte, die mit der Erbringung von Finanzdienstleistungen im Zusammenhang stehen.

(27) Es sollten verschiedene Ausnahmen von der allgemeinen Kollisionsnorm für Verbraucherverträge vorgesehen werden. Eine solche Ausnahme, bei der die allgemeinen Regeln nicht gelten, sollten Verträge sein, die ein dingliches Recht an unbeweglichen Sachen oder die Miete oder Pacht unbeweglicher Sachen zum Gegenstand haben, mit Ausnahme von Verträgen über Teilzeitnutzungsrechte an Immobilien im Sinne der Richtlinie 94/47/EG des Europäischen Parlaments und des Rates vom 26. Oktober 1994 zum Schutz der Erwerber im Hinblick auf bestimmte Aspekte von Verträgen über den Erwerb von Teilzeitnutzungsrechten an Immobilien.[10]

(28) Es muss sichergestellt werden, dass Rechte und Verpflichtungen, die ein Finanzinstrument begründen, nicht der allgemeinen Regel für Verbraucherverträge unterliegen, da dies dazu führen könnte, dass für jedes der ausgegebenen Instrumente ein anderes Recht anzuwenden wäre, wodurch ihr Wesen verändert würde und ihr fungibler Handel und ihr fungibles Angebot verhindert würden. Entsprechend sollte auf das Vertragsverhältnis zwischen dem Emittenten bzw. dem Anbieter und dem Verbraucher bei Ausgabe oder Angebot solcher Instrumente nicht notwendigerweise die Anwendung des Rechts des Staates des gewöhnlichen Aufenthalts des Verbrauchers zwingend vorgeschrieben sein, da die Einheitlichkeit der Bedingungen einer Ausgabe oder eines Angebots sichergestellt werden muss. Gleiches sollte bei den multilateralen Systemen, die von Artikel 4 Absatz 1 Buchstabe h erfasst werden, gelten, in Bezug auf die gewährleistet sein sollte, dass das Recht des Staates des gewöhnlichen Aufenthalts des Verbrauchers nicht die Regeln berührt, die auf innerhalb solcher Systeme oder mit dem Betreiber solcher Systeme geschlossene Verträge anzuwenden sind.

(29) Werden für die Zwecke dieser Verordnung Rechte und Verpflichtungen, durch die die Bedingungen für die Ausgabe, das öffentliche Angebot oder das

---

9) ABl. L 375 vom 31.12.1985, S. 3. Zuletzt geändert durch die Richtlinie 2008/18/EG des Europäischen Parlaments und des Rates (ABl. L 76 vom 19.3.2008, S. 42).
10) ABl. L 280 vom 29.10.1994, S. 83.

öffentliche Übernahmeangebot bezüglich übertragbarer Wertpapiere festgelegt werden, oder die Zeichnung oder der Rückkauf von Anteilen an Organismen für gemeinsame Anlagen in Wertpapieren genannt, so sollten darunter auch die Bedingungen für die Zuteilung von Wertpapieren oder Anteilen, für die Rechte im Falle einer Überzeichnung, für Ziehungsrechte und ähnliche Fälle im Zusammenhang mit dem Angebot sowie die in den Artikeln 10, 11, 12 und 13 geregelten Fälle fallen, so dass sichergestellt ist, dass alle relevanten Vertragsaspekte eines Angebots, durch das sich der Emittent bzw. Anbieter gegenüber dem Verbraucher verpflichtet, einem einzigen Recht unterliegen.

(30) Für die Zwecke dieser Verordnung bezeichnen die Begriffe „Finanzinstrumente" und „übertragbare Wertpapiere" diejenigen Instrumente, die in Artikel 4 der Richtlinie 2004/39/EG genannt sind.

(31) Die Abwicklung einer förmlichen Vereinbarung, die als ein System im Sinne von Artikel 2 Buchstabe a der Richtlinie 98/26/EG des Europäischen Parlaments und des Rates vom 19. Mai 1998 über die Wirksamkeit von Abrechnungen in Zahlungs- sowie Wertpapierliefer- und -abrechnungssystemen[11] ausgestaltet ist, sollte von dieser Verordnung unberührt bleiben.

(32) Wegen der Besonderheit von Beförderungsverträgen und Versicherungsverträgen sollten besondere Vorschriften ein angemessenes Schutzniveau für zu befördernde Personen und Versicherungsnehmer gewährleisten. Deshalb sollte Artikel 6 nicht im Zusammenhang mit diesen besonderen Verträgen gelten.

(33) Deckt ein Versicherungsvertrag, der kein Großrisiko deckt, mehr als ein Risiko, von denen mindestens eines in einem Mitgliedstaat und mindestens eines in einem dritten Staat belegen ist, so sollten die besonderen Regelungen für Versicherungsverträge in dieser Verordnung nur für die Risiken gelten, die in dem betreffenden Mitgliedstaat bzw. den betreffenden Mitgliedstaaten belegen sind.

(34) Die Kollisionsnorm für Individualarbeitsverträge sollte die Anwendung von Eingriffsnormen des Staates, in der der Arbeitnehmer im Einklang mit der Richtlinie 96/71/EG des Europäischen Parlaments und des Rates vom 16. Dezember 1996 über die Entsendung von Arbeitnehmern im Rahmen der Erbringung von Dienstleistungen[12] entsandt wird, unberührt lassen.

(35) Den Arbeitnehmern sollte nicht der Schutz entzogen werden, der ihnen durch Bestimmungen gewährt wird, von denen nicht oder nur zu ihrem Vorteil durch Vereinbarung abgewichen werden darf.

(36) Bezogen auf Individualarbeitsverträge sollte die Erbringung der Arbeitsleistung in einem anderen Staat als vorübergehend gelten, wenn von dem

---

11) ABl. L 166 vom 11.6.1998, S. 45.
12) ABl. L 18 vom 21.1.1997, S. 1.

Arbeitnehmer erwartet wird, dass er nach seinem Arbeitseinsatz im Ausland seine Arbeit im Herkunftsstaat wieder aufnimmt. Der Abschluss eines neuen Arbeitsvertrags mit dem ursprünglichen Arbeitgeber oder einem Arbeitgeber, der zur selben Unternehmensgruppe gehört wie der ursprüngliche Arbeitgeber, sollte nicht ausschließen, dass der Arbeitnehmer als seine Arbeit vorübergehend in einem anderen Staat verrichtend gilt.

(37) Gründe des öffentlichen Interesses rechtfertigen es, dass die Gerichte der Mitgliedstaaten unter außergewöhnlichen Umständen die Vorbehaltsklausel („ordre public") und Eingriffsnormen anwenden können. Der Begriff „Eingriffsnormen" sollte von dem Begriff „Bestimmungen, von denen nicht durch Vereinbarung abgewichen werden kann", unterschieden und enger ausgelegt werden.

(38) Im Zusammenhang mit der Übertragung der Forderung sollte mit dem Begriff „Verhältnis" klargestellt werden, dass Artikel 14 Absatz 1 auch auf die dinglichen Aspekte des Vertrags zwischen Zedent und Zessionar anwendbar ist, wenn eine Rechtsordnung dingliche und schuldrechtliche Aspekte trennt. Allerdings sollte mit dem Begriff „Verhältnis" nicht jedes beliebige möglicherweise zwischen dem Zedenten und dem Zessionar bestehende Verhältnis gemeint sein. Insbesondere sollte sich der Begriff nicht auf die der Übertragung einer Forderung vorgelagerten Fragen erstrecken. Vielmehr sollte er sich ausschließlich auf die Aspekte beschränken, die für die betreffende Übertragung einer Forderung unmittelbar von Bedeutung sind.

(39) Aus Gründen der Rechtssicherheit sollte der Begriff „gewöhnlicher Aufenthalt", insbesondere im Hinblick auf Gesellschaften, Vereine und juristische Personen, eindeutig definiert werden. Im Unterschied zu Artikel 60 Absatz 1 der Verordnung (EG) Nr. 44/2001, der drei Kriterien zur Wahl stellt, sollte sich die Kollisionsnorm auf ein einziges Kriterium beschränken, da es für die Parteien andernfalls nicht möglich wäre, vorherzusehen, welches Recht auf ihren Fall anwendbar ist.

(40) Die Aufteilung der Kollisionsnormen auf zahlreiche Rechtsakte sowie Unterschiede zwischen diesen Normen sollten vermieden werden. Diese Verordnung sollte jedoch die Möglichkeit der Aufnahme von Kollisionsnormen für vertragliche Schuldverhältnisse in Vorschriften des Gemeinschaftsrechts über besondere Gegenstände nicht ausschließen. Diese Verordnung sollte die Anwendung anderer Rechtsakte nicht ausschließen, die Bestimmungen enthalten, die zum reibungslosen Funktionieren des Binnenmarkts beitragen sollen, soweit sie nicht in Verbindung mit dem Recht angewendet werden können, auf das die Regeln dieser Verordnung verweisen. Die Anwendung der Vorschriften im anzuwendenden Recht, die durch die Bestimmungen dieser Verordnung berufen wurden, sollte nicht die Freiheit des Waren- und Dienstleistungsverkehrs, wie sie in den Rechtsinstrumenten der Gemeinschaft wie der Richtlinie 2000/31/EG des Europäischen Parlaments und des Rates vom 8. Juni 2000 über bestimmte rechtliche Aspekte der Dienste der

Informationsgesellschaft, insbesondere des elektronischen Geschäftsverkehrs, im Binnenmarkt („Richtlinie über den elektronischen Geschäftsverkehr")[13] ausgestaltet ist, beschränken.

(41) Um die internationalen Verpflichtungen, die die Mitgliedstaaten eingegangen sind, zu wahren, darf sich die Verordnung nicht auf internationale Übereinkommen auswirken, denen ein oder mehrere Mitgliedstaaten zum Zeitpunkt der Annahme dieser Verordnung angehören. Um den Zugang zu den Rechtsakten zu erleichtern, sollte die Kommission anhand der Angaben der Mitgliedstaaten ein Verzeichnis der betreffenden Übereinkommen im Amtsblatt der Europäischen Union veröffentlichen.

(42) Die Kommission wird dem Europäischen Parlament und dem Rat einen Vorschlag unterbreiten, nach welchen Verfahren und unter welchen Bedingungen die Mitgliedstaaten in Einzel- und Ausnahmefällen in eigenem Namen Übereinkünfte mit Drittländern über sektorspezifische Fragen aushandeln und abschließen dürfen, die Bestimmungen über das auf vertragliche Schuldverhältnisse anzuwendende Recht enthalten.

(43) Da das Ziel dieser Verordnung auf Ebene der Mitgliedstaaten nicht ausreichend verwirklicht werden kann und daher wegen des Umfangs und der Wirkungen der Verordnung besser auf Gemeinschaftsebene zu verwirklichen ist, kann die Gemeinschaft im Einklang mit dem in Artikel 5 des Vertrags niedergelegten Subsidiaritätsprinzip tätig werden. Entsprechend dem ebenfalls in diesem Artikel festgelegten Grundsatz der Verhältnismäßigkeit geht diese Verordnung nicht über das zur Erreichung ihres Ziels erforderliche Maß hinaus.

(44) Gemäß Artikel 3 des Protokolls über die Position des Vereinigten Königreichs und Irlands im Anhang zum Vertrag über die Europäische Union und im Anhang zum Vertrag zur Gründung der Europäischen Gemeinschaft beteiligt sich Irland an der Annahme und Anwendung dieser Verordnung.

(45) Gemäß den Artikeln 1 und 2 und unbeschadet des Artikels 4 des Protokolls über die Position des Vereinigten Königreichs und Irlands im Anhang zum Vertrag über die Europäische Union und zum Vertrag zur Gründung der Europäischen Gemeinschaft beteiligt sich das Vereinigte Königreich nicht an der Annahme dieser Verordnung, die für das Vereinigte Königreich nicht bindend oder anwendbar ist.

(46) Gemäß den Artikeln 1 und 2 des Protokolls über die Position Dänemarks im Anhang zum Vertrag über die Europäische Union und dem Vertrag zur Gründung der Europäischen Gemeinschaft beteiligt sich Dänemark nicht an der Annahme dieser Verordnung, die für Dänemark nicht bindend oder anwendbar ist –

HABEN FOLGENDE VERORDNUNG ERLASSEN:

---

13) ABl. L 178 vom 17.7.2000, S. 1.

Kapitel I
Anwendungsbereich

Artikel 1
Anwendungsbereich

(1) Diese Verordnung gilt für vertragliche Schuldverhältnisse in Zivil- und Handelssachen, die eine Verbindung zum Recht verschiedener Staaten aufweisen.

Sie gilt insbesondere nicht für Steuer- und Zollsachen sowie verwaltungsrechtliche Angelegenheiten.

(2) Vom Anwendungsbereich dieser Verordnung ausgenommen sind:

a) der Personenstand sowie die Rechts-, Geschäfts- und Handlungsfähigkeit von natürlichen Personen, unbeschadet des Artikels 13;

b) Schuldverhältnisse aus einem Familienverhältnis oder aus Verhältnissen, die nach dem auf diese Verhältnisse anzuwendenden Recht vergleichbare Wirkungen entfalten, einschließlich der Unterhaltspflichten;

c) Schuldverhältnisse aus ehelichen Güterständen, aus Güterständen aufgrund von Verhältnissen, die nach dem auf diese Verhältnisse anzuwendenden Recht mit der Ehe vergleichbare Wirkungen entfalten, und aus Testamenten und Erbrecht;

d) Verpflichtungen aus Wechseln, Schecks, Eigenwechseln und anderen handelbaren Wertpapieren, soweit die Verpflichtungen aus diesen anderen Wertpapieren aus deren Handelbarkeit entstehen;

e) Schieds- und Gerichtsstandsvereinbarungen;

f) Fragen betreffend das Gesellschaftsrecht, das Vereinsrecht und das Recht der juristischen Personen, wie die Errichtung durch Eintragung oder auf andere Weise, die Rechts- und Handlungsfähigkeit, die innere Verfassung und die Auflösung von Gesellschaften, Vereinen und juristischen Personen sowie die persönliche Haftung der Gesellschafter und der Organe für die Verbindlichkeiten einer Gesellschaft, eines Vereins oder einer juristischen Person;

g) die Frage, ob ein Vertreter die Person, für deren Rechnung er zu handeln vorgibt, Dritten gegenüber verpflichten kann, oder ob ein Organ einer Gesellschaft, eines Vereins oder einer anderen juristischen Person diese Gesellschaft, diesen Verein oder diese juristische Person gegenüber Dritten verpflichten kann;

h) die Gründung von „Trusts" sowie die dadurch geschaffenen Rechtsbeziehungen zwischen den Verfügenden, den Treuhändern und den Begünstigten;

i) Schuldverhältnisse aus Verhandlungen vor Abschluss eines Vertrags;

j) Versicherungsverträge aus von anderen Einrichtungen als den in Artikel 2 der Richtlinie 2002/83/EG des Europäischen Parlaments und des Rates vom 5. November 2002 über Lebensversicherungen[14] genannten Unternehmen durchgeführten Geschäften, deren Zweck darin besteht, den unselbstständig oder selbstständig tätigen Arbeitskräften eines Unternehmens oder einer Unternehmensgruppe oder den Angehörigen eines Berufes oder einer Berufsgruppe im Todes- oder Erlebensfall oder bei Arbeitseinstellung oder bei Minderung der Erwerbstätigkeit oder bei arbeitsbedingter Krankheit oder Arbeitsunfällen Leistungen zu gewähren.

(3) Diese Verordnung gilt unbeschadet des Artikels 18 nicht für den Beweis und das Verfahren.

(4) Im Sinne dieser Verordnung bezeichnet der Begriff „Mitgliedstaat" die Mitgliedstaaten, auf die diese Verordnung anwendbar ist. In Artikel 3 Absatz 4 und Artikel 7 bezeichnet der Begriff jedoch alle Mitgliedstaaten.

Artikel 2
Universelle Anwendung

Das nach dieser Verordnung bezeichnete Recht ist auch dann anzuwenden, wenn es nicht das Recht eines Mitgliedstaats ist.

Kapitel II
Einheitliche Kollisionsnormen

Artikel 3
Freie Rechtswahl

(1) Der Vertrag unterliegt dem von den Parteien gewählten Recht. Die Rechtswahl muss ausdrücklich erfolgen oder sich eindeutig aus den Bestimmungen des Vertrags oder aus den Umständen des Falles ergeben. Die Parteien können die Rechtswahl für ihren ganzen Vertrag oder nur für einen Teil desselben treffen.

(2) Die Parteien können jederzeit vereinbaren, dass der Vertrag nach einem anderen Recht zu beurteilen ist als dem, das zuvor entweder aufgrund einer früheren Rechtswahl nach diesem Artikel oder aufgrund anderer Vorschriften dieser Verordnung für ihn maßgebend war. Die Formgültigkeit des Vertrags im Sinne des Artikels 11 und Rechte Dritter werden durch eine nach Vertragsschluss erfolgende Änderung der Bestimmung des anzuwendenden Rechts nicht berührt.

---

14) ABl. L 345 vom 19.12.2002, S. 1. Zuletzt geändert durch die Richtlinie 2008/19/EG (ABl. L 76 vom 19.3.2008, S. 44).

(3) Sind alle anderen Elemente des Sachverhalts zum Zeitpunkt der Rechtswahl in einem anderen als demjenigen Staat belegen, dessen Recht gewählt wurde, so berührt die Rechtswahl der Parteien nicht die Anwendung derjenigen Bestimmungen des Rechts dieses anderen Staates, von denen nicht durch Vereinbarung abgewichen werden kann.

(4) Sind alle anderen Elemente des Sachverhalts zum Zeitpunkt der Rechtswahl in einem oder mehreren Mitgliedstaaten belegen, so berührt die Wahl des Rechts eines Drittstaats durch die Parteien nicht die Anwendung der Bestimmungen des Gemeinschaftsrechts – gegebenenfalls in der von dem Mitgliedstaat des angerufenen Gerichts umgesetzten Form –, von denen nicht durch Vereinbarung abgewichen werden kann.

(5) Auf das Zustandekommen und die Wirksamkeit der Einigung der Parteien über das anzuwendende Recht finden die Artikel 10, 11 und 13 Anwendung.

Artikel 4
Mangels Rechtswahl anzuwendendes Recht

(1) Soweit die Parteien keine Rechtswahl gemäß Artikel 3 getroffen haben, bestimmt sich das auf den Vertrag anzuwendende Recht unbeschadet der Artikel 5 bis 8 wie folgt:

a) Kaufverträge über bewegliche Sachen unterliegen dem Recht des Staates, in dem der Verkäufer seinen gewöhnlichen Aufenthalt hat.

b) Dienstleistungsverträge unterliegen dem Recht des Staates, in dem der Dienstleister seinen gewöhnlichen Aufenthalt hat.

c) Verträge, die ein dingliches Recht an unbeweglichen Sachen sowie die Miete oder Pacht unbeweglicher Sachen zum Gegenstand haben, unterliegen dem Recht des Staates, in dem die unbewegliche Sache belegen ist.

d) Ungeachtet des Buchstabens c unterliegt die Miete oder Pacht unbeweglicher Sachen für höchstens sechs aufeinander folgende Monate zum vorübergehenden privaten Gebrauch dem Recht des Staates, in dem der Vermieter oder Verpächter seinen gewöhnlichen Aufenthalt hat, sofern der Mieter oder Pächter eine natürliche Person ist und seinen gewöhnlichen Aufenthalt in demselben Staat hat.

e) Franchiseverträge unterliegen dem Recht des Staates, in dem der Franchisenehmer seinen gewöhnlichen Aufenthalt hat.

f) Vertriebsverträge unterliegen dem Recht des Staates, in dem der Vertriebshändler seinen gewöhnlichen Aufenthalt hat.

g) Verträge über den Kauf beweglicher Sachen durch Versteigerung unterliegen dem Recht des Staates, in dem die Versteigerung abgehalten wird, sofern der Ort der Versteigerung bestimmt werden kann.

h) Verträge, die innerhalb eines multilateralen Systems geschlossen werden, das die Interessen einer Vielzahl Dritter am Kauf und Verkauf von Finanzinstrumenten im Sinne von Artikel 4 Absatz 1 Nummer 17 der Richtlinie 2004/39/EG nach nicht diskretionären Regeln und nach Maßgabe eines einzigen Rechts zusammenführt oder das Zusammenführen fördert, unterliegen diesem Recht.

(2) Fällt der Vertrag nicht unter Absatz 1 oder sind die Bestandteile des Vertrags durch mehr als einen der Buchstaben a bis h des Absatzes 1 abgedeckt, so unterliegt der Vertrag dem Recht des Staates, in dem die Partei, welche die für den Vertrag charakteristische Leistung zu erbringen hat, ihren gewöhnlichen Aufenthalt hat.

(3) Ergibt sich aus der Gesamtheit der Umstände, dass der Vertrag eine offensichtlich engere Verbindung zu einem anderen als dem nach Absatz 1 oder 2 bestimmten Staat aufweist, so ist das Recht dieses anderen Staates anzuwenden.

(4) Kann das anzuwendende Recht nicht nach Absatz 1 oder 2 bestimmt werden, so unterliegt der Vertrag dem Recht des Staates, zu dem er die engste Verbindung aufweist.

Artikel 5
Beförderungsverträge

(1) Soweit die Parteien in Bezug auf einen Vertrag über die Beförderung von Gütern keine Rechtswahl nach Artikel 3 getroffen haben, ist das Recht des Staates anzuwenden, in dem der Beförderer seinen gewöhnlichen Aufenthalt hat, sofern sich in diesem Staat auch der Übernahmeort oder der Ablieferungsort oder der gewöhnliche Aufenthalt des Absenders befindet. Sind diese Voraussetzungen nicht erfüllt, so ist das Recht des Staates des von den Parteien vereinbarten Ablieferungsorts anzuwenden.

(2) Soweit die Parteien in Bezug auf einen Vertrag über die Beförderung von Personen keine Rechtswahl nach UnterAbsatz 2 getroffen haben, ist das anzuwendende Recht das Recht des Staates, in dem die zu befördernde Person ihren gewöhnlichen Aufenthalt hat, sofern sich in diesem Staat auch der Abgangsort oder der Bestimmungsort befindet. Sind diese Voraussetzungen nicht erfüllt, so ist das Recht des Staates anzuwenden, in dem der Beförderer seinen gewöhnlichen Aufenthalt hat.

Als auf einen Vertrag über die Beförderung von Personen anzuwendendes Recht können die Parteien im Einklang mit Artikel 3 nur das Recht des Staates wählen,

a) in dem die zu befördernde Person ihren gewöhnlichen Aufenthalt hat oder

b) in dem der Beförderer seinen gewöhnlichen Aufenthalt hat oder

c) in dem der Beförderer seine Hauptverwaltung hat oder

d) in dem sich der Abgangsort befindet oder
e) in dem sich der Bestimmungsort befindet.

(3) Ergibt sich aus der Gesamtheit der Umstände, dass der Vertrag im Falle fehlender Rechtswahl eine offensichtlich engere Verbindung zu einem anderen als dem nach Absatz 1 oder 2 bestimmten Staat aufweist, so ist das Recht dieses anderen Staates anzuwenden.

Artikel 6
Verbraucherverträge

(1) Unbeschadet der Artikel 5 und 7 unterliegt ein Vertrag, den eine natürliche Person zu einem Zweck, der nicht ihrer beruflichen oder gewerblichen Tätigkeit zugerechnet werden kann („Verbraucher"), mit einer anderen Person geschlossen hat, die in Ausübung ihrer beruflichen oder gewerblichen Tätigkeit handelt („Unternehmer"), dem Recht des Staates, in dem der Verbraucher seinen gewöhnlichen Aufenthalt hat, sofern der Unternehmer

a) seine berufliche oder gewerbliche Tätigkeit in dem Staat ausübt, in dem der Verbraucher seinen gewöhnlichen Aufenthalt hat, oder

b) eine solche Tätigkeit auf irgend einer Weise auf diesen Staat oder auf mehrere Staaten, einschließlich dieses Staates, ausrichtet

und der Vertrag in den Bereich dieser Tätigkeit fällt.

(2) Ungeachtet des Absatzes 1 können die Parteien das auf einen Vertrag, der die Anforderungen des Absatzes 1 erfüllt, anzuwendende Recht nach Artikel 3 wählen. Die Rechtswahl darf jedoch nicht dazu führen, dass dem Verbraucher der Schutz entzogen wird, der ihm durch diejenigen Bestimmungen gewährt wird, von denen nach dem Recht, das nach Absatz 1 mangels einer Rechtswahl anzuwenden wäre, nicht durch Vereinbarung abgewichen werden darf.

(3) Sind die Anforderungen des Absatzes 1 Buchstabe a oder b nicht erfüllt, so gelten für die Bestimmung des auf einen Vertrag zwischen einem Verbraucher und einem Unternehmer anzuwendenden Rechts die Artikel 3 und 4.

(4) Die Absätze 1 und 2 gelten nicht für:

a) Verträge über die Erbringung von Dienstleistungen, wenn die dem Verbraucher geschuldeten Dienstleistungen ausschließlich in einem anderen als dem Staat erbracht werden müssen, in dem der Verbraucher seinen gewöhnlichen Aufenthalt hat;

b) Beförderungsverträge mit Ausnahme von Pauschalreiseverträgen im Sinne der Richtlinie 90/314/EWG des Rates vom 13. Juni 1990 über Pauschalreisen;[15]

---

15) ABl. L 158 vom 23.6.1990, S. 59.

c) Verträge, die ein dingliches Recht an unbeweglichen Sachen oder die Miete oder Pacht unbeweglicher Sachen zum Gegenstand haben, mit Ausnahme der Verträge über Teilzeitnutzungsrechte an Immobilien im Sinne der Richtlinie 94/47/EG;

d) Rechte und Pflichten im Zusammenhang mit einem Finanzinstrument sowie Rechte und Pflichten, durch die die Bedingungen für die Ausgabe oder das öffentliche Angebot und öffentliche Übernahmeangebote bezüglich übertragbarer Wertpapiere und die Zeichnung oder den Rückkauf von Anteilen an Organismen für gemeinsame Anlagen in Wertpapieren festgelegt werden, sofern es sich dabei nicht um die Erbringung von Finanzdienstleistungen handelt;

e) Verträge, die innerhalb der Art von Systemen geschlossen werden, auf die Artikel 4 Absatz 1 Buchstabe h Anwendung findet.

Artikel 7
Versicherungsverträge

(1) Dieser Artikel gilt für Verträge nach Absatz 2, unabhängig davon, ob das gedeckte Risiko in einem Mitgliedstaat belegen ist, und für alle anderen Versicherungsverträge, durch die Risiken gedeckt werden, die im Gebiet der Mitgliedstaaten belegen sind. Er gilt nicht für Rückversicherungsverträge.

(2) Versicherungsverträge, die Großrisiken im Sinne von Artikel 5 Buchstabe d der Ersten Richtlinie 73/239/EWG des Rates vom 24. Juli 1973 zur Koordinierung der Rechts- und Verwaltungsvorschriften betreffend die Aufnahme und Ausübung der Tätigkeit der Direktversicherung (mit Ausnahme der Lebensversicherung)[16] decken, unterliegen dem von den Parteien nach Artikel 3 der vorliegenden Verordnung gewählten Recht.

Soweit die Parteien keine Rechtswahl getroffen haben, unterliegt der Versicherungsvertrag dem Recht des Staats, in dem der Versicherer seinen gewöhnlichen Aufenthalt hat. Ergibt sich aus der Gesamtheit der Umstände, dass der Vertrag eine offensichtlich engere Verbindung zu einem anderen Staat aufweist, ist das Recht dieses anderen Staates anzuwenden.

(3) Für Versicherungsverträge, die nicht unter Absatz 2 fallen, dürfen die Parteien nur die folgenden Rechte im Einklang mit Artikel 3 wählen:

a) das Recht eines jeden Mitgliedstaats, in dem zum Zeitpunkt des Vertragsschlusses das Risiko belegen ist;

b) das Recht des Staates, in dem der Versicherungsnehmer seinen gewöhnlichen Aufenthalt hat;

---

[16] ABl. L 228 vom 16.8.1973, S. 3. Zuletzt geändert durch die Richtlinie 2005/68/EG des Europäischen Parlaments und des Rates (ABl. L 323 vom 9.12.2006, S. 1).

c) bei Lebensversicherungen das Recht des Mitgliedstaats, dessen Staatsangehörigkeit der Versicherungsnehmer besitzt;

d) für Versicherungsverträge, bei denen sich die gedeckten Risiken auf Schadensfälle beschränken, die in einem anderen Mitgliedstaat als dem Mitgliedstaat, in dem das Risiko belegen ist, eintreten können, das Recht jenes Mitgliedstaats;

e) wenn der Versicherungsnehmer eines Vertrags im Sinne dieses Absatzes eine gewerbliche oder industrielle Tätigkeit ausübt oder freiberuflich tätig ist und der Versicherungsvertrag zwei oder mehr Risiken abdeckt, die mit dieser Tätigkeit in Zusammenhang stehen und in unterschiedlichen Mitgliedstaaten belegen sind, das Recht eines betroffenen Mitgliedstaats oder das Recht des Staates des gewöhnlichen Aufenthalts des Versicherungsnehmers.

Räumen in den Fällen nach den Buchstaben a, b oder e die betreffenden Mitgliedstaaten eine größere Wahlfreiheit bezüglich des auf den Versicherungsvertrag anwendbaren Rechts ein, so können die Parteien hiervon Gebrauch machen.

Soweit die Parteien keine Rechtswahl gemäß diesem Absatz getroffen haben unterliegt der Vertrag dem Recht des Mitgliedstaats, in dem zum Zeitpunkt des Vertragsschlusses das Risiko belegen ist.

(4) Die folgenden zusätzlichen Regelungen gelten für Versicherungsverträge über Risiken, für die ein Mitgliedstaat eine Versicherungspflicht vorschreibt:

a) Der Versicherungsvertrag genügt der Versicherungspflicht nur, wenn er den von dem die Versicherungspflicht auferlegenden Mitgliedstaat vorgeschriebenen besonderen Bestimmungen für diese Versicherung entspricht. Widerspricht sich das Recht des Mitgliedstaats, in dem das Risiko belegen ist, und dasjenige des Mitgliedstaats, der die Versicherungspflicht vorschreibt, so hat das letztere Vorrang.

b) Ein Mitgliedstaat kann abweichend von den Absätzen 2 und 3 vorschreiben, dass auf den Versicherungsvertrag das Recht des Mitgliedstaats anzuwenden ist, der die Versicherungspflicht vorschreibt.

(5) Deckt der Vertrag in mehr als einem Mitgliedstaat belegene Risiken, so ist für die Zwecke von Absatz 3 UnterAbsatz 3 und Absatz 4 der Vertrag als aus mehreren Verträgen bestehend anzusehen, von denen sich jeder auf jeweils nur einen Mitgliedstaat bezieht.

(6) Für die Zwecke dieses Artikels bestimmt sich der Staat, in dem das Risiko belegen ist, nach Artikel 2 Buchstabe d der Zweiten Richtlinie 88/357/EWG des Rates vom 22. Juni 1988 zur Koordinierung der Rechts- und Verwaltungsvorschriften für die Direktversicherung (mit Ausnahme der Lebensversicherung) und zur Erleichterung der tatsächlichen Ausübung des freien

Dienstleistungsverkehrs,[17] und bei Lebensversicherungen ist der Staat, in dem das Risiko belegen ist, der Staat der Verpflichtung im Sinne von Artikel 1 Absatz 1 Buchstabe g der Richtlinie 2002/83/EG.

Artikel 8
Individualarbeitsverträge

(1) Individualarbeitsverträge unterliegen dem von den Parteien nach Artikel 3 gewählten Recht. Die Rechtswahl der Parteien darf jedoch nicht dazu führen, dass dem Arbeitnehmer der Schutz entzogen wird, der ihm durch Bestimmungen gewährt wird, von denen nach dem Recht, das nach den Absätzen 2, 3 und 4 des vorliegenden Artikels mangels einer Rechtswahl anzuwenden wäre, nicht durch Vereinbarung abgewichen werden darf.

(2) Soweit das auf den Arbeitsvertrag anzuwendende Recht nicht durch Rechtswahl bestimmt ist, unterliegt der Arbeitsvertrag dem Recht des Staates, in dem oder andernfalls von dem aus der Arbeitnehmer in Erfüllung des Vertrags gewöhnlich seine Arbeit verrichtet. Der Staat, in dem die Arbeit gewöhnlich verrichtet wird, wechselt nicht, wenn der Arbeitnehmer seine Arbeit vorübergehend in einem anderen Staat verrichtet.

(3) Kann das anzuwendende Recht nicht nach Absatz 2 bestimmt werden, so unterliegt der Vertrag dem Recht des Staates, in dem sich die Niederlassung befindet, die den Arbeitnehmer eingestellt hat.

(4) Ergibt sich aus der Gesamtheit der Umstände, dass der Vertrag eine engere Verbindung zu einem anderen als dem in Absatz 2 oder 3 bezeichneten Staat aufweist, ist das Recht dieses anderen Staates anzuwenden.

Artikel 9
Eingriffsnormen

(1) Eine Eingriffsnorm ist eine zwingende Vorschrift, deren Einhaltung von einem Staat als so entscheidend für die Wahrung seines öffentlichen Interesses, insbesondere seiner politischen, sozialen oder wirtschaftlichen Organisation, angesehen wird, dass sie ungeachtet des nach Maßgabe dieser Verordnung auf den Vertrag anzuwendenden Rechts auf alle Sachverhalte anzuwenden ist, die in ihren Anwendungsbereich fallen.

(2) Diese Verordnung berührt nicht die Anwendung der Eingriffsnormen des Rechts des angerufenen Gerichts.

(3) Den Eingriffsnormen des Staates, in dem die durch den Vertrag begründeten Verpflichtungen erfüllt werden sollen oder erfüllt worden sind, kann Wirkung verliehen werden, soweit diese Eingriffsnormen die Erfüllung des

---

17) ABl. L 172 vom 4.7.1988, S. 1. Zuletzt geändert durch die Richtlinie 2005/14/EG des Europäischen Parlaments und des Rates (ABl. L 149 vom 11.6.2005, S. 14).

Vertrags unrechtmäßig werden lassen. Bei der Entscheidung, ob diesen Eingriffsnormen Wirkung zu verleihen ist, werden Art und Zweck dieser Normen sowie die Folgen berücksichtigt, die sich aus ihrer Anwendung oder Nichtanwendung ergeben würden.

Artikel 10
Einigung und materielle Wirksamkeit

(1) Das Zustandekommen und die Wirksamkeit des Vertrags oder einer seiner Bestimmungen beurteilen sich nach dem Recht, das nach dieser Verordnung anzuwenden wäre, wenn der Vertrag oder die Bestimmung wirksam wäre.

(2) Ergibt sich jedoch aus den Umständen, dass es nicht gerechtfertigt wäre, die Wirkung des Verhaltens einer Partei nach dem in Absatz 1 bezeichneten Recht zu bestimmen, so kann sich diese Partei für die Behauptung, sie habe dem Vertrag nicht zugestimmt, auf das Recht des Staates ihres gewöhnlichen Aufenthalts berufen.

Artikel 11
Form

(1) Ein Vertrag, der zwischen Personen geschlossen wird, die oder deren Vertreter sich zum Zeitpunkt des Vertragsschlusses in demselben Staat befinden, ist formgültig, wenn er die Formerfordernisse des auf ihn nach dieser Verordnung anzuwendenden materiellen Rechts oder die Formerfordernisse des Rechts des Staates, in dem er geschlossen wird, erfüllt.

(2) Ein Vertrag, der zwischen Personen geschlossen wird, die oder deren Vertreter sich zum Zeitpunkt des Vertragsschlusses in verschiedenen Staaten befinden, ist formgültig, wenn er die Formerfordernisse des auf ihn nach dieser Verordnung anzuwendenden materiellen Rechts oder die Formerfordernisse des Rechts eines der Staaten, in denen sich eine der Vertragsparteien oder ihr Vertreter zum Zeitpunkt des Vertragsschlusses befindet, oder die Formerfordernisse des Rechts des Staates, in dem eine der Vertragsparteien zu diesem Zeitpunkt ihren gewöhnlichen Aufenthalt hatte, erfüllt.

(3) Ein einseitiges Rechtsgeschäft, das sich auf einen geschlossenen oder zu schließenden Vertrag bezieht, ist formgültig, wenn es die Formerfordernisse des materiellen Rechts, das nach dieser Verordnung auf den Vertrag anzuwenden ist oder anzuwenden wäre, oder die Formerfordernisse des Rechts des Staates erfüllt, in dem dieses Rechtsgeschäft vorgenommen worden ist oder in dem die Person, die das Rechtsgeschäft vorgenommen hat, zu diesem Zeitpunkt ihren gewöhnlichen Aufenthalt hatte.

(4) Die Absätze 1, 2 und 3 des vorliegenden Artikels gelten nicht für Verträge, die in den Anwendungsbereich von Artikel 6 fallen. Für die Form dieser Ver-

träge ist das Recht des Staates maßgebend, in dem der Verbraucher seinen gewöhnlichen Aufenthalt hat.

(5) Abweichend von den Absätzen 1 bis 4 unterliegen Verträge, die ein dingliches Recht an einer unbeweglichen Sache oder die Miete oder Pacht einer unbeweglichen Sache zum Gegenstand haben, den Formvorschriften des Staates, in dem die unbewegliche Sache belegen ist, sofern diese Vorschriften nach dem Recht dieses Staates

a) unabhängig davon gelten, in welchem Staat der Vertrag geschlossen wird oder welchem Recht dieser Vertrag unterliegt, und

b) von ihnen nicht durch Vereinbarung abgewichen werden darf.

Artikel 12
Geltungsbereich des anzuwendenden Rechts

(1) Das nach dieser Verordnung auf einen Vertrag anzuwendende Recht ist insbesondere maßgebend für

a) seine Auslegung,

b) die Erfüllung der durch ihn begründeten Verpflichtungen,

c) die Folgen der vollständigen oder teilweisen Nichterfüllung dieser Verpflichtungen, in den Grenzen der dem angerufenen Gericht durch sein Prozessrecht eingeräumten Befugnisse, einschließlich der Schadensbemessung, soweit diese nach Rechtsnormen erfolgt,

d) die verschiedenen Arten des Erlöschens der Verpflichtungen sowie die Verjährung und die Rechtsverluste, die sich aus dem Ablauf einer Frist ergeben,

e) die Folgen der Nichtigkeit des Vertrags.

(2) In Bezug auf die Art und Weise der Erfüllung und die vom Gläubiger im Falle mangelhafter Erfüllung zu treffenden Maßnahmen ist das Recht des Staates, in dem die Erfüllung erfolgt, zu berücksichtigen.

Artikel 13
Rechts-, Geschäfts- und Handlungsunfähigkeit

Bei einem zwischen Personen, die sich in demselben Staat befinden, geschlossenen Vertrag kann sich eine natürliche Person, die nach dem Recht dieses Staates rechts-, geschäfts- und handlungsfähig wäre, nur dann auf ihre sich nach dem Recht eines anderen Staates ergebende Rechts-, Geschäfts- und Handlungsunfähigkeit berufen, wenn die andere Vertragspartei bei Vertragsschluss diese Rechts-, Geschäfts- und Handlungsunfähigkeit kannte oder infolge von Fahrlässigkeit nicht kannte.

Artikel 14
Übertragung der Forderung

(1) Das Verhältnis zwischen Zedent und Zessionar aus der Übertragung einer Forderung gegen eine andere Person („Schuldner") unterliegt dem Recht, das nach dieser Verordnung auf den Vertrag zwischen Zedent und Zessionar anzuwenden ist.

(2) Das Recht, dem die übertragene Forderung unterliegt, bestimmt ihre Übertragbarkeit, das Verhältnis zwischen Zessionar und Schuldner, die Voraussetzungen, unter denen die Übertragung dem Schuldner entgegengehalten werden kann, und die befreiende Wirkung einer Leistung durch den Schuldner.

(3) Der Begriff „Übertragung" in diesem Artikel umfasst die vollkommene Übertragung von Forderungen, die Übertragung von Forderungen zu Sicherungszwecken sowie von Pfandrechten oder anderen Sicherungsrechten an Forderungen.

Artikel 15
Gesetzlicher Forderungsübergang

Hat eine Person („Gläubiger") eine vertragliche Forderung gegen eine andere Person („Schuldner") und ist ein Dritter verpflichtet, den Gläubiger zu befriedigen, oder hat er den Gläubiger aufgrund dieser Verpflichtung befriedigt, so bestimmt das für die Verpflichtung des Dritten gegenüber dem Gläubiger maßgebende Recht, ob und in welchem Umfang der Dritte die Forderung des Gläubigers gegen den Schuldner nach dem für deren Beziehung maßgebenden Recht geltend zu machen berechtigt ist.

Artikel 16
Mehrfache Haftung

Hat ein Gläubiger eine Forderung gegen mehrere für dieselbe Forderung haftende Schuldner und ist er von einem der Schuldner ganz oder teilweise befriedigt worden, so ist für das Recht dieses Schuldners, von den übrigen Schuldnern Ausgleich zu verlangen, das Recht maßgebend, das auf die Verpflichtung dieses Schuldners gegenüber dem Gläubiger anzuwenden ist. Die übrigen Schuldner sind berechtigt, diesem Schuldner diejenigen Verteidigungsmittel entgegenzuhalten, die ihnen gegenüber dem Gläubiger zugestanden haben, soweit dies gemäß dem auf ihre Verpflichtung gegenüber dem Gläubiger anzuwendenden Recht zulässig wäre.

Artikel 17
Aufrechnung

Ist das Recht zur Aufrechnung nicht vertraglich vereinbart, so gilt für die Aufrechnung das Recht, dem die Forderung unterliegt, gegen die aufgerechnet wird.

Artikel 18
Beweis

(1) Das nach dieser Verordnung für das vertragliche Schuldverhältnis maßgebende Recht ist insoweit anzuwenden, als es für vertragliche Schuldverhältnisse gesetzliche Vermutungen aufstellt oder die Beweislast verteilt.

(2) Zum Beweis eines Rechtsgeschäfts sind alle Beweisarten des Rechts des angerufenen Gerichts oder eines der in Artikel 11 bezeichneten Rechte, nach denen das Rechtsgeschäft formgültig ist, zulässig, sofern der Beweis in dieser Art vor dem angerufenen Gericht erbracht werden kann.

Kapitel III
Sonstige Vorschriften

Artikel 19
Gewöhnlicher Aufenthalt

(1) Für die Zwecke dieser Verordnung ist der Ort des gewöhnlichen Aufenthalts von Gesellschaften, Vereinen und juristischen Personen der Ort ihrer Hauptverwaltung.

Der gewöhnliche Aufenthalt einer natürlichen Person, die im Rahmen der Ausübung ihrer beruflichen Tätigkeit handelt, ist der Ort ihrer Hauptniederlassung.

(2) Wird der Vertrag im Rahmen des Betriebs einer Zweigniederlassung, Agentur oder sonstigen Niederlassung geschlossen oder ist für die Erfüllung gemäß dem Vertrag eine solche Zweigniederlassung, Agentur oder sonstigen Niederlassung verantwortlich, so steht der Ort des gewöhnlichen Aufenthalts dem Ort gleich, an dem sich die Zweigniederlassung, Agentur oder sonstige Niederlassung befindet.

(3) Für die Bestimmung des gewöhnlichen Aufenthalts ist der Zeitpunkt des Vertragsschlusses maßgebend.

Artikel 20
Ausschluss der Rück- und Weiterverweisung

Unter dem nach dieser Verordnung anzuwendenden Recht eines Staates sind die in diesem Staat geltenden Rechtsnormen unter Ausschluss derjenigen des Internationalen Privatrechts zu verstehen, soweit in dieser Verordnung nichts anderes bestimmt ist.

Artikel 21
Öffentliche Ordnung im Staat des angerufenen Gerichts

Die Anwendung einer Vorschrift des nach dieser Verordnung bezeichneten Rechts kann nur versagt werden, wenn ihre Anwendung mit der öffentlichen

Ordnung („ordre public") des Staates des angerufenen Gerichts offensichtlich unvereinbar ist.

Artikel 22
Staaten ohne einheitliche Rechtsordnung

(1) Umfasst ein Staat mehrere Gebietseinheiten, von denen jede eigene Rechtsnormen für vertragliche Schuldverhältnisse hat, so gilt für die Bestimmung des nach dieser Verordnung anzuwendenden Rechts jede Gebietseinheit als Staat.

(2) Ein Mitgliedstaat, in dem verschiedene Gebietseinheiten ihre eigenen Rechtsnormen für vertragliche Schuldverhältnisse haben, ist nicht verpflichtet, diese Verordnung auf Kollisionen zwischen den Rechtsordnungen dieser Gebietseinheiten anzuwenden.

Artikel 23
Verhältnis zu anderen Gemeinschaftsrechtsakten

Mit Ausnahme von Artikel 7 berührt diese Verordnung nicht die Anwendung von Vorschriften des Gemeinschaftsrechts, die in besonderen Bereichen Kollisionsnormen für vertragliche Schuldverhältnisse enthalten.

Artikel 24
Beziehung zum Übereinkommen von Rom

(1) Diese Verordnung tritt in den Mitgliedstaaten an die Stelle des Übereinkommens von Rom, außer hinsichtlich der Hoheitsgebiete der Mitgliedstaaten, die in den territorialen Anwendungsbereich dieses Übereinkommens fallen und für die aufgrund der Anwendung von Artikel 299 des Vertrags diese Verordnung nicht gilt.

(2) Soweit diese Verordnung die Bestimmungen des Übereinkommens von Rom ersetzt, gelten Bezugnahmen auf dieses Übereinkommen als Bezugnahmen auf diese Verordnung.

Artikel 25
Verhältnis zu bestehenden internationalen Übereinkommen

(1) Diese Verordnung berührt nicht die Anwendung der internationalen Übereinkommen, denen ein oder mehrere Mitgliedstaaten zum Zeitpunkt der Annahme dieser Verordnung angehören und die Kollisionsnormen für vertragliche Schuldverhältnisse enthalten.

(2) Diese Verordnung hat jedoch in den Beziehungen zwischen den Mitgliedstaaten Vorrang vor den ausschließlich zwischen zwei oder mehreren Mitgliedstaaten geschlossenen Übereinkommen, soweit diese Bereiche betreffen, die in dieser Verordnung geregelt sind.

Artikel 26
Verzeichnis der Übereinkommen

(1) Die Mitgliedstaaten übermitteln der Kommission bis spätestens 17. Juni 2009 die Übereinkommen nach Artikel 25 Absatz 1. Kündigen die Mitgliedstaaten nach diesem Stichtag eines dieser Übereinkommen, so setzen sie die Kommission davon in Kenntnis.

(2) Die Kommission veröffentlicht im Amtsblatt der Europäischen Union innerhalb von sechs Monaten nach Erhalt der in Absatz 1 genannten Übermittlung

a) ein Verzeichnis der in Absatz 1 genannten Übereinkommen;

b) die in Absatz 1 genannten Kündigungen.

Artikel 27
Überprüfungsklausel

(1) Die Kommission legt dem Europäischen Parlament, dem Rat und dem Europäischen Wirtschafts- und Sozialausschuss bis spätestens 17. Juni 2013 einen Bericht über die Anwendung dieser Verordnung vor. Diesem Bericht werden gegebenenfalls Vorschläge zur Änderung der Verordnung beigefügt. Der Bericht umfasst:

a) eine Untersuchung über das auf Versicherungsverträge anzuwendende Recht und eine Abschätzung der Folgen etwaiger einzuführender Bestimmungen und

b) eine Bewertung der Anwendung von Artikel 6, insbesondere hinsichtlich der Kohärenz des Gemeinschaftsrechts im Bereich des Verbraucherschutzes.

(2) Die Kommission legt dem Europäischen Parlament, dem Rat und dem Europäischen Wirtschafts- und Sozialausschuss bis 17. Juni 2010 einen Bericht über die Frage vor, ob die Übertragung einer Forderung Dritten entgegengehalten werden kann, und über den Rang dieser Forderung gegenüber einem Recht einer anderen Person. Dem Bericht wird gegebenenfalls ein Vorschlag zur Änderung dieser Verordnung sowie eine Folgenabschätzung der einzuführenden Bestimmungen beigefügt.

Artikel 28
Zeitliche Anwendbarkeit

Diese Verordnung wird auf Verträge angewandt, die ab dem 17. Dezember 2009 geschlossen werden.

Kapitel IV
Schlussbestimmungen

Artikel 29
Inkrafttreten und Anwendbarkeit

Diese Verordnung tritt am zwanzigsten Tag nach ihrer Veröffentlichung im Amtsblatt der Europäischen Union in Kraft.

Sie gilt ab 17. Dezember 2009, mit Ausnahme des Artikels 26, der ab dem 17. Juni 2009 gilt.

Verordnung (EG) Nr. 864/2007 des Europäischen Parlaments und des Rates vom 11. Juli 2007 über das auf außervertragliche Schuldverhältnisse anzuwendende Recht („Rom II")

Verordnung vom 11.7.2007
(Amtsblatt Nr. L 199 vom 31.7.2007, S. 40)

In Kraft getreten teils am 11.7.2008 (Art. 29),
im Wesentlichen am 11.1.2009

Erwägungsgründe

DAS EUROPÄISCHE PARLAMENT UND DER RAT DER EUROPÄISCHEN UNION –

gestützt auf den Vertrag zur Gründung der Europäischen Gemeinschaft, insbesondere auf Artikel 61 Buchstabe c und Artikel 67,

auf Vorschlag der Kommission,

nach Stellungnahme des Europäischen Wirtschafts- und Sozialausschusses,[18]

gemäß dem Verfahren des Artikels 251 des Vertrags, aufgrund des vom Vermittlungsausschuss am 25. Juni 2007 gebilligten gemeinsamen Entwurfs,[19]

in Erwägung nachstehender Gründe:

(1) Die Gemeinschaft hat sich zum Ziel gesetzt, einen Raum der Freiheit, der Sicherheit und des Rechts zu erhalten und weiterzuentwickeln. Zur schrittweisen Schaffung eines solchen Raums muss die Gemeinschaft im Bereich der justiziellen Zusammenarbeit in Zivilsachen, die einen grenzüberschreitenden Bezug aufweisen, Maßnahmen erlassen, soweit sie für das reibungslose Funktionieren des Binnenmarkts erforderlich sind.

(2) Nach Artikel 65 Buchstabe b des Vertrags schließen diese Maßnahmen auch solche ein, die die Vereinbarkeit der in den Mitgliedstaaten geltenden Kollisionsnormen und Vorschriften zur Vermeidung von Kompetenzkonflikten fördern.

(3) Auf seiner Tagung vom 15. und 16. Oktober 1999 in Tampere hat der Europäische Rat den Grundsatz der gegenseitigen Anerkennung von Urteilen und anderen Entscheidungen von Justizbehörden als Eckstein der justiziellen Zusammenarbeit in Zivilsachen unterstützt und den Rat und die

---

[18] ABl. C 241 vom 28.9.2004, S. 1.
[19] Stellungnahme des Europäischen Parlaments vom 6. Juli 2005 (ABl. C 157 E vom 6.7.2006, S. 371), Gemeinsamer Standpunkt des Rates vom 25. September 2006 (ABl. C 289 E vom 28.11.2006, S. 68) und Standpunkt des Europäischen Parlaments vom Januar 2007 (noch nicht im Amtsblatt veröffentlicht). Legislative Entschließung des Europäischen Parlaments vom 10. Juli 2007 und Beschluss des Rates vom 28. Juni 2007.

Kommission ersucht, ein Maßnahmenprogramm zur Umsetzung dieses Grundsatzes anzunehmen.

(4) Der Rat hat am 30. November 2000 ein gemeinsames Maßnahmenprogramm der Kommission und des Rates zur Umsetzung des Grundsatzes der gegenseitigen Anerkennung gerichtlicher Entscheidungen in Zivil- und Handelssachen[20] angenommen. Nach dem Programm können Maßnahmen zur Harmonisierung der Kollisionsnormen dazu beitragen, die gegenseitige Anerkennung gerichtlicher Entscheidungen zu vereinfachen.

(5) In dem vom Europäischen Rat am 5. November 2004 angenommenen Haager Programm[21] wurde dazu aufgerufen, die Beratungen über die Regelung der Kollisionsnormen für außervertragliche Schuldverhältnisse („Rom II") energisch voranzutreiben.

(6) Um den Ausgang von Rechtsstreitigkeiten vorhersehbarer zu machen und die Sicherheit in Bezug auf das anzuwendende Recht sowie den freien Verkehr gerichtlicher Entscheidungen zu fördern, müssen die in den Mitgliedstaaten geltenden Kollisionsnormen im Interesse eines reibungslos funktionierenden Binnenmarkts unabhängig von dem Staat, in dem sich das Gericht befindet, bei dem der Anspruch geltend gemacht wird, dieselben Verweisungen zur Bestimmung des anzuwendenden Rechts vorsehen.

(7) Der materielle Anwendungsbereich und die Bestimmungen dieser Verordnung sollten mit der Verordnung (EG) Nr. 44/2001 des Rates vom 22. Dezember 2000 über die gerichtliche Zuständigkeit und die Anerkennung und Vollstreckung von Entscheidungen in Zivil- und Handelssachen[22] (Brüssel I) und den Instrumenten, die das auf vertragliche Schuldverhältnisse anzuwendende Recht zum Gegenstand haben, in Einklang stehen.

(8) Diese Verordnung ist unabhängig von der Art des angerufenen Gerichts anwendbar.

(9) Forderungen aufgrund von „acta iure imperii" sollten sich auch auf Forderungen gegen im Namen des Staates handelnde Bedienstete und auf die Haftung für Handlungen öffentlicher Stellen erstrecken, einschließlich der Haftung amtlich ernannter öffentlicher Bediensteter. Sie sollten daher vom Anwendungsbereich dieser Verordnung ausgenommen werden.

(10) Familienverhältnisse sollten die Verwandtschaft in gerader Linie, die Ehe, die Schwägerschaft und die Verwandtschaft in der Seitenlinie umfassen. Die Bezugnahme in Artikel 1 Absatz 2 auf Verhältnisse, die mit der Ehe oder anderen Familienverhältnissen vergleichbare Wirkungen entfalten, sollte nach

---

20) ABl. C 12 vom 15.1.2001, S. 1.
21) ABl. C 53 vom 3.3.2005, S. 1.
22) ABl. L 12 vom 16.1.2001, S. 1. Zuletzt geändert durch die Verordnung (EG) Nr. 1791/2006 (ABl. L 363 vom 20.12.2006, S. 1).

dem Recht des Mitgliedstaats, in dem sich das angerufene Gericht befindet, ausgelegt werden.

(11) Der Begriff des außervertraglichen Schuldverhältnisses ist von Mitgliedstaat zu Mitgliedstaat verschieden definiert. Im Sinne dieser Verordnung sollte der Begriff des außervertraglichen Schuldverhältnisses daher als autonomer Begriff verstanden werden. Die in dieser Verordnung enthaltenen Regeln des Kollisionsrechts sollten auch für außervertragliche Schuldverhältnisse aus Gefährdungshaftung gelten.

(12) Das anzuwendende Recht sollte auch für die Frage gelten, wer für eine unerlaubte Handlung haftbar gemacht werden kann.

(13) Wettbewerbsverzerrungen im Verhältnis zwischen Wettbewerbern aus der Gemeinschaft sind vermeidbar, wenn einheitliche Bestimmungen unabhängig von dem durch sie bezeichneten Recht angewandt werden.

(14) Das Erfordernis der Rechtssicherheit und die Notwendigkeit, in jedem Einzelfall Recht zu sprechen, sind wesentliche Anforderungen an einen Rechtsraum. Diese Verordnung bestimmt die Anknüpfungskriterien, die zur Erreichung dieser Ziele am besten geeignet sind. Deshalb sieht diese Verordnung neben einer allgemeinen Regel Sonderregeln und, in bestimmten Fällen, eine „Ausweichklausel" vor, die ein Abweichen von diesen Regeln erlaubt, wenn sich aus der Gesamtheit der Umstände ergibt, dass die unerlaubte Handlung eine offensichtlich engere Verbindung mit einem anderen Staat aufweist. Diese Gesamtregelung schafft einen flexiblen Rahmen kollisionsrechtlicher Regelungen. Sie ermöglicht es dem angerufenen Gericht gleichfalls, Einzelfälle in einer angemessenen Weise zu behandeln.

(15) Zwar wird in nahezu allen Mitgliedstaaten bei außervertraglichen Schuldverhältnissen grundsätzlich von der lex loci delicti commissi ausgegangen, doch wird dieser Grundsatz in der Praxis unterschiedlich angewandt, wenn sich Sachverhaltselemente des Falles über mehrere Staaten erstrecken. Dies führt zu Unsicherheit in Bezug auf das anzuwendende Recht.

(16) Einheitliche Bestimmungen sollten die Vorhersehbarkeit gerichtlicher Entscheidungen verbessern und einen angemessenen Interessenausgleich zwischen Personen, deren Haftung geltend gemacht wird, und Geschädigten gewährleisten. Die Anknüpfung an den Staat, in dem der Schaden selbst eingetreten ist (lex loci damni), schafft einen gerechten Ausgleich zwischen den Interessen der Person, deren Haftung geltend gemacht wird, und der Person, die geschädigt wurde, und entspricht der modernen Konzeption der zivilrechtlichen Haftung und der Entwicklung der Gefährdungshaftung.

(17) Das anzuwendende Recht sollte das Recht des Staates sein, in dem der Schaden eintritt, und zwar unabhängig von dem Staat oder den Staaten, in dem bzw. denen die indirekten Folgen auftreten könnten. Daher sollte auch bei Personen- oder Sachschäden als Staat, in dem der Schaden eintritt, der

Staat gelten, in dem der Personen- oder Sachschaden tatsächlich eingetreten ist.

(18) Als allgemeine Regel in dieser Verordnung sollte die „lex loci damni" nach Artikel 4 Absatz 1 gelten. Artikel 4 Absatz 2 sollte als Ausnahme von dieser allgemeinen Regel verstanden werden; durch diese Ausnahme wird eine besondere Anknüpfung für Fälle geschaffen, in denen die Parteien ihren gewöhnlichen Aufenthalt in demselben Staat haben. Artikel 4 Absatz 3 sollte als „Ausweichklausel" zu Artikel 4 Absätze 1 und 2 betrachtet werden, wenn sich aus der Gesamtheit der Umstände ergibt, dass die unerlaubte Handlung eine offensichtlich engere Verbindung mit einem anderen Staat aufweist.

(19) Für besondere unerlaubte Handlungen, bei denen die allgemeine Kollisionsnorm nicht zu einem angemessenen Interessenausgleich führt, sollten besondere Bestimmungen vorgesehen werden.

(20) Die Kollisionsnorm für die Produkthaftung sollte für eine gerechte Verteilung der Risiken einer modernen, hochtechnisierten Gesellschaft sorgen, die Gesundheit der Verbraucher schützen, Innovationsanreize geben, einen unverfälschten Wettbewerb gewährleisten und den Handel erleichtern. Die Schaffung einer Anknüpfungsleiter stellt, zusammen mit einer Vorhersehbarkeitsklausel, im Hinblick auf diese Ziele eine ausgewogene Lösung dar. Als erstes Element ist das Recht des Staates zu berücksichtigen, in dem die geschädigte Person beim Eintritt des Schadens ihren gewöhnlichen Aufenthalt hatte, sofern das Produkt in diesem Staat in den Verkehr gebracht wurde. Die weiteren Elemente der Anknüpfungsleiter kommen zur Anwendung, wenn das Produkt nicht in diesem Staat in Verkehr gebracht wurde, unbeschadet von Artikel 4 Absatz 2 und der Möglichkeit einer offensichtlich engeren Verbindung mit einem anderen Staat.

(21) Die Sonderregel nach Artikel 6 stellt keine Ausnahme von der allgemeinen Regel nach Artikel 4 Absatz 1 dar, sondern vielmehr eine Präzisierung derselben. Im Bereich des unlauteren Wettbewerbs sollte die Kollisionsnorm die Wettbewerber, die Verbraucher und die Öffentlichkeit schützen und das reibungslose Funktionieren der Marktwirtschaft sicherstellen. Durch eine Anknüpfung an das Recht des Staates, in dessen Gebiet die Wettbewerbsbeziehungen oder die kollektiven Interessen der Verbraucher beeinträchtigt worden sind oder beeinträchtigt zu werden drohen, können diese Ziele im Allgemeinen erreicht werden.

(22) Außervertragliche Schuldverhältnisse, die aus einem den Wettbewerb einschränkenden Verhalten nach Artikel 6 Absatz 3 entstanden sind, sollten sich auf Verstöße sowohl gegen nationale als auch gegen gemeinschaftliche Wettbewerbsvorschriften erstrecken. Auf solche außervertraglichen Schuldverhältnisse sollte das Recht des Staates anzuwenden sein, in dessen Gebiet sich die Einschränkung auswirkt oder auszuwirken droht. Wird der Markt in mehr als einem Staat beeinträchtigt oder wahrscheinlich beeinträchtigt, so

sollte der Geschädigte seinen Anspruch unter bestimmten Umständen auf das Recht des Mitgliedstaats des angerufenen Gerichts stützen können.

(23) Für die Zwecke dieser Verordnung sollte der Begriff der Einschränkung des Wettbewerbs Verbote von Vereinbarungen zwischen Unternehmen, Beschlüssen von Unternehmensvereinigungen und abgestimmten Verhaltensweisen, die eine Verhinderung, Einschränkung oder Verfälschung des Wettbewerbs in einem Mitgliedstaat oder innerhalb des Binnenmarktes bezwecken oder bewirken, sowie das Verbot der missbräuchlichen Ausnutzung einer beherrschenden Stellung in einem Mitgliedstaat oder innerhalb des Binnenmarktes erfassen, sofern solche Vereinbarungen, Beschlüsse, abgestimmte Verhaltensweisen oder Missbräuche nach den Artikeln 81 und 82 des Vertrags oder dem Recht eines Mitgliedstaats verboten sind.

(24) „Umweltschaden" sollte eine nachteilige Veränderung einer natürlichen Ressource, wie Wasser, Boden oder Luft, eine Beeinträchtigung einer Funktion, die eine natürliche Ressource zum Nutzen einer anderen natürlichen Ressource oder der Öffentlichkeit erfüllt, oder eine Beeinträchtigung der Variabilität unter lebenden Organismen umfassen.

(25) Im Falle von Umweltschäden rechtfertigt Artikel 174 des Vertrags, wonach ein hohes Schutzniveau erreicht werden sollte, und der auf den Grundsätzen der Vorsorge und Vorbeugung, auf dem Grundsatz, Umweltbeeinträchtigungen vorrangig an ihrem Ursprung zu bekämpfen, sowie auf dem Verursacherprinzip beruht, in vollem Umfang die Anwendung des Grundsatzes der Begünstigung des Geschädigten. Die Frage, wann der Geschädigte die Wahl des anzuwendenden Rechts zu treffen hat, sollte nach dem Recht des Mitgliedstaats des angerufenen Gerichts entschieden werden.

(26) Bei einer Verletzung von Rechten des geistigen Eigentums gilt es, den allgemein anerkannten Grundsatz der lex loci protectionis zu wahren. Im Sinne dieser Verordnung sollte der Ausdruck „Rechte des geistigen Eigentums" dahin interpretiert werden, dass er beispielsweise Urheberrechte, verwandte Schutzrechte, das Schutzrecht sui generis für Datenbanken und gewerbliche Schutzrechte umfasst.

(27) Die exakte Definition des Begriffs „Arbeitskampfmaßnahmen", beispielsweise Streikaktionen oder Aussperrung, ist von Mitgliedstaat zu Mitgliedstaat verschieden und unterliegt den innerstaatlichen Vorschriften der einzelnen Mitgliedstaaten. Daher wird in dieser Verordnung grundsätzlich davon ausgegangen, dass das Recht des Staates anzuwenden ist, in dem die Arbeitskampfmaßnahmen ergriffen wurden, mit dem Ziel, die Rechte und Pflichten der Arbeitnehmer und der Arbeitgeber zu schützen.

(28) Die Sonderbestimmung für Arbeitskampfmaßnahmen nach Artikel 9 lässt die Bedingungen für die Durchführung solcher Maßnahmen nach nationalem Recht und die im Recht der Mitgliedstaaten vorgesehene Rechtsstel-

lung der Gewerkschaften oder der repräsentativen Arbeitnehmerorganisationen unberührt.

(29) Für Schäden, die aufgrund einer anderen Handlung als aus unerlaubter Handlung, wie ungerechtfertigter Bereicherung, Geschäftsführung ohne Auftrag oder Verschulden bei Vertragsverhandlungen, entstanden sind, sollten Sonderbestimmungen vorgesehen werden.

(30) Der Begriff des Verschuldens bei Vertragsverhandlungen ist für die Zwecke dieser Verordnung als autonomer Begriff zu verstehen und sollte daher nicht zwangsläufig im Sinne des nationalen Rechts ausgelegt werden. Er sollte die Verletzung der Offenlegungspflicht und den Abbruch von Vertragsverhandlungen einschließen. Artikel 12 gilt nur für außervertragliche Schuldverhältnisse, die in unmittelbarem Zusammenhang mit den Verhandlungen vor Abschluss eines Vertrags stehen. So sollten in den Fällen, in denen einer Person während der Vertragsverhandlungen ein Personenschaden zugefügt wird, Artikel 4 oder andere einschlägige Bestimmungen dieser Verordnung zur Anwendung gelangen.

(31) Um den Grundsatz der Parteiautonomie zu achten und die Rechtssicherheit zu verbessern, sollten die Parteien das auf ein außervertragliches Schuldverhältnis anzuwendende Recht wählen können. Die Rechtswahl sollte ausdrücklich erfolgen oder sich mit hinreichender Sicherheit aus den Umständen des Falles ergeben. Bei der Prüfung, ob eine solche Rechtswahl vorliegt, hat das Gericht den Willen der Parteien zu achten. Die Möglichkeit der Rechtswahl sollte zum Schutz der schwächeren Partei mit bestimmten Bedingungen versehen werden.

(32) Gründe des öffentlichen Interesses rechtfertigen es, dass die Gerichte der Mitgliedstaaten unter außergewöhnlichen Umständen die Vorbehaltsklausel (ordre public) und Eingriffsnormen anwenden können. Insbesondere kann die Anwendung einer Norm des nach dieser Verordnung bezeichneten Rechts, die zur Folge haben würde, dass ein unangemessener, über den Ausgleich des entstandenen Schadens hinausgehender Schadensersatz mit abschreckender Wirkung oder Strafschadensersatz zugesprochen werden könnte, je nach der Rechtsordnung des Mitgliedstaats des angerufenen Gerichts als mit der öffentlichen Ordnung („ordre public") dieses Staates unvereinbar angesehen werden.

(33) Gemäß den geltenden nationalen Bestimmungen über den Schadensersatz für Opfer von Straßenverkehrsunfällen sollte das befasste Gericht bei der Schadensberechnung für Personenschäden in Fällen, in denen sich der Unfall in einem anderem Staat als dem des gewöhnlichen Aufenthalts des Opfers ereignet, alle relevanten tatsächlichen Umstände des jeweiligen Opfers berücksichtigen, insbesondere einschließlich tatsächlicher Verluste und Kosten für Nachsorge und medizinische Versorgung.

(34) Zur Wahrung eines angemessenen Interessenausgleichs zwischen den Parteien müssen, soweit dies angemessen ist, die Sicherheits- und Verhaltensregeln des Staates, in dem die schädigende Handlung begangen wurde, selbst dann beachtet werden, wenn auf das außervertragliche Schuldverhältnis das Recht eines anderen Staates anzuwenden ist. Der Begriff „Sicherheits- und Verhaltensregeln" ist in dem Sinne auszulegen, dass er sich auf alle Vorschriften bezieht, die in Zusammenhang mit Sicherheit und Verhalten stehen, einschließlich beispielsweise der Straßenverkehrssicherheit im Falle eines Unfalls.

(35) Die Aufteilung der Kollisionsnormen auf zahlreiche Rechtsakte sowie Unterschiede zwischen diesen Normen sollten vermieden werden. Diese Verordnung schließt jedoch die Möglichkeit der Aufnahme von Kollisionsnormen für außervertragliche Schuldverhältnisse in Vorschriften des Gemeinschaftsrechts in Bezug auf besondere Gegenstände nicht aus. Diese Verordnung sollte die Anwendung anderer Rechtsakte nicht ausschließen, die Bestimmungen enthalten, die zum reibungslosen Funktionieren des Binnenmarkts beitragen sollen, soweit sie nicht in Verbindung mit dem Recht angewendet werden können, auf das die Regeln dieser Verordnung verweisen. Die Anwendung der Vorschriften im anzuwendenden Recht, die durch die Bestimmungen dieser Verordnung berufen wurden, sollte nicht die Freiheit des Waren- und Dienstleistungsverkehrs, wie sie in den Rechtsinstrumenten der Gemeinschaft wie der Richtlinie 2000/31/EG des Europäischen Parlaments und des Rates vom 8. Juni 2000 über bestimmte rechtliche Aspekte der Dienste der Informationsgesellschaft, insbesondere des elektronischen Geschäftsverkehrs, im Binnenmarkt („Richtlinie über den elektronischen Geschäftsverkehr")[23] ausgestaltet ist, beschränken.

(36) Um die internationalen Verpflichtungen, die die Mitgliedstaaten eingegangen sind, zu wahren, darf sich die Verordnung nicht auf internationale Übereinkommen auswirken, denen ein oder mehrere Mitgliedstaaten zum Zeitpunkt der Annahme dieser Verordnung angehören. Um den Zugang zu den Rechtsakten zu erleichtern, sollte die Kommission anhand der Angaben der Mitgliedstaaten ein Verzeichnis der betreffenden Übereinkommen im Amtsblatt der Europäischen Union veröffentlichen.

(37) Die Kommission wird dem Europäischen Parlament und dem Rat einen Vorschlag unterbreiten, nach welchen Verfahren und unter welchen Bedingungen die Mitgliedstaaten in Einzel- und Ausnahmefällen in eigenem Namen Übereinkünfte mit Drittländern über sektorspezifische Fragen aushandeln und abschließen dürfen, die Bestimmungen über das auf außervertragliche Schuldverhältnisse anzuwendende Recht enthalten.

(38) Da das Ziel dieser Verordnung auf Ebene der Mitgliedstaaten nicht ausreichend verwirklicht werden kann und daher wegen des Umfangs und der

---

[23] ABl. L 178 vom 17.7.2000, S. 1.

Wirkungen der Verordnung besser auf Gemeinschaftsebene zu verwirklichen ist, kann die Gemeinschaft im Einklang mit dem in Artikel 5 des Vertrags niedergelegten Subsidiaritätsprinzip tätig werden. Entsprechend dem ebenfalls in diesem Artikel festgelegten Grundsatz der Verhältnismäßigkeit geht diese Verordnung nicht über das für die Erreichung dieses Ziels erforderliche Maß hinaus.

(39) Gemäß Artikel 3 des Protokolls über die Position des Vereinigten Königreichs und Irlands im Anhang zum Vertrag über die Europäische Union und im Anhang zum Vertrag zur Gründung der Europäischen Gemeinschaft beteiligen sich das Vereinigte Königreich und Irland an der Annahme und Anwendung dieser Verordnung.

(40) Gemäß den Artikeln 1 und 2 des dem Vertrag über die Europäische Union und dem Vertrag zur Gründung der Europäischen Gemeinschaft beigefügten Protokolls über die Position Dänemarks beteiligt sich Dänemark nicht an der Annahme dieser Verordnung, die für Dänemark nicht bindend oder anwendbar ist –

HABEN FOLGENDE VERORDNUNG ERLASSEN:

Kapitel I
Anwendungsbereich

Artikel 1
Anwendungsbereich

(1) Diese Verordnung gilt für außervertragliche Schuldverhältnisse in Zivil- und Handelssachen, die eine Verbindung zum Recht verschiedener Staaten aufweisen. Sie gilt insbesondere nicht für Steuer- und Zollsachen, verwaltungsrechtliche Angelegenheiten oder die Haftung des Staates für Handlungen oder Unterlassungen im Rahmen der Ausübung hoheitlicher Rechte („acta iure imperii").

(2) Vom Anwendungsbereich dieser Verordnung ausgenommen sind

a) außervertragliche Schuldverhältnisse aus einem Familienverhältnis oder aus Verhältnissen, die nach dem auf diese Verhältnisse anzuwendenden Recht vergleichbare Wirkungen entfalten, einschließlich der Unterhaltspflichten;

b) außervertragliche Schuldverhältnisse aus ehelichen Güterständen, aus Güterständen aufgrund von Verhältnissen, die nach dem auf diese Verhältnisse anzuwendenden Recht mit der Ehe vergleichbare Wirkungen entfalten, und aus Testamenten und Erbrecht;

c) außervertragliche Schuldverhältnisse aus Wechseln, Schecks, Eigenwechseln und anderen handelbaren Wertpapieren, sofern die Verpflichtungen aus diesen anderen Wertpapieren aus deren Handelbarkeit entstehen;

d) außervertragliche Schuldverhältnisse, die sich aus dem Gesellschaftsrecht, dem Vereinsrecht und dem Recht der juristischen Personen ergeben, wie die Errichtung durch Eintragung oder auf andere Weise, die Rechts- und Handlungsfähigkeit, die innere Verfassung und die Auflösung von Gesellschaften, Vereinen und juristischen Personen, die persönliche Haftung der Gesellschafter und der Organe für die Verbindlichkeiten einer Gesellschaft, eines Vereins oder einer juristischen Person sowie die persönliche Haftung der Rechnungsprüfer gegenüber einer Gesellschaft oder ihren Gesellschaftern bei der Pflichtprüfung der Rechnungslegungsunterlagen;

e) außervertragliche Schuldverhältnisse aus den Beziehungen zwischen den Verfügenden, den Treuhändern und den Begünstigten eines durch Rechtsgeschäft errichteten „Trusts";

f) außervertragliche Schuldverhältnisse, die sich aus Schäden durch Kernenergie ergeben;

g) außervertragliche Schuldverhältnisse aus der Verletzung der Privatsphäre oder der Persönlichkeitsrechte, einschließlich der Verleumdung.

(3) Diese Verordnung gilt unbeschadet der Artikel 21 und 22 nicht für den Beweis und das Verfahren.

(4) Im Sinne dieser Verordnung bezeichnet der Begriff „Mitgliedstaat" jeden Mitgliedstaat mit Ausnahme Dänemarks.

Artikel 2
Außervertragliche Schuldverhältnisse

(1) Im Sinne dieser Verordnung umfasst der Begriff des Schadens sämtliche Folgen einer unerlaubten Handlung, einer ungerechtfertigten Bereicherung, einer Geschäftsführung ohne Auftrag („Negotiorum gestio") oder eines Verschuldens bei Vertragsverhandlungen („Culpa in contrahendo").

(2) Diese Verordnung gilt auch für außervertragliche Schuldverhältnisse, deren Entstehen wahrscheinlich ist.

(3) Sämtliche Bezugnahmen in dieser Verordnung auf

a) ein schadensbegründendes Ereignis gelten auch für schadensbegründende Ereignisse, deren Eintritt wahrscheinlich ist, und

b) einen Schaden gelten auch für Schäden, deren Eintritt wahrscheinlich ist.

Artikel 3
Universelle Anwendung

Das nach dieser Verordnung bezeichnete Recht ist auch dann anzuwenden, wenn es nicht das Recht eines Mitgliedstaats ist.

Kapitel II
Unerlaubte Handlungen

Artikel 4
Allgemeine Kollisionsnorm

(1) Soweit in dieser Verordnung nichts anderes vorgesehen ist, ist auf ein außervertragliches Schuldverhältnis aus unerlaubter Handlung das Recht des Staates anzuwenden, in dem der Schaden eintritt, unabhängig davon, in welchem Staat das schadensbegründende Ereignis oder indirekte Schadensfolgen eingetreten sind.

(2) Haben jedoch die Person, deren Haftung geltend gemacht wird, und die Person, die geschädigt wurde, zum Zeitpunkt des Schadenseintritts ihren gewöhnlichen Aufenthalt in demselben Staat, so unterliegt die unerlaubte Handlung dem Recht dieses Staates.

(3) Ergibt sich aus der Gesamtheit der Umstände, dass die unerlaubte Handlung eine offensichtlich engere Verbindung mit einem anderen als dem in den Absätzen 1 oder 2 bezeichneten Staat aufweist, so ist das Recht dieses anderen Staates anzuwenden. Eine offensichtlich engere Verbindung mit einem anderen Staat könnte sich insbesondere aus einem bereits bestehenden Rechtsverhältnis zwischen den Parteien – wie einem Vertrag – ergeben, das mit der betreffenden unerlaubten Handlung in enger Verbindung steht.

Artikel 5
Produkthaftung

(1) Unbeschadet des Artikels 4 Absatz 2 ist auf ein außervertragliches Schuldverhältnis im Falle eines Schadens durch ein Produkt folgendes Recht anzuwenden:

a) das Recht des Staates, in dem die geschädigte Person beim Eintritt des Schadens ihren gewöhnlichen Aufenthalt hatte, sofern das Produkt in diesem Staat in Verkehr gebracht wurde, oder anderenfalls

b) das Recht des Staates, in dem das Produkt erworben wurde, falls das Produkt in diesem Staat in Verkehr gebracht wurde, oder anderenfalls

c) das Recht des Staates, in dem der Schaden eingetreten ist, falls das Produkt in diesem Staat in Verkehr gebracht wurde.

Jedoch ist das Recht des Staates anzuwenden, in dem die Person, deren Haftung geltend gemacht wird, ihren gewöhnlichen Aufenthalt hat, wenn sie das Inverkehrbringen des Produkts oder eines gleichartigen Produkts in dem Staat, dessen Recht nach den Buchstaben a, b oder c anzuwenden ist, vernünftigerweise nicht voraussehen konnte.

(2) Ergibt sich aus der Gesamtheit der Umstände, dass die unerlaubte Handlung eine offensichtlich engere Verbindung mit einem anderen als dem in

Absatz 1 bezeichneten Staat aufweist, so ist das Recht dieses anderen Staates anzuwenden. Eine offensichtlich engere Verbindung mit einem anderen Staat könnte sich insbesondere aus einem bereits bestehenden Rechtsverhältnis zwischen den Parteien – wie einem Vertrag – ergeben, das mit der betreffenden unerlaubten Handlung in enger Verbindung steht.

Artikel 6
Unlauterer Wettbewerb und den freien Wettbewerb einschränkendes Verhalten

(1) Auf außervertragliche Schuldverhältnisse aus unlauterem Wettbewerbsverhalten ist das Recht des Staates anzuwenden, in dessen Gebiet die Wettbewerbsbeziehungen oder die kollektiven Interessen der Verbraucher beeinträchtigt worden sind oder wahrscheinlich beeinträchtigt werden.

(2) Beeinträchtigt ein unlauteres Wettbewerbsverhalten ausschließlich die Interessen eines bestimmten Wettbewerbers, ist Artikel 4 anwendbar.

(3)

a) Auf außervertragliche Schuldverhältnisse aus einem den Wettbewerb einschränkenden Verhalten ist das Recht des Staates anzuwenden, dessen Markt beeinträchtigt ist oder wahrscheinlich beeinträchtigt wird.

b) Wird der Markt in mehr als einem Staat beeinträchtigt oder wahrscheinlich beeinträchtigt, so kann ein Geschädigter, der vor einem Gericht im Mitgliedstaat des Wohnsitzes des Beklagten klagt, seinen Anspruch auf das Recht des Mitgliedstaats des angerufenen Gerichts stützen, sofern der Markt in diesem Mitgliedstaat zu den Märkten gehört, die unmittelbar und wesentlich durch das den Wettbewerb einschränkende Verhalten beeinträchtigt sind, das das außervertragliche Schuldverhältnis begründet, auf welches sich der Anspruch stützt; klagt der Kläger gemäß den geltenden Regeln über die gerichtliche Zuständigkeit vor diesem Gericht gegen mehr als einen Beklagten, so kann er seinen Anspruch nur dann auf das Recht dieses Gerichts stützen, wenn das den Wettbewerb einschränkende Verhalten, auf das sich der Anspruch gegen jeden dieser Beklagten stützt, auch den Markt im Mitgliedstaat dieses Gerichts unmittelbar und wesentlich beeinträchtigt.

(4) Von dem nach diesem Artikel anzuwendenden Recht kann nicht durch eine Vereinbarung gemäß Artikel 14 abgewichen werden.

Artikel 7
Umweltschädigung

Auf außervertragliche Schuldverhältnisse aus einer Umweltschädigung oder einem aus einer solchen Schädigung herrührenden Personen- oder Sachschaden ist das nach Artikel 4 Absatz 1 geltende Recht anzuwenden, es sei denn, der Geschädigte hat sich dazu entschieden, seinen Anspruch auf das Recht des Staates zu stützen, in dem das schadensbegründende Ereignis eingetreten ist.

Artikel 8
Verletzung von Rechten des geistigen Eigentums

(1) Auf außervertragliche Schuldverhältnisse aus einer Verletzung von Rechten des geistigen Eigentums ist das Recht des Staates anzuwenden, für den der Schutz beansprucht wird.

(2) Bei außervertraglichen Schuldverhältnissen aus einer Verletzung von gemeinschaftsweit einheitlichen Rechten des geistigen Eigentums ist auf Fragen, die nicht unter den einschlägigen Rechtsakt der Gemeinschaft fallen, das Recht des Staates anzuwenden, in dem die Verletzung begangen wurde.

(3) Von dem nach diesem Artikel anzuwendenden Recht kann nicht durch eine Vereinbarung nach Artikel 14 abgewichen werden.

Artikel 9
Arbeitskampfmaßnahmen

Unbeschadet des Artikels 4 Absatz 2 ist auf außervertragliche Schuldverhältnisse in Bezug auf die Haftung einer Person in ihrer Eigenschaft als Arbeitnehmer oder Arbeitgeber oder der Organisationen, die deren berufliche Interessen vertreten, für Schäden, die aus bevorstehenden oder durchgeführten Arbeitskampfmaßnahmen entstanden sind, das Recht des Staates anzuwenden, in dem die Arbeitskampfmaßnahme erfolgen soll oder erfolgt ist.

Kapitel III
Ungerechtfertigte Bereicherung, Geschäftsführung ohne Auftrag und Verschulden bei Vertragsverhandlungen

Artikel 10
Ungerechtfertigte Bereicherung

(1) Knüpft ein außervertragliches Schuldverhältnis aus ungerechtfertigter Bereicherung, einschließlich von Zahlungen auf eine nicht bestehende Schuld, an ein zwischen den Parteien bestehendes Rechtsverhältnis – wie einen Vertrag oder eine unerlaubte Handlung – an, das eine enge Verbindung mit dieser ungerechtfertigten Bereicherung aufweist, so ist das Recht anzuwenden, dem dieses Rechtsverhältnis unterliegt.

(2) Kann das anzuwendende Recht nicht nach Absatz 1 bestimmt werden und haben die Parteien zum Zeitpunkt des Eintritts des Ereignisses, das die ungerechtfertigte Bereicherung zur Folge hat, ihren gewöhnlichen Aufenthalt in demselben Staat, so ist das Recht dieses Staates anzuwenden.

(3) Kann das anzuwendende Recht nicht nach den Absätzen 1 oder 2 bestimmt werden, so ist das Recht des Staates anzuwenden, in dem die ungerechtfertigte Bereicherung eingetreten ist.

(4) Ergibt sich aus der Gesamtheit der Umstände, dass das außervertragliche Schuldverhältnis aus ungerechtfertigter Bereicherung eine offensichtlich engere Verbindung mit einem anderen als dem in den Absätzen 1, 2 und 3 bezeichneten Staat aufweist, so ist das Recht dieses anderen Staates anzuwenden.

Artikel 11
Geschäftsführung ohne Auftrag

(1) Knüpft ein außervertragliches Schuldverhältnis aus Geschäftsführung ohne Auftrag an ein zwischen den Parteien bestehendes Rechtsverhältnis – wie einen Vertrag oder eine unerlaubte Handlung – an, das eine enge Verbindung mit dieser Geschäftsführung ohne Auftrag aufweist, so ist das Recht anzuwenden, dem dieses Rechtsverhältnis unterliegt.

(2) Kann das anzuwendende Recht nicht nach Absatz 1 bestimmt werden und haben die Parteien zum Zeitpunkt des Eintritts des schadensbegründenden Ereignisses ihren gewöhnlichen Aufenthalt in demselben Staat, so ist das Recht dieses Staates anzuwenden.

(3) Kann das anzuwendende Recht nicht nach den Absätzen 1 oder 2 bestimmt werden, so ist das Recht des Staates anzuwenden, in dem die Geschäftsführung erfolgt ist.

(4) Ergibt sich aus der Gesamtheit der Umstände, dass das außervertragliche Schuldverhältnis aus Geschäftsführung ohne Auftrag eine offensichtlich engere Verbindung mit einem anderen als dem in den Absätzen 1, 2 und 3 bezeichneten Staat aufweist, so ist das Recht dieses anderen Staates anzuwenden.

Artikel 12
Verschulden bei Vertragsverhandlungen

(1) Auf außervertragliche Schuldverhältnisse aus Verhandlungen vor Abschluss eines Vertrags, unabhängig davon, ob der Vertrag tatsächlich geschlossen wurde oder nicht, ist das Recht anzuwenden, das auf den Vertrag anzuwenden ist oder anzuwenden gewesen wäre, wenn er geschlossen worden wäre.

(2) Kann das anzuwendende Recht nicht nach Absatz 1 bestimmt werden, so ist das anzuwendende Recht

a) das Recht des Staates, in dem der Schaden eingetreten ist, unabhängig davon, in welchem Staat das schadensbegründende Ereignis oder indirekte Schadensfolgen eingetreten sind, oder,

b) wenn die Parteien zum Zeitpunkt des Eintritts des schadensbegründenden Ereignisses ihren gewöhnlichen Aufenthalt in demselben Staat haben, das Recht dieses Staates, oder,

c) wenn sich aus der Gesamtheit der Umstände ergibt, dass das außervertragliche Schuldverhältnis aus Verhandlungen vor Abschluss eines Vertrags eine offensichtlich engere Verbindung mit einem anderen als dem in den Buchstaben a oder b bezeichneten Staat aufweist, das Recht dieses anderen Staates.

Artikel 13
Anwendbarkeit des Artikels 8

Auf außervertragliche Schuldverhältnisse aus einer Verletzung von Rechten des geistigen Eigentums ist für die Zwecke dieses Kapitels Artikel 8 anzuwenden.

Kapitel IV
Freie Rechtswahl

Artikel 14
Freie Rechtswahl

(1) Die Parteien können das Recht wählen, dem das außervertragliche Schuldverhältnis unterliegen soll:

a) durch eine Vereinbarung nach Eintritt des schadensbegründenden Ereignisses;
oder

b) wenn alle Parteien einer kommerziellen Tätigkeit nachgehen, auch durch eine vor Eintritt des schadensbegründenden Ereignisses frei ausgehandelte Vereinbarung.

Die Rechtswahl muss ausdrücklich erfolgen oder sich mit hinreichender Sicherheit aus den Umständen des Falles ergeben und lässt Rechte Dritter unberührt.

(2) Sind alle Elemente des Sachverhalts zum Zeitpunkt des Eintritts des schadensbegründenden Ereignisses in einem anderen als demjenigen Staat belegen, dessen Recht gewählt wurde, so berührt die Rechtswahl der Parteien nicht die Anwendung derjenigen Bestimmungen des Rechts dieses anderen Staates, von denen nicht durch Vereinbarung abgewichen werden kann.

(3) Sind alle Elemente des Sachverhalts zum Zeitpunkt des Eintritts des schadensbegründenden Ereignisses in einem oder mehreren Mitgliedstaaten belegen, so berührt die Wahl des Rechts eines Drittstaats durch die Parteien nicht die Anwendung – gegebenenfalls in der von dem Mitgliedstaat des angerufenen Gerichts umgesetzten Form – der Bestimmungen des Gemeinschaftsrechts, von denen nicht durch Vereinbarung abgewichen werden kann.

Kapitel V
Gemeinsame Vorschriften

Artikel 15
Geltungsbereich des anzuwendenden Rechts

Das nach dieser Verordnung auf außervertragliche Schuldverhältnisse anzuwendende Recht ist insbesondere maßgebend für

a) den Grund und den Umfang der Haftung einschließlich der Bestimmung der Personen, die für ihre Handlungen haftbar gemacht werden können;

b) die Haftungsausschlussgründe sowie jede Beschränkung oder Teilung der Haftung;

c) das Vorliegen, die Art und die Bemessung des Schadens oder der geforderten Wiedergutmachung;

d) die Maßnahmen, die ein Gericht innerhalb der Grenzen seiner verfahrensrechtlichen Befugnisse zur Vorbeugung, zur Beendigung oder zum Ersatz des Schadens anordnen kann;

e) die Übertragbarkeit, einschließlich der Vererbbarkeit, des Anspruchs auf Schadenersatz oder Wiedergutmachung;

f) die Personen, die Anspruch auf Ersatz eines persönlich erlittenen Schadens haben;

g) die Haftung für die von einem anderen begangenen Handlungen;

h) die Bedingungen für das Erlöschen von Verpflichtungen und die Vorschriften über die Verjährung und die Rechtsverluste, einschließlich der Vorschriften über den Beginn, die Unterbrechung und die Hemmung der Verjährungsfristen und der Fristen für den Rechtsverlust.

Artikel 16
Eingriffsnormen

Diese Verordnung berührt nicht die Anwendung der nach dem Recht des Staates des angerufenen Gerichts geltenden Vorschriften, die ohne Rücksicht auf das für das außervertragliche Schuldverhältnis maßgebende Recht den Sachverhalt zwingend regeln.

Artikel 17
Sicherheits- und Verhaltensregeln

Bei der Beurteilung des Verhaltens der Person, deren Haftung geltend gemacht wird, sind faktisch und soweit angemessen die Sicherheits- und Verhaltensregeln zu berücksichtigen, die an dem Ort und zu dem Zeitpunkt des haftungsbegründenden Ereignisses in Kraft sind.

Artikel 18
Direktklage gegen den Versicherer des Haftenden

Der Geschädigte kann seinen Anspruch direkt gegen den Versicherer des Haftenden geltend machen, wenn dies nach dem auf das außervertragliche Schuldverhältnis oder nach dem auf den Versicherungsvertrag anzuwendenden Recht vorgesehen ist.

Artikel 19
Gesetzlicher Forderungsübergang

Hat eine Person („der Gläubiger") aufgrund eines außervertraglichen Schuldverhältnisses eine Forderung gegen eine andere Person („den Schuldner") und hat ein Dritter die Verpflichtung, den Gläubiger zu befriedigen, oder befriedigt er den Gläubiger aufgrund dieser Verpflichtung, so bestimmt das für die Verpflichtung des Dritten gegenüber dem Gläubiger maßgebende Recht, ob und in welchem Umfang der Dritte die Forderung des Gläubigers gegen den Schuldner nach dem für deren Beziehungen maßgebenden Recht geltend zu machen berechtigt ist.

Artikel 20
Mehrfache Haftung

Hat ein Gläubiger eine Forderung gegen mehrere für dieselbe Forderung haftende Schuldner und ist er von einem der Schuldner vollständig oder teilweise befriedigt worden, so bestimmt sich der Anspruch dieses Schuldners auf Ausgleich durch die anderen Schuldner nach dem Recht, das auf die Verpflichtung dieses Schuldners gegenüber dem Gläubiger aus dem außervertraglichen Schuldverhältnis anzuwenden ist.

Artikel 21
Form

Eine einseitige Rechtshandlung, die ein außervertragliches Schuldverhältnis betrifft, ist formgültig, wenn sie die Formerfordernisse des für das betreffende außervertragliche Schuldverhältnis maßgebenden Rechts oder des Rechts des Staates, in dem sie vorgenommen wurde, erfüllt.

Artikel 22
Beweis

(1) Das nach dieser Verordnung für das außervertragliche Schuldverhältnis maßgebende Recht ist insoweit anzuwenden, als es für außervertragliche Schuldverhältnisse gesetzliche Vermutungen aufstellt oder die Beweislast verteilt.

(2) Zum Beweis einer Rechtshandlung sind alle Beweisarten des Rechts des angerufenen Gerichts oder eines der in Artikel 21 bezeichneten Rechte, nach

denen die Rechtshandlung formgültig ist, zulässig, sofern der Beweis in dieser Art vor dem angerufenen Gericht erbracht werden kann.

Kapitel VI
Sonstige Vorschriften

Artikel 23
Gewöhnlicher Aufenthalt

(1) Für die Zwecke dieser Verordnung ist der Ort des gewöhnlichen Aufenthalts von Gesellschaften, Vereinen und juristischen Personen der Ort ihrer Hauptverwaltung. Wenn jedoch das schadensbegründende Ereignis oder der Schaden aus dem Betrieb einer Zweigniederlassung, einer Agentur oder einer sonstigen Niederlassung herrührt, steht dem Ort des gewöhnlichen Aufenthalts der Ort gleich, an dem sich diese Zweigniederlassung, Agentur oder sonstige Niederlassung befindet.

(2) Im Sinne dieser Verordnung ist der gewöhnliche Aufenthalt einer natürlichen Person, die im Rahmen der Ausübung ihrer beruflichen Tätigkeit handelt, der Ort ihrer Hauptniederlassung.

Artikel 24
Ausschluss der Rück- und Weiterverweisung

Unter dem nach dieser Verordnung anzuwendenden Recht eines Staates sind die in diesem Staat geltenden Rechtsnormen unter Ausschluss derjenigen des Internationalen Privatrechts zu verstehen.

Artikel 25
Staaten ohne einheitliche Rechtsordnung

(1) Umfasst ein Staat mehrere Gebietseinheiten, von denen jede für außervertragliche Schuldverhältnisse ihre eigenen Rechtsnormen hat, so gilt für die Bestimmung des nach dieser Verordnung anzuwendenden Rechts jede Gebietseinheit als Staat.

(2) Ein Mitgliedstaat, in dem verschiedene Gebietseinheiten ihre eigenen Rechtsnormen für außervertragliche Schuldverhältnisse haben, ist nicht verpflichtet, diese Verordnung auf Kollisionen zwischen den Rechtsordnungen dieser Gebietseinheiten anzuwenden.

Artikel 26
Öffentliche Ordnung im Staat des angerufenen Gerichts

Die Anwendung einer Vorschrift des nach dieser Verordnung bezeichneten Rechts kann nur versagt werden, wenn ihre Anwendung mit der öffentlichen Ordnung („ordre public") des Staates des angerufenen Gerichts offensichtlich unvereinbar ist.

Artikel 27
Verhältnis zu anderen Gemeinschaftsrechtsakten

Diese Verordnung berührt nicht die Anwendung von Vorschriften des Gemeinschaftsrechts, die für besondere Gegenstände Kollisionsnormen für außervertragliche Schuldverhältnisse enthalten.

Artikel 28
Verhältnis zu bestehenden internationalen Übereinkommen

(1) Diese Verordnung berührt nicht die Anwendung der internationalen Übereinkommen, denen ein oder mehrere Mitgliedstaaten zum Zeitpunkt der Annahme dieser Verordnung angehören und die Kollisionsnormen für außervertragliche Schuldverhältnisse enthalten.

(2) Diese Verordnung hat jedoch in den Beziehungen zwischen den Mitgliedstaaten Vorrang vor den ausschließlich zwischen zwei oder mehreren Mitgliedstaaten geschlossenen Übereinkommen, soweit diese Bereiche betreffen, die in dieser Verordnung geregelt sind.

Kapitel VII
Schlussbestimmungen

Artikel 29
Verzeichnis der Übereinkommen

(1) Die Mitgliedstaaten übermitteln der Kommission spätestens 11. Juli 2008 die Übereinkommen gemäß Artikel 28 Absatz 1. Kündigen die Mitgliedstaaten nach diesem Stichtag eines dieser Übereinkommen, so setzen sie die Kommission davon in Kenntnis.

(2) Die Kommission veröffentlicht im Amtsblatt der Europäischen Union innerhalb von sechs Monaten nach deren Erhalt

i) ein Verzeichnis der in Absatz 1 genannten Übereinkommen;

ii) die in Absatz 1 genannten Kündigungen.

Artikel 30
Überprüfungsklausel

(1) Die Kommission legt dem Europäischen Parlament, dem Rat und dem Europäischen Wirtschafts- und Sozialausschuss bis spätestens 20. August 2011 einen Bericht über die Anwendung dieser Verordnung vor. Diesem Bericht werden gegebenenfalls Vorschläge zur Anpassung der Verordnung beigefügt. Der Bericht umfasst:

i) eine Untersuchung über Auswirkungen der Art und Weise, in der mit ausländischem Recht in den verschiedenen Rechtsordnungen umgegangen wird, und darüber, inwieweit die Gerichte in den Mitgliedstaaten ausländisches Recht aufgrund dieser Verordnung in der Praxis anwenden;

ii) eine Untersuchung der Auswirkungen von Artikel 28 der vorliegenden Verordnung im Hinblick auf das Haager Übereinkommen vom 4. Mai 1971 über das auf Verkehrsunfälle anzuwendende Recht.

(2) Die Kommission legt dem Europäischen Parlament, dem Rat und dem Europäischen Wirtschafts- und Sozialausschuss bis spätestens 31. Dezember 2008 eine Untersuchung zum Bereich des auf außervertragliche Schuldverhältnisse aus der Verletzung der Privatsphäre oder der Persönlichkeitsrechte anzuwendenden Rechts vor, wobei die Regeln über die Pressefreiheit und die Meinungsfreiheit in den Medien sowie die kollisionsrechtlichen Aspekte im Zusammenhang mit der Richtlinie 95/46/EG des Europäischen Parlaments und des Rates vom 24. Oktober 1995 zum Schutz natürlicher Personen bei der Verarbeitung personenbezogener Daten und zum freien Datenverkehr[24] zu berücksichtigen sind.

Artikel 31
Zeitliche Anwendbarkeit

Diese Verordnung wird auf schadensbegründende Ereignisse angewandt, die nach ihrem Inkrafttreten eintreten.

Artikel 32
Zeitpunkt des Beginns der Anwendung

Diese Verordnung gilt ab dem 11. Januar 2009, mit Ausnahme des Artikels 29, der ab dem 11. Juli 2008 gilt.

Anlage
Erklärung der Kommission zur Überprüfungsklausel (Artikel 30)

Die Kommission wird auf entsprechende Aufforderung durch das Europäische Parlament und den Rat im Rahmen von Artikel 30 der Verordnung Rom II hin, bis spätestens Dezember 2008 eine Untersuchung zu dem auf außervertragliche Schuldverhältnisse aus der Verletzung der Privatsphäre oder der Persönlichkeitsrechte anwendbaren Recht vorlegen. Die Kommission wird allen Aspekten Rechnung tragen und erforderlichenfalls geeignete Maßnahmen ergreifen.

Erklärung der Kommission zu Straßenverkehrsunfällen

In Anbetracht der unterschiedlichen Höhe des Schadenersatzes, der den Opfern von Straßenverkehrsunfällen in den Mitgliedstaaten zugesprochen wird,

---

[24] ABl. L 281 vom 23.11.1995, S. 31.

ist die Kommission bereit, die spezifischen Probleme zu untersuchen, mit denen EU-Ansässige bei Straßenverkehrsunfällen in einem anderen Mitgliedstaat als dem ihres gewöhnlichen Aufenthalts konfrontiert sind. Die Kommission wird dem Europäischen Parlament und dem Rat bis Ende 2008 hierzu eine Untersuchung zu allen Optionen einschließlich Versicherungsaspekten vorlegen, wie die Position gebietsfremder Unfallopfer verbessert werden kann. Diese Untersuchung würde den Weg zur Ausarbeitung eines Grünbuches bahnen.

Erklärung der Kommission zur Behandlung ausländischen Rechts

In Anbetracht der unterschiedlichen Behandlung ausländischen Rechts in den Mitgliedstaaten wird die Kommission, sobald die Untersuchung vorliegt, spätestens aber vier Jahre nach Inkrafttreten der Verordnung Rom II eine Untersuchung zur Anwendung ausländischen Rechts in Zivil- und Handelssachen durch die Gerichte der Mitgliedstaaten unter Berücksichtigung der Ziele des Haager Programms veröffentlichen. Die Kommission ist bereit, erforderlichenfalls geeignete Maßnahmen zu ergreifen.

Einführungsgesetz zum Bürgerlichen Gesetzbuche („BGBEG")

Ausfertigungsdatum: 18.08.1896

Neugefasst durch Bek. v. 21.9.1994 I 2494; 1997, 1061; zuletzt geändert durch Art. 6 G v. 7.5.2013 I 1122

– Auszug –

[...]

Zweites Kapitel
Internationales Privatrecht

Erster Abschnitt
Allgemeine Vorschriften

Art 3
Anwendungsbereich; Verhältnis zu Regelungen der Europäischen Union und zu völkerrechtlichen Vereinbarungen

Soweit nicht

1. unmittelbar anwendbare Regelungen der Europäischen Union in ihrer jeweils geltenden Fassung, insbesondere

   a) die Verordnung (EG) Nr. 864/2007 des Europäischen Parlaments und des Rates vom 11. Juli 2007 über das auf außervertragliche Schuldverhältnisse anzuwendende Recht (Rom II) (ABl. L 199 vom 31.7.2007, S. 40),

   b) die Verordnung (EG) Nr. 593/2008 des Europäischen Parlaments und des Rates vom 17. Juni 2008 über das auf vertragliche Schuldverhältnisse anzuwendende Recht (Rom I) (ABl. L 177 vom 4.7.2008, S. 6),

   c) der Beschluss des Rates vom 30. November 2009 über den Abschluss des Haager Protokolls vom 23. November 2007 über das auf Unterhaltspflichten anzuwendende Recht durch die Europäische Gemeinschaft (ABl. L 331 vom 16.12.2009, S. 17) sowie

   d) die Verordnung (EU) Nr. 1259/2010 des Rates vom 20. Dezember 2010 zur Durchführung einer Verstärkten Zusammenarbeit im Bereich des auf die Ehescheidung und Trennung ohne Auflösung des Ehebandes anzuwendenden Rechts (ABl. L 343 vom 29.12.2010, S. 10) oder

2. Regelungen in völkerrechtlichen Vereinbarungen, soweit sie unmittelbar anwendbares innerstaatliches Recht geworden sind,

maßgeblich sind, bestimmt sich das anzuwendende Recht bei Sachverhalten mit einer Verbindung zu einem ausländischen Staat nach den Vorschriften dieses Kapitels (Internationales Privatrecht).

Art 3a
Sachnormverweisung; Einzelstatut

(1) Verweisungen auf Sachvorschriften beziehen sich auf die Rechtsnormen der maßgebenden Rechtsordnung unter Ausschluss derjenigen des Internationalen Privatrechts.

(2) Soweit Verweisungen im Dritten und Vierten Abschnitt das Vermögen einer Person dem Recht eines Staates unterstellen, beziehen sie sich nicht auf Gegenstände, die sich nicht in diesem Staat befinden und nach dem Recht des Staates, in dem sie sich befinden, besonderen Vorschriften unterliegen.

Art 4
Rück- und Weiterverweisung; Rechtsspaltung

(1) Wird auf das Recht eines anderen Staates verwiesen, so ist auch dessen Internationales Privatrecht anzuwenden, sofern dies nicht dem Sinn der Verweisung widerspricht. Verweist das Recht des anderen Staates auf deutsches Recht zurück, so sind die deutschen Sachvorschriften anzuwenden.

(2) Soweit die Parteien das Recht eines Staates wählen können, können sie nur auf die Sachvorschriften verweisen.

(3) Wird auf das Recht eines Staates mit mehreren Teilrechtsordnungen verwiesen, ohne die maßgebende zu bezeichnen, so bestimmt das Recht dieses Staates, welche Teilrechtsordnung anzuwenden ist. Fehlt eine solche Regelung, so ist die Teilrechtsordnung anzuwenden, mit welcher der Sachverhalt am engsten verbunden ist.

Art 5
Personalstatut

(1) Wird auf das Recht des Staates verwiesen, dem eine Person angehört, und gehört sie mehreren Staaten an, so ist das Recht desjenigen dieser Staaten anzuwenden, mit dem die Person am engsten verbunden ist, insbesondere durch ihren gewöhnlichen Aufenthalt oder durch den Verlauf ihres Lebens. Ist die Person auch Deutscher, so geht diese Rechtsstellung vor.

(2) Ist eine Person staatenlos oder kann ihre Staatsangehörigkeit nicht festgestellt werden, so ist das Recht des Staates anzuwenden, in dem sie ihren gewöhnlichen Aufenthalt oder, mangels eines solchen, ihren Aufenthalt hat.

(3) Wird auf das Recht des Staates verwiesen, in dem eine Person ihren Aufenthalt oder ihren gewöhnlichen Aufenthalt hat, und ändert eine nicht voll geschäftsfähige Person den Aufenthalt ohne den Willen des gesetzlichen Vertreters, so führt diese Änderung allein nicht zur Anwendung eines anderen Rechts.

Anhang

Art 6
Öffentliche Ordnung (ordre public)

Eine Rechtsnorm eines anderen Staates ist nicht anzuwenden, wenn ihre Anwendung zu einem Ergebnis führt, das mit wesentlichen Grundsätzen des deutschen Rechts offensichtlich unvereinbar ist. Sie ist insbesondere nicht anzuwenden, wenn die Anwendung mit den Grundrechten unvereinbar ist.

Zweiter Abschnitt
Recht der natürlichen Personen und der Rechtsgeschäfte

Art 7
Rechtsfähigkeit und Geschäftsfähigkeit

(1) Die Rechtsfähigkeit und die Geschäftsfähigkeit einer Person unterliegen dem Recht des Staates, dem die Person angehört. Dies gilt auch, soweit die Geschäftsfähigkeit durch Eheschließung erweitert wird.

(2) Eine einmal erlangte Rechtsfähigkeit oder Geschäftsfähigkeit wird durch Erwerb oder Verlust der Rechtsstellung als Deutscher nicht beeinträchtigt.

Art 8
Entmündigung

(weggefallen)

Art 9
Todeserklärung

Die Todeserklärung, die Feststellung des Todes und des Todeszeitpunkts sowie Lebens- und Todesvermutungen unterliegen dem Recht des Staates, dem der Verschollene in dem letzten Zeitpunkt angehörte, in dem er nach den vorhandenen Nachrichten noch gelebt hat. War der Verschollene in diesem Zeitpunkt Angehöriger eines fremden Staates, so kann er nach deutschem Recht für tot erklärt werden, wenn hierfür ein berechtigtes Interesse besteht.

Art 10
Name

(1) Der Name einer Person unterliegt dem Recht des Staates, dem die Person angehört.

(2) Ehegatten können bei oder nach der Eheschließung gegenüber dem Standesamt ihren künftig zu führenden Namen wählen

1. nach dem Recht eines Staates, dem einer der Ehegatten angehört, ungeachtet des Artikels 5 Abs. 1, oder

2. nach deutschem Recht, wenn einer von ihnen seinen gewöhnlichen Aufenthalt im Inland hat.

Nach der Eheschließung abgegebene Erklärungen müssen öffentlich beglaubigt werden. Für die Auswirkungen der Wahl auf den Namen eines Kindes ist § 1617c des Bürgerlichen Gesetzbuchs sinngemäß anzuwenden.

(3) Der Inhaber der Sorge kann gegenüber dem Standesamt bestimmen, daß ein Kind den Familiennamen erhalten soll

1. nach dem Recht eines Staates, dem ein Elternteil angehört, ungeachtet des Artikels 5 Abs. 1,

2. nach deutschem Recht, wenn ein Elternteil seinen gewöhnlichen Aufenthalt im Inland hat, oder

3. nach dem Recht des Staates, dem ein den Namen Erteilender angehört.

Nach der Beurkundung der Geburt abgegebene Erklärungen müssen öffentlich beglaubigt werden.

(4) (weggefallen)

Art 11
Form von Rechtsgeschäften

(1) Ein Rechtsgeschäft ist formgültig, wenn es die Formerfordernisse des Rechts, das auf das seinen Gegenstand bildende Rechtsverhältnis anzuwenden ist, oder des Rechts des Staates erfüllt, in dem es vorgenommen wird.

(2) Wird ein Vertrag zwischen Personen geschlossen, die sich in verschiedenen Staaten befinden, so ist er formgültig, wenn er die Formerfordernisse des Rechts, das auf das seinen Gegenstand bildende Rechtsverhältnis anzuwenden ist, oder des Rechts eines dieser Staaten erfüllt.

(3) Wird der Vertrag durch einen Vertreter geschlossen, so ist bei Anwendung der Absätze 1 und 2 der Staat maßgebend, in dem sich der Vertreter befindet.

(4) Ein Rechtsgeschäft, durch das ein Recht an einer Sache begründet oder über ein solches Recht verfügt wird, ist nur formgültig, wenn es die Formerfordernisse des Rechts erfüllt, das auf das seinen Gegenstand bildende Rechtsverhältnis anzuwenden ist.

Art 12
Schutz des anderen Vertragsteils

Wird ein Vertrag zwischen Personen geschlossen, die sich in demselben Staat befinden, so kann sich eine natürliche Person, die nach den Sachvorschriften des Rechts dieses Staates rechts-, geschäfts- und handlungsfähig wäre, nur dann auf ihre aus den Sachvorschriften des Rechts eines anderen Staates abgeleitete Rechts-, Geschäfts- und Handlungsunfähigkeit berufen, wenn der andere Vertragsteil bei Vertragsabschluß diese Rechts-, Geschäfts- und Handlungsunfähigkeit kannte oder kennen mußte. Dies gilt nicht für familienrechtliche und erbrechtliche Rechtsgeschäfte sowie für Verfügungen über ein in einem anderen Staat belegenes Grundstück.

Dritter Abschnitt
Familienrecht

Art 13
Eheschließung

(1) Die Voraussetzungen der Eheschließung unterliegen für jeden Verlobten dem Recht des Staates, dem er angehört.

(2) Fehlt danach eine Voraussetzung, so ist insoweit deutsches Recht anzuwenden, wenn

1. ein Verlobter seinen gewöhnlichen Aufenthalt im Inland hat oder Deutscher ist,

2. die Verlobten die zumutbaren Schritte zur Erfüllung der Voraussetzung unternommen haben und

3. es mit der Eheschließungsfreiheit unvereinbar ist, die Eheschließung zu versagen; insbesondere steht die frühere Ehe eines Verlobten nicht entgegen, wenn ihr Bestand durch eine hier erlassene oder anerkannte Entscheidung beseitigt oder der Ehegatte des Verlobten für tot erklärt ist.

(3) Eine Ehe kann im Inland nur in der hier vorgeschriebenen Form geschlossen werden. Eine Ehe zwischen Verlobten, von denen keiner Deutscher ist, kann jedoch vor einer von der Regierung des Staates, dem einer der Verlobten angehört, ordnungsgemäß ermächtigten Person in der nach dem Recht dieses Staates vorgeschriebenen Form geschlossen werden; eine beglaubigte Abschrift der Eintragung der so geschlossenen Ehe in das Standesregister, das von der dazu ordnungsgemäß ermächtigten Person geführt wird, erbringt vollen Beweis der Eheschließung.

Art 14
Allgemeine Ehewirkungen

(1) Die allgemeinen Wirkungen der Ehe unterliegen

1. dem Recht des Staates, dem beide Ehegatten angehören oder während der Ehe zuletzt angehörten, wenn einer von ihnen diesem Staat noch angehört, sonst

2. dem Recht des Staates, in dem beide Ehegatten ihren gewöhnlichen Aufenthalt haben oder während der Ehe zuletzt hatten, wenn einer von ihnen dort noch seinen gewöhnlichen Aufenthalt hat, hilfsweise

3. dem Recht des Staates, mit dem die Ehegatten auf andere Weise gemeinsam am engsten verbunden sind.

(2) Gehört ein Ehegatte mehreren Staaten an, so können die Ehegatten ungeachtet des Artikels 5 Abs. 1 das Recht eines dieser Staaten wählen, falls ihm auch der andere Ehegatte angehört.

(3) Ehegatten können das Recht des Staates wählen, dem ein Ehegatte angehört, wenn die Voraussetzungen des Absatzes 1 Nr. 1 nicht vorliegen und

1. kein Ehegatte dem Staat angehört, in dem beide Ehegatten ihren gewöhnlichen Aufenthalt haben, oder

2. die Ehegatten ihren gewöhnlichen Aufenthalt nicht in demselben Staat haben.

Die Wirkungen der Rechtswahl enden, wenn die Ehegatten eine gemeinsame Staatsangehörigkeit erlangen.

(4) Die Rechtswahl muß notariell beurkundet werden. Wird sie nicht im Inland vorgenommen, so genügt es, wenn sie den Formerfordernissen für einen Ehevertrag nach dem gewählten Recht oder am Ort der Rechtswahl entspricht.

Art 15
Güterstand

(1) Die güterrechtlichen Wirkungen der Ehe unterliegen dem bei der Eheschließung für die allgemeinen Wirkungen der Ehe maßgebenden Recht.

(2) Die Ehegatten können für die güterrechtlichen Wirkungen ihrer Ehe wählen

1. das Recht des Staates, dem einer von ihnen angehört,

2. das Recht des Staates, in dem einer von ihnen seinen gewöhnlichen Aufenthalt hat, oder

3. für unbewegliches Vermögen das Recht des Lageorts.

(3) Artikel 14 Abs. 4 gilt entsprechend.

(4) Die Vorschriften des Gesetzes über den ehelichen Güterstand von Vertriebenen und Flüchtlingen bleiben unberührt.

Art 16
Schutz Dritter

(1) Unterliegen die güterrechtlichen Wirkungen einer Ehe dem Recht eines anderen Staates und hat einer der Ehegatten seinen gewöhnlichen Aufenthalt im Inland oder betreibt er hier ein Gewerbe, so ist § 1412 des Bürgerlichen

Gesetzbuchs entsprechend anzuwenden; der fremde gesetzliche Güterstand steht einem vertragsmäßigen gleich.

(2) Auf im Inland vorgenommene Rechtsgeschäfte ist § 1357, auf hier befindliche bewegliche Sachen § 1362, auf ein hier betriebenes Erwerbsgeschäft sind die §§ 1431 und 1456 des Bürgerlichen Gesetzbuchs sinngemäß anzuwenden, soweit diese Vorschriften für gutgläubige Dritte günstiger sind als das fremde Recht.

Art 17
Besondere Scheidungsfolgen; Entscheidung durch Gericht

(1) Vermögensrechtliche Scheidungsfolgen, die nicht von anderen Vorschriften dieses Abschnitts erfasst sind, unterliegen dem nach der Verordnung (EU) Nr. 1259/2010 auf die Scheidung anzuwendenden Recht.

(2) Eine Ehe kann im Inland nur durch ein Gericht geschieden werden.

(3) Der Versorgungsausgleich unterliegt dem nach der Verordnung (EU) Nr. 1259/2010 auf die Scheidung anzuwendenden Recht; er ist nur durchzuführen, wenn danach deutsches Recht anzuwenden ist und ihn das Recht eines der Staaten kennt, denen die Ehegatten im Zeitpunkt des Eintritts der Rechtshängigkeit des Scheidungsantrags angehören. Im Übrigen ist der Versorgungsausgleich auf Antrag eines Ehegatten nach deutschem Recht durchzuführen, wenn einer der Ehegatten in der Ehezeit ein Anrecht bei einem inländischen Versorgungsträger erworben hat, soweit die Durchführung des Versorgungsausgleichs insbesondere im Hinblick auf die beiderseitigen wirtschaftlichen Verhältnisse während der gesamten Ehezeit der Billigkeit nicht widerspricht.

Art 17a
Ehewohnung und Haushaltsgegenstände

Die Nutzungsbefugnis für die im Inland belegene Ehewohnung und die im Inland befindlichen Haushaltsgegenstände sowie damit zusammenhängende Betretungs-, Näherungs- und Kontaktverbote unterliegen den deutschen Sachvorschriften.

Art 17b
Eingetragene Lebenspartnerschaft

(1) Die Begründung, die allgemeinen und die güterrechtlichen Wirkungen sowie die Auflösung einer eingetragenen Lebenspartnerschaft unterliegen den Sachvorschriften des Register führenden Staates. Auf die erbrechtlichen Folgen der Lebenspartnerschaft ist das nach den allgemeinen Vorschriften maßgebende Recht anzuwenden; begründet die Lebenspartnerschaft danach kein gesetzliches Erbrecht, so findet insoweit Satz 1 entsprechende Anwendung. Der Versorgungsausgleich unterliegt dem nach Satz 1 anzuwendenden

Recht; er ist nur durchzuführen, wenn danach deutsches Recht anzuwenden ist und das Recht eines der Staaten, denen die Lebenspartner im Zeitpunkt der Rechtshängigkeit des Antrags auf Aufhebung der Lebenspartnerschaft angehören, einen Versorgungsausgleich zwischen Lebenspartnern kennt. Im Übrigen ist der Versorgungsausgleich auf Antrag eines Lebenspartners nach deutschem Recht durchzuführen, wenn einer der Lebenspartner während der Zeit der Lebenspartnerschaft ein Anrecht bei einem inländischen Versorgungsträger erworben hat, soweit die Durchführung des Versorgungsausgleichs insbesondere im Hinblick auf die beiderseitigen wirtschaftlichen Verhältnisse während der gesamten Zeit der Lebenspartnerschaft der Billigkeit nicht widerspricht.

(2) Artikel 10 Abs. 2 und Artikel 17a gelten entsprechend. Unterliegen die allgemeinen Wirkungen der Lebenspartnerschaft dem Recht eines anderen Staates, so ist auf im Inland befindliche bewegliche Sachen § 8 Abs. 1 des Lebenspartnerschaftsgesetzes und auf im Inland vorgenommene Rechtsgeschäfte § 8 Abs. 2 des Lebenspartnerschaftsgesetzes in Verbindung mit § 1357 des Bürgerlichen Gesetzbuchs anzuwenden, soweit diese Vorschriften für gutgläubige Dritte günstiger sind als das fremde Recht.

(3) Bestehen zwischen denselben Personen eingetragene Lebenspartnerschaften in verschiedenen Staaten, so ist die zuletzt begründete Lebenspartnerschaft vom Zeitpunkt ihrer Begründung an für die in Absatz 1 umschriebenen Wirkungen und Folgen maßgebend.

(4) Die Wirkungen einer im Ausland eingetragenen Lebenspartnerschaft gehen nicht weiter als nach den Vorschriften des Bürgerlichen Gesetzbuchs und des Lebenspartnerschaftsgesetzes vorgesehen.

Art 18
(weggefallen)

Art 19
Abstammung

(1) Die Abstammung eines Kindes unterliegt dem Recht des Staates, in dem das Kind seinen gewöhnlichen Aufenthalt hat. Sie kann im Verhältnis zu jedem Elternteil auch nach dem Recht des Staates bestimmt werden, dem dieser Elternteil angehört. Ist die Mutter verheiratet, so kann die Abstammung ferner nach dem Recht bestimmt werden, dem die allgemeinen Wirkungen ihrer Ehe bei der Geburt nach Artikel 14 Abs. 1 unterliegen; ist die Ehe vorher durch Tod aufgelöst worden, so ist der Zeitpunkt der Auflösung maßgebend.

(2) Sind die Eltern nicht miteinander verheiratet, so unterliegen Verpflichtungen des Vaters gegenüber der Mutter auf Grund der Schwangerschaft dem Recht des Staates, in dem die Mutter ihren gewöhnlichen Aufenthalt hat.

Art 20
Anfechtung der Abstammung

Die Abstammung kann nach jedem Recht angefochten werden, aus dem sich ihre Voraussetzungen ergeben. Das Kind kann die Abstammung in jedem Fall nach dem Recht des Staates anfechten, in dem es seinen gewöhnlichen Aufenthalt hat.

Art 21
Wirkungen des Eltern-Kind-Verhältnisses

Das Rechtsverhältnis zwischen einem Kind und seinen Eltern unterliegt dem Recht des Staates, in dem das Kind seinen gewöhnlichen Aufenthalt hat.

Art 22
Annahme als Kind

(1) Die Annahme als Kind unterliegt dem Recht des Staates, dem der Annehmende bei der Annahme angehört. Die Annahme durch einen oder beide Ehegatten unterliegt dem Recht, das nach Artikel 14 Abs. 1 für die allgemeinen Wirkungen der Ehe maßgebend ist.

(2) Die Folgen der Annahme in Bezug auf das Verwandtschaftsverhältnis zwischen dem Kind und dem Annehmenden sowie den Personen, zu denen das Kind in einem familienrechtlichen Verhältnis steht, unterliegen dem nach Absatz 1 anzuwendenden Recht.

(3) In Ansehung der Rechtsnachfolge von Todes wegen nach dem Annehmenden, dessen Ehegatten oder Verwandten steht der Angenommene ungeachtet des nach den Absätzen 1 und 2 anzuwendenden Rechts einem nach den deutschen Sachvorschriften angenommenen Kind gleich, wenn der Erblasser dies in der Form einer Verfügung von Todes wegen angeordnet hat und die Rechtsnachfolge deutschem Recht unterliegt. Satz 1 gilt entsprechend, wenn die Annahme auf einer ausländischen Entscheidung beruht. Die Sätze 1 und 2 finden keine Anwendung, wenn der Angenommene im Zeitpunkt der Annahme das achtzehnte Lebensjahr vollendet hatte.

Art 23
Zustimmung

Die Erforderlichkeit und die Erteilung der Zustimmung des Kindes und einer Person, zu der das Kind in einem familienrechtlichen Verhältnis steht, zu einer Abstammungserklärung, Namenserteilung oder Annahme als Kind unterliegen zusätzlich dem Recht des Staates, dem das Kind angehört. Soweit es zum Wohl des Kindes erforderlich ist, ist statt dessen das deutsche Recht anzuwenden.

Art 24
Vormundschaft, Betreuung und Pflegschaft

(1) Die Entstehung, die Änderung und das Ende der Vormundschaft, Betreuung und Pflegschaft sowie der Inhalt der gesetzlichen Vormundschaft und Pflegschaft unterliegen dem Recht des Staates, dem der Mündel, Betreute oder Pflegling angehört. Für einen Angehörigen eines fremden Staates, der seinen gewöhnlichen Aufenthalt oder, mangels eines solchen, seinen Aufenthalt im Inland hat, kann ein Betreuer nach deutschem Recht bestellt werden.

(2) Ist eine Pflegschaft erforderlich, weil nicht feststeht, wer an einer Angelegenheit beteiligt ist, oder weil ein Beteiligter sich in einem anderen Staat befindet, so ist das Recht anzuwenden, das für die Angelegenheit maßgebend ist.

(3) Vorläufige Maßregeln sowie der Inhalt der Betreuung und der angeordneten Vormundschaft und Pflegschaft unterliegen dem Recht des anordnenden Staates.

Vierter Abschnitt
Erbrecht

Art 25
Rechtsnachfolge von Todes wegen

(1) Die Rechtsnachfolge von Todes wegen unterliegt dem Recht des Staates, dem der Erblasser im Zeitpunkt seines Todes angehörte.

(2) Der Erblasser kann für im Inland belegenes unbewegliches Vermögen in der Form einer Verfügung von Todes wegen deutsches Recht wählen.

Art 26
Verfügungen von Todes wegen

(1) Eine letztwillige Verfügung ist, auch wenn sie von mehreren Personen in derselben Urkunde errichtet wird, hinsichtlich ihrer Form gültig, wenn diese den Formerfordernissen entspricht

1. des Rechts eines Staates, dem der Erblasser ungeachtet des Artikels 5 Abs. 1 im Zeitpunkt, in dem er letztwillig verfügt hat, oder im Zeitpunkt seines Todes angehörte,

2. des Rechts des Ortes, an dem der Erblasser letztwillig verfügt hat,

3. des Rechts eines Ortes, an dem der Erblasser im Zeitpunkt, in dem er letztwillig verfügt hat, oder im Zeitpunkt seines Todes seinen Wohnsitz oder gewöhnlichen Aufenthalt hatte,

4. des Rechts des Ortes, an dem sich unbewegliches Vermögen befindet, soweit es sich um dieses handelt, oder

5. des Rechts, das auf die Rechtsnachfolge von Todes wegen anzuwenden ist oder im Zeitpunkt der Verfügung anzuwenden wäre.

Ob der Erblasser an einem bestimmten Ort einen Wohnsitz hatte, regelt das an diesem Ort geltende Recht.

(2) Absatz 1 ist auch auf letztwillige Verfügungen anzuwenden, durch die eine frühere letztwillige Verfügung widerrufen wird. Der Widerruf ist hinsichtlich seiner Form auch dann gültig, wenn diese einer der Rechtsordnungen entspricht, nach denen die widerrufene letztwillige Verfügung gemäß Absatz 1 gültig war.

(3) Die Vorschriften, welche die für letztwillige Verfügungen zugelassenen Formen mit Beziehung auf das Alter, die Staatsangehörigkeit oder andere persönliche Eigenschaften des Erblassers beschränken, werden als zur Form gehörend angesehen. Das gleiche gilt für Eigenschaften, welche die für die Gültigkeit einer letztwilligen Verfügung erforderlichen Zeugen besitzen müssen.

(4) Die Absätze 1 bis 3 gelten für andere Verfügungen von Todes wegen entsprechend.

(5) Im übrigen unterliegen die Gültigkeit der Errichtung einer Verfügung von Todes wegen und die Bindung an sie dem Recht, das im Zeitpunkt der Verfügung auf die Rechtsnachfolge von Todes wegen anzuwenden wäre. Die einmal erlangte Testierfähigkeit wird durch Erwerb oder Verlust der Rechtsstellung als Deutscher nicht beeinträchtigt.

Fünfter Abschnitt
Außervertragliche Schuldverhältnisse

Art 27 bis 37
(weggefallen)

Art 38
Ungerechtfertigte Bereicherung

(1) Bereicherungsansprüche wegen erbrachter Leistung unterliegen dem Recht, das auf das Rechtsverhältnis anzuwenden ist, auf das die Leistung bezogen ist.

(2) Ansprüche wegen Bereicherung durch Eingriff in ein geschütztes Interesse unterliegen dem Recht des Staates, in dem der Eingriff geschehen ist.

(3) In sonstigen Fällen unterliegen Ansprüche aus ungerechtfertigter Bereicherung dem Recht des Staates, in dem die Bereicherung eingetreten ist.

Art 39
Geschäftsführung ohne Auftrag

(1) Gesetzliche Ansprüche aus der Besorgung eines fremden Geschäfts unterliegen dem Recht des Staates, in dem das Geschäft vorgenommen worden ist.

(2) Ansprüche aus der Tilgung einer fremden Verbindlichkeit unterliegen dem Recht, das auf die Verbindlichkeit anzuwenden ist.

Art 40
Unerlaubte Handlung

(1) Ansprüche aus unerlaubter Handlung unterliegen dem Recht des Staates, in dem der Ersatzpflichtige gehandelt hat. Der Verletzte kann verlangen, daß anstelle dieses Rechts das Recht des Staates angewandt wird, in dem der Erfolg eingetreten ist. Das Bestimmungsrecht kann nur im ersten Rechtszug bis zum Ende des frühen ersten Termins oder dem Ende des schriftlichen Vorverfahrens ausgeübt werden.

(2) Hatten der Ersatzpflichtige und der Verletzte zur Zeit des Haftungsereignisses ihren gewöhnlichen Aufenthalt in demselben Staat, so ist das Recht dieses Staates anzuwenden. Handelt es sich um Gesellschaften, Vereine oder juristische Personen, so steht dem gewöhnlichen Aufenthalt der Ort gleich, an dem sich die Hauptverwaltung oder, wenn eine Niederlassung beteiligt ist, an dem sich diese befindet.

(3) Ansprüche, die dem Recht eines anderen Staates unterliegen, können nicht geltend gemacht werden, soweit sie

1. wesentlich weiter gehen als zur angemessenen Entschädigung des Verletzten erforderlich,

2. offensichtlich anderen Zwecken als einer angemessenen Entschädigung des Verletzten dienen oder

3. haftungsrechtlichen Regelungen eines für die Bundesrepublik Deutschland verbindlichen Übereinkommens widersprechen.

(4) Der Verletzte kann seinen Anspruch unmittelbar gegen einen Versicherer des Ersatzpflichtigen geltend machen, wenn das auf die unerlaubte Handlung anzuwendende Recht oder das Recht, dem der Versicherungsvertrag unterliegt, dies vorsieht.

Art 41
Wesentlich engere Verbindung

(1) Besteht mit dem Recht eines Staates eine wesentlich engere Verbindung als mit dem Recht, das nach den Artikeln 38 bis 40 Abs. 2 maßgebend wäre, so ist jenes Recht anzuwenden.

(2) Eine wesentlich engere Verbindung kann sich insbesondere ergeben

1. aus einer besonderen rechtlichen oder tatsächlichen Beziehung zwischen den Beteiligten im Zusammenhang mit dem Schuldverhältnis oder

2. in den Fällen des Artikels 38 Abs. 2 und 3 und des Artikels 39 aus dem gewöhnlichen Aufenthalt der Beteiligten in demselben Staat im Zeitpunkt des rechtserheblichen Geschehens; Artikel 40 Abs. 2 Satz 2 gilt entsprechend.

Art 42
Rechtswahl

Nach Eintritt des Ereignisses, durch das ein außervertragliches Schuldverhältnis entstanden ist, können die Parteien das Recht wählen, dem es unterliegen soll. Rechte Dritter bleiben unberührt.

Sechster Abschnitt
Sachenrecht

Art 43
Rechte an einer Sache

(1) Rechte an einer Sache unterliegen dem Recht des Staates, in dem sich die Sache befindet.

(2) Gelangt eine Sache, an der Rechte begründet sind, in einen anderen Staat, so können diese Rechte nicht im Widerspruch zu der Rechtsordnung dieses Staates ausgeübt werden.

(3) Ist ein Recht an einer Sache, die in das Inland gelangt, nicht schon vorher erworben worden, so sind für einen solchen Erwerb im Inland Vorgänge in einem anderen Staat wie inländische zu berücksichtigen.

Art 44
Von Grundstücken ausgehende Einwirkungen

Für Ansprüche aus beeinträchtigenden Einwirkungen, die von einem Grundstück ausgehen, gelten die Vorschriften der Verordnung (EG) Nr. 864/2007 mit Ausnahme des Kapitels III entsprechend.

Art 45
Transportmittel

(1) Rechte an Luft-, Wasser- und Schienenfahrzeugen unterliegen dem Recht des Herkunftsstaats. Das ist

1. bei Luftfahrzeugen der Staat ihrer Staatszugehörigkeit,

2. bei Wasserfahrzeugen der Staat der Registereintragung, sonst des Heimathafens oder des Heimatorts,

3. bei Schienenfahrzeugen der Staat der Zulassung.

(2) Die Entstehung gesetzlicher Sicherungsrechte an diesen Fahrzeugen unterliegt dem Recht, das auf die zu sichernde Forderung anzuwenden ist. Für die Rangfolge mehrerer Sicherungsrechte gilt Artikel 43 Abs. 1.

Art 46
Wesentlich engere Verbindung

Besteht mit dem Recht eines Staates eine wesentlich engere Verbindung als mit dem Recht, das nach den Artikeln 43 und 45 maßgebend wäre, so ist jenes Recht anzuwenden.

Siebter Abschnitt
Besondere Vorschriften zur Durchführung von Regelungen der Europäischen Union nach Artikel 3 Nr. 1

Erster Unterabschnitt
Durchführung der Verordnung (EG) Nr. 864/2007

Art 46a
Umweltschädigungen

Die geschädigte Person kann das ihr nach Artikel 7 der Verordnung (EG) Nr. 864/2007 zustehende Recht, ihren Anspruch auf das Recht des Staates zu stützen, in dem das schadensbegründende Ereignis eingetreten ist, nur im ersten Rechtszug bis zum Ende des frühen ersten Termins oder dem Ende des schriftlichen Vorverfahrens ausüben.

Zweiter Unterabschnitt
Durchführung der Verordnung (EG) Nr. 593/2008

Art 46b
Verbraucherschutz für besondere Gebiete

(1) Unterliegt ein Vertrag auf Grund einer Rechtswahl nicht dem Recht eines Mitgliedstaats der Europäischen Union oder eines anderen Vertragsstaats des Abkommens über den Europäischen Wirtschaftsraum, weist der Vertrag jedoch einen engen Zusammenhang mit dem Gebiet eines dieser Staaten auf, so sind die im Gebiet dieses Staates geltenden Bestimmungen zur Umsetzung der Verbraucherschutzrichtlinien gleichwohl anzuwenden.

(2) Ein enger Zusammenhang ist insbesondere anzunehmen, wenn der Unternehmer

1. in dem Mitgliedstaat der Europäischen Union oder einem anderen Vertragsstaat des Abkommens über den Europäischen Wirtschaftsraum, in dem der Verbraucher seinen gewöhnlichen Aufenthalt hat, eine berufliche oder gewerbliche Tätigkeit ausübt oder

2. eine solche Tätigkeit auf irgendeinem Wege auf diesen Mitgliedstaat der Europäischen Union oder einen anderen Vertragsstaat des Abkommens über den Europäischen Wirtschaftsraum oder auf mehrere Staaten, einschließlich dieses Staates, ausrichtet

und der Vertrag in den Bereich dieser Tätigkeit fällt.

(3) Verbraucherschutzrichtlinien im Sinne dieser Vorschrift sind in ihrer jeweils geltenden Fassung:

1. die Richtlinie 93/13/EWG des Rates vom 5. April 1993 über missbräuchliche Klauseln in Verbraucherverträgen (ABl. L 95 vom 21.4.1993, S. 29);

2. die Richtlinie 97/7/EG des Europäischen Parlaments und des Rates vom 20. Mai 1997 über den Verbraucherschutz bei Vertragsabschlüssen im FernAbsatz (ABl. L 144 vom 4.6.1997, S. 19);

3. die Richtlinie 1999/44/EG des Europäischen Parlaments und des Rates vom 25. Mai 1999 zu bestimmten Aspekten des Verbrauchsgüterkaufs und der Garantien für Verbrauchsgüter (ABl. L 171 vom 7.7.1999, S. 12);

4. die Richtlinie 2002/65/EG des Europäischen Parlaments und des Rates vom 23. September 2002 über den FernAbsatz von Finanzdienstleistungen an Verbraucher und zur Änderung der Richtlinie 90/619/EWG des Rates und der Richtlinien 97/7/EG und 98/27/EG (ABl. L 271 vom 9.10.2002, S. 16);

5. die Richtlinie 2008/48/EG des Europäischen Parlaments und des Rates vom 23. April 2008 über Verbraucherkreditverträge und zur Aufhebung der Richtlinie 87/102/EWG des Rates (ABl. L 133 vom 22.5.2008, S. 66).

(4) Unterliegt ein Teilzeitnutzungsvertrag, ein Vertrag über ein langfristiges Urlaubsprodukt, ein Wiederverkaufsvertrag oder ein Tauschvertrag im Sinne von Artikel 2 Absatz 1 Buchstabe a bis d der Richtlinie 2008/122/EG des Europäischen Parlaments und des Rates vom 14. Januar 2009 über den Schutz der Verbraucher im Hinblick auf bestimmte Aspekte von Teilzeitnutzungsverträgen, Verträgen über langfristige Urlaubsprodukte sowie Wiederverkaufs- und Tauschverträgen (ABl. L 33 vom 3.2.2009, S. 10) nicht dem Recht eines Mitgliedstaats der Europäischen Union oder eines anderen Vertragsstaats des Abkommens über den Europäischen Wirtschaftsraum, so darf Verbrauchern der in Umsetzung dieser Richtlinie gewährte Schutz nicht vorenthalten werden, wenn

1. eine der betroffenen Immobilien im Hoheitsgebiet eines Mitgliedstaats der Europäischen Union oder eines anderen Vertragsstaats des Abkommens über den Europäischen Wirtschaftsraum belegen ist oder

2. im Falle eines Vertrags, der sich nicht unmittelbar auf eine Immobilie bezieht, der Unternehmer eine gewerbliche oder berufliche Tätigkeit in einem Mitgliedstaat der Europäischen Union oder einem anderen Ver-

tragsstaat des Abkommens über den Europäischen Wirtschaftsraum ausübt oder diese Tätigkeit auf irgendeine Weise auf einen solchen Staat ausrichtet und der Vertrag in den Bereich dieser Tätigkeit fällt.

Art 46c
Pflichtversicherungsverträge

(1) Ein Versicherungsvertrag über Risiken, für die ein Mitgliedstaat der Europäischen Union oder ein anderer Vertragsstaat des Abkommens über den Europäischen Wirtschaftsraum eine Versicherungspflicht vorschreibt, unterliegt dem Recht dieses Staates, sofern dieser dessen Anwendung vorschreibt.

(2) Ein über eine Pflichtversicherung abgeschlossener Vertrag unterliegt deutschem Recht, wenn die gesetzliche Verpflichtung zu seinem Abschluss auf deutschem Recht beruht.

[...]

Stichwortverzeichnis

ABC der Anknüpfung bei fehlender Rechtswahl 483 ff.
ABC des Internationalen Vertragsrechts 692 ff.
Abtretung
siehe Sicherungsabtretung
Akkreditiv 484, 650 ff.
Allgemeine Geschäftsbedingungen 70 ff.
– Rechtswahl 70 ff.
– Verbraucher 345 ff, 349
– widersprechende Rechtswahlklauseln 74
– Wirksamkeit 72
Allgemeine Rechtsgrundsätze 102 ff.
– Common Principles 103 ff.
– Gegenstand der Rechtswahl 75 ff.
– Zulässigkeit der Wahl 114 ff.
– § 1051 ZPO 122
– Art. 27 EGBGB 114 ff., 124
– Zweckmäßigkeit 111 ff.
– Lex mercatoria 108
– Rechtswahl, fehlende 440 ff.
– UNIDROIT-Prinzipien 109 f.
Alternative Rechtswahlklausel
siehe Rechtswahl, alternative
Anerkennung
– ausländischer Insolvenzverfahren 681 ff.
– ausländischer Sicherheiten im Inland 669 ff.
– inländischer Sicherheiten im Ausland 674 ff.
– Eigentumsvorbehalt 676
– Sicherungseigentum 675
Angleichung 693, 589
Anknüpfung 25 ff., 694
Anlagenvertrag 458, 485
Anpassung 695
Anwendung deutsches IPR 3, 296, 312

Arbeitsvertrag 473, 489
– Arbeitsschutzvorschriften 361
– Kündigungsschutz 359
– Rechtswahl 475 ff.
– Günstigkeitsprinzip 358
Architektenvertrag 490
Aufrechnung 566 ff.
– in der Insolvenz 571
Ausdrückliche Rechtswahl 202 ff.
siehe auch Rechtswahl
Ausländisches Recht
siehe Recht, ausländisches u.
Ermittlung ausländischen Rechts
Auslandsbezug 325 ff.
– fehlender
siehe Binnensachverhalte
– Gerichtsstandsvereinbarung 328
– Rechtswahlklausel 328
– Staatsangehörigkeit 330
– Subunternehmervertrag 267, 332 f.
Außenwirtschaftsrecht 404
– Devisenrecht 425 ff.
– Gegenstand der Rechtswahl 75 ff.
– IFW-Abkommen 426
– Rechtsgrundsätze, allgemeine 102 ff.
– Verträge, rechtsordnungslose 132 ff.
– Völkerrecht 94 ff.
Außervertragliche Schuldverhältnisse
siehe Bereicherungsrecht und Deliktsrecht

Bankvertrag 494
– Bankbürgschaft 494
– Bankgarantie 494
– Darlehensvertrag 500
– Depotvertrag 494
– Dokumentenakkreditiv 494
siehe auch Akkreditiv
– Konsortialkredit 494

205

– Rückgarantie 494
– Sparkonto 494
– Swapgeschäfte 494
– Überweisungsauftrag 494
Bauvertrag 495, 458
Bereicherungsrecht 28, 220, 225, 433, 580
Beweiserheblichkeit 594
Beweislast 591
Beweismaß 591
Beweismittel 595
– Zeugenbeweis 596
Beweisverfahren 598
Beweisverfahrensrecht 593
Beweisvermutung 591
Beweiswürdigung 599
Binnensachverhalte 324 ff.
  siehe auch Auslandsbezug
– materiellrechtliche Rechtswahl 324
Boykottklausel siehe Eingriffsnormen
Bürgschaft 494
– Bankbürgschaft 494
– Bedeutung im transnationalen Rechtsverkehr 650
– Devisenrecht 432, 425,
– eherechtliche Verpflichtungsbeschränkungen 654 ff., 600
– Legalzession 588
– Zahlung durch Bürgen 589

CISG 20, 226 ff.
– Abwahl 235
– Beispiel für Ausschluss 236
– stillschweigender Ausschluss 238 f.
– Wahl 232
  – deutschen Rechts 228 ff.
Common Principles 103
Construction Clauses 203
culpa in contrahendo 220

Darlehensvertrag 500
– Bankdarlehen
  siehe Bankvertrag

Deliktsrecht 28, 224, 433
Devisenkontrakt
  siehe Devisenrecht
Devisenkontrollbestimmungen 436
Devisenrecht 425 ff.
– Abkommen von Bretton Woods 426
– Devisenkontrakt 428, 432
– IWF-Abkommen 426
– Kapitalverkehrsverträge 428
– Sicherungsrechte 439
– Unklagbarkeit 437 ff.
– Verträge des laufenden Zahlungsverkehrs 428
Dienstvertrag 501

Eigentumsvorbehalt 664 ff.
– Anerkennung im Ausland 676
– Grenzübertritt 666 f.
– gutgläubiger Erwerb 665
– Lageort 664
– sachenrechtliche Wirkungen 664
– Schonfrist 677
– Sicherungsabrede 664
– Transport Sicherungsgut 666
Eingriffsnormen 366 ff.
– ausländische 410 ff.
– Bildung eigener Kollisionsregeln 394 ff.
– Boykottvorschriften 404 f.
– inländische 369 ff.
– ordre public 383 f.
– Rechtsfolgen 403 ff.
– Regelungsgruppen 378
– Verbraucherschutzvorschriften 345 ff.
Embargovorschriften 422
Erfüllung
  siehe Vertragserfüllung
Erfüllungsort 554
Ermittlung ausländischen Rechts 293, 299 ff.
– Amtspflicht 299
– Arrest 300
– Verfügungsverfahren 300

Stichwortverzeichnis

- Erkenntnisquellen 308 ff.
- Gutachten 309
- Europäisches Übereinkommen betreffend Auskünfte über ausländisches Recht 310
- Gerichte 293 ff.
- Rechtsanwalt 312, 315 siehe auch dort
Euro 550
Europäisches Übereinkommen betreffend Auskünfte über ausländisches Recht 310

Fehlende Rechtswahl 440 ff.
- ABC der Anknüpfung 483 ff.
- Akkreditiv 484
- Anlagenvertrag 458, 485
- Anwaltsvertrag 486
- Arbeitsvertrag 489
- Architektenvertrag 490
- Bankvertrag siehe dort
- Bauvertrag 458, 495
- Beratungsvertrag 497
- BOT-Projekt 498
- Bürgschaft 499
- Darlehensvertrag 500
- Dienstvertrag 501
- Franchisevertrag 503
- Garantievertrag 504
- Gefälligkeitsverhältnis 505
- Geschäftsbesorgungsvertrag 506
- Geschäftsführung ohne Auftrag 507
- Güterbeförderungsvertrag 508
- Handelsvertretervertrag 509
- Ingenieurvertrag 510
- Kaufvertrag 511
- Know-how-Vertrag 512
- Leasingvertrag 513
- Lizenzvertrag 515
- Maklervertrag 516
- Mietvertrag 517
- Personenbeförderungsvertrag 520
- Reisevertrag 520
- Schenkung 522
- Schuldversprechen 524
- Subunternehmervertrag 526
- Tausch 527
- Grundstückstausch 465
- Time-Sharing 528
- Urheberrechtsvertrag 529
- Verbrauchervertrag 337, 393 siehe auch Verbrauchervertrag, und Verbraucherschutzvorschriften
- Verlagsvertrag 531
- Versicherungsvertrag 533
- Vertragshändlervertrag 534
- Verwahrung 435
- Werklieferungsvertrag 536
- engste Verbindung 445, 566
- Gegenstand der Verweisung 476
- Reichweite der Verweisung 481 f.
- Verbraucherverträge 337 ff.
- Vertragsschwerpunkt siehe dort
- Vertragsspaltung 467
Floating Choice-of-Law-Clauses siehe Rechtswahl, alternative
Forderungsstatut 585
Forderungsübergang, gesetzlicher 588
- Bürgschaft siehe dort
Formstatut 240, 623
- Distanzgeschäfte 626
- Geschäftsform 240, 623, 629
- Grundstücksgeschäfte 628
- Ortsrecht siehe dort
- Verpflichtungsgeschäfte 630
- Vertretergeschäfte 627
- Vornahmeort siehe Ortsform
Forum Fixing 10
Forum Shopping 7

Stichwortverzeichnis

Franchisevertrag 503
Freezing Clauses
 siehe Versteinerungsklauseln

Garantievertrag 504
 siehe auch Bankvertrag
Gefälligkeitsverhältnis 505
Gerichtsstandsvereinbarung 212 ff.
 siehe auch Rechtswahl, Indizien
Gesamtnormverweisung 605, 697
Geschäftsbesorgungsvertrag 506
Geschäftsfähigkeit 605
Geschäftsführung ohne Auftrag 507
Geschäftsrecht, Form
Gesellschaftsstatut 610, 602
Grundstück(e) 67, 193 f., 453, 609, 625, 628 f.
 – Kaufvertrag 511
 – Schenkung 523
Güterbeförderungsvertrag 508

Handelsvertretervertrag 509
 – Ausgleichsanspruch 318
Heimatrecht 155, 605 ff.
Hemmung
 siehe Verjährung
HOAI 366 ff.
Honorarrecht 378

ICC-Schiedsgerichtsordnung 120 f., 234, 251
Indizien für stillschweigende Rechtswahl
 siehe Rechtswahl, Indizien
Ingenieurvertrag 510
Inkorporationsklausel
 siehe Subunternehmervertrag
Inlandsfälle
 siehe Binnensachverhalte
Insolvenzstatut 681
 – Einschränkungen 682 ff.
 – Forderungsanmeldung 579
 – Insolvenzverfahren, Anerkennung ausländischer 681

 – Kündigungsrechte 563 f.
 – lex fori concursus 681, 682
 – Mobiliarsicherheiten 688 ff.
 – Partikularverfahren 684
 – Rechtsunsicherheit 683
 – Rücktrittsrechte 563 f.

Juristische Person
 siehe auch Rechtsfähigkeit
 – Personalstatut 610

Kanaltunnelvertrag 105, 112
kaufmännisches Bestätigungsschreiben 616, 619
Kaufvertrag 511
 – CISG
 siehe dort
 – Eigentumsvorbehalt
 siehe dort
 – Grundstückskauf 454
 siehe auch Grundstück
 – Unternehmenskauf 454
 – Warenkauf 454
Know-how-Vertrag 512
Kollisionsrecht 700
 – Wahl des anwendbaren Kollisionsrechts 87 ff.
Konkursstatut
 siehe Insolvenzstatut
Kündigung 563
 – und Insolvenzstatut 564

Leasingvertrag 513
Leistungsart 548 f.
Leistungsort 554
Leistungszeit 547
Lex fori 5, 701
Lex mercatoria 108 ff.
Lex rei sitae 602, 630 f., 649, 664, 675 f., 702,
Lizenzvertrag 515

Maklervertrag 516
Mietvertrag 517, 543

Nachträgliche Rechtswahl 190 ff.
- Form 192
- im Prozess 281 ff.
  siehe auch Übereinstimmendes
  Prozessverhalten
- Rechte Dritter 199 ff.
- Verbesserungen 200
- Rückwirkung 190
- Statutenwechsel 190
- stillschweigende 189
- Wirkung 190 f.
- Zulässigkeit 188 ff.
Negative Rechtswahl 184
Neutrales Recht 78 ff.
Nichterfüllung 558
- Verzugszins 559

Ordre public 306, 321, 383 ff.
Ortsform 624
- Abwahl alternativer Ortsform 240 f., 631
- Beispielsklausel 241
- Art und Weise der Erfüllung 555
- dingliche Verfügungen 630
- Distanzgeschäfte 626
- Grundstücksgeschäfte 628
- Verpflichtungsvertrag 630
- Vertretergeschäfte 627
- Vornahmeort 624, 631
Ortsrecht 555 ff.

Pacht 443, 453, 519
Parteiautonomie 28 ff., 705
  siehe auch Rechtswahl
- Ausland 29 ff.
- im deutschen Internationalen Vertragsrecht 28 ff.
- Schiedsgerichtsbarkeit
  siehe dort
- Verbot im Ausland 35 ff.
- Iran 40
- Südamerika 41 f.
- Vietnam 44
Personenbeförderungsvertrag 520

Qualifikation 706

Recht, ausländisches 293 ff.
- Anwendung 305
- einstweiliger Rechtsschutz 300
- Ermittlung 299 ff., 314 f.
- Ordre public
  siehe dort
Recht, außerstaatliches 93 ff.
Rechtsanwalt
- Anwaltsvertrag
  siehe Fehlende Rechtswahl
- Anwendung IPR 312
- Auskunft über ausländisches Recht 314
- Ermittlung ausländischen Rechts 314 f.
- Kenntnis
- ausländisches Recht 314
- IPR 312
- Vollmacht 640
Rechtsfähigkeit 605 ff.
- Geschäftsfähigkeit 605
- juristische Personen 610
- natürliche Personen 605 ff.
- Mangel 609
- nicht rechtsfähige Personenvereinigungen 610
- Verkehrsschutz 609
Rechtsordnungslose Verträge 132 ff.
Rechtswahl 28 ff.
- Abwahl staatlichen Rechts 93 ff.
- Abwahl aller Rechtsordnungen 132 ff.
- AGB 70 ff.
- allgemeine Rechtsgrundsätze
  siehe dort
- alternative 171
- ausdrückliche 202
- Auslandsbezug
  siehe dort
- bedingte 167
- Beispielsklausel 242

209

Stichwortverzeichnis

- Binnensachverhalte
siehe dort
- CISG
siehe dort
- Construction Clauses 203
- Einheitsrecht 126 ff.
- fehlende 440 ff.
siehe auch Fehlende Rechtswahl
- Fehlerquellen 205 ff.
- Formulierung 205 ff.
  - Beispiel weitreichender Klausel 242
- Floating Choice-of-Law-Clauses
siehe Rechtswahl, alternative
- Freezing Clauses
siehe Versteinerungsklauseln
- Gegenstand 75 ff.
  - Außerstaatliches Recht 93 ff.
  - allgemeine Rechtsgrundsätze 102 ff.
  - Völkerrecht 94 ff.
- Kollisionsrecht 87
- neutrales Recht 78 ff.
- religiöses Recht 86
- staatliches Recht 75 ff.
- totes Recht 142
- Gemeinsames Europäisches Kaufrecht 128 ff.
- Gesetzesumgehung 317
- Gerichtsstandsvereinbarung 212
- Grenzen der 322 ff.
  - Arbeitsverträge
  siehe dort
  - Binnensachverhalte
  siehe dort
  - Inlandsfälle
  siehe Auslandsbezug
  - Verbrauchervertrag
  siehe dort
- ICC-Schiedsgerichtsordnung
siehe dort
- Indizien
siehe Stillschweigende Rechtswahl
- Los 185

- nachträgliche Rechtswahl
siehe dort
- negative Rechtswahl 184
- ordre public 321
- Rechtsordnungslose Verträge
siehe dort
- Rechtswahlschranken
siehe Rechtswahl, Grenzen
- Reichweite 220
  - Bereicherungsansprüche 225
  - culpa in contrahendo 220
  - Deliktsansprüche 224
  - Schiedsgerichtsbarkeit 22
  - Schweigen als Zustimmung 615 ff.
- Self Regulatory Contracts
siehe Rechtsordnungslose Verträge
- stillschweigende Rechtswahl 242 ff.
  - Indizien
  siehe Rechtswahl, Indizien
- Teilrechtswahl
siehe dort
- übereinstimmendes Prozessverhalten
siehe dort
- UNIDROIT-Prinzipien 109 f.
- Verbraucherschutz 337 ff.
siehe auch Verbraucherschutzvorschriften
- VOB/B 263
- Völkerrecht 94 ff.
- Wirksamkeit der 54 ff.
- Zeitpunkt 186 ff.
- Zuständigkeitsvereinbarung 246 ff.
- zwingendes Recht 259 f.
Rechtswahlfreiheit
siehe auch Parteiautonomie
Rechtswahlklauseln 54 ff.
- Auslegung 55 ff.
- Allgemeine Geschäftsbedingungen 70 ff.
- widersprechende Rechtswahlklauseln 74

Stichwortverzeichnis

– Fehler 205 ff.
– Gültigkeit 66 ff.
– unklare Klauseln 57 f., 210, 216 ff.
– Zustandekommen 66 ff.
Rechtswahlschranken 322 ff.
Reichweite der Rechtswahl
siehe Rechtswahl, Reichweite
Reisevertrag 520
Rom I-VO 11 ff.
– Auslegung 14 ff.
Rücktritt 562
Rückverweisung 707

Sachnormverweisung 477, 709
Schadenersatz 558
– Art und Höhe 558
– Schadenshöhe 560, 599
– Verzugszins 559
Schenkung 522
Schiedsgerichtsbarkeit 22 f., 108
Schiedsgerichtsvereinbarung
siehe Rechtswahl, Indizien
Schuldanerkenntnis
siehe Devisenkontrollbestimmungen, Sicherungsrechte
Schuldversprechen 524
Schuldvertragsrecht, internationales 13, 25 ff.
Schuldstatut
siehe Vertragsstatut
Schweigen 615 ff.
– AGB 616, 619
– kaufmännisches Bestätigungsschreiben 616, 619
– Verkehrschutz 618 ff.
Self Regulatory Contracts
siehe Rechtswahl
Sicherheiten, dingliche und persönliche 648 ff.
– Akkreditiv
siehe dort
– Anerkennung ausländischer Sicherheiten im Ausland
siehe dort

– Anerkennung ausländischer Sicherheiten im Inland
siehe dort
– Banksicherheit 658
siehe auch Bankvertrag
– Bürgschaft
siehe dort
– Garantie 650
siehe auch Garantievertrag
– Insolvenzrecht 679 ff.
– Mobiliarsicherung
– Autohypothek 671
– Eigentumsvorbehalt
siehe dort
– Pfandrecht an Flugzeug 672
Sicherungsabtretung 659
– Benachrichtigung Drittschuldner 663
– Beschränkungen bei ausländischem Forderungsstatut 662
– Globalzession 660
– Sicherungsabrede 659
Sicherungsübereignung 664 ff.
– Anerkennung im Ausland 675
– Grenzübertritt 666 f.
– Gutgläubiger Erwerb 665
– Lageort 664
– sachenrechtliche Wirkungen 664
– Sicherungsabrede 664
– Transport Sicherungsgut 666
Sitztheorie 610
Sprachenstatut 271
Staat, Vertrag mit 462 f.
Staatsangehörigkeit
siehe Auslandsbezug
Statut 710
siehe auch Vertragsstatut
– Nebeneinander verschiedener Statuten 602
Stillschweigende Rechtswahl 242 ff.
– Indizien 244 ff.
– Abschlussort 57, 276, 628
– Bedingungswerke 255

211

Stichwortverzeichnis

- Behörden 261
- Bezugnahme
  - auf Allgemeine Geschäftsbedingungen 264
  - auf Bedingungswerke 255
  - auf deutsches Recht
    siehe Übereinstimmendes Prozessverhalten
  - auf Legalsysteme 255
  - auf Preisrecht 260
  - auf Vertrag 266, 268
  - auf VOB/B 263
  - auf zwingende Vorschriften 259 f.
  - im Prozess 281
    siehe auch Übereinstimmendes Prozessverhalten
  - Erfüllungsort 253 f.
  - Gerichtsstandsvereinbarung 246 ff.
  - Kumulation mehrerer Indizien 275
  - Schiedsabrede 250
  - schwache Indizien 269 f., 272, 274, 275
  - Staatsangehörigkeit 276, 274
  - Subunternehmervertrag 267
  - Vertragssprache 269, 276
  - Vertragsverfasser 274
  - Vertragswährung 272

Streitverkündung
  siehe Verjährung
Substitution 711
Subunternehmervertrag 526
  siehe auch Auslandsbezug

Tausch 527
  siehe auch Grundstück
Teilrechtswahl 149 ff.
- Vertragsspaltung 155
- Unterwerfungsklauseln 163 ff.
Time-Sharing 471, 528, 620

Übereinstimmendes Prozessverhalten 281 ff.
  siehe auch Rechtswahl
- Österreich 291
- Schweiz 289
- stillschweigende Rechtswahl 282
Umweltrecht 621
UNIDROIT-Prinzipien
  siehe Rechtswahl
Unterbrechung
  siehe Verjährung
Unterwerfungsklauseln 163
Urheberrechtsvertrag 529

Verbraucher 338
Verbraucherkreditgesetz 345
Verbraucherschutzvorschriften 345
  siehe auch Eingriffsnormen
- erweiterter Schutz 350 ff.
- Günstigkeitsprinzip 346
- ordre public 383 f.
- Time-Sharing
  siehe dort
- Verbraucherkreditgesetz
  siehe dort
Verbrauchervertrag 339, 530
- Dienstleistung 350
- Internet 342
- Time-Sharing
  siehe dort
- Verkaufsveranstaltungen 350
Verjährung 573 ff.
- Hemmungshandlung im Ausland 574 ff.
- Klageerhebung im Ausland 574
- Streitverkündung 578
Verlagsvertrag 531
Versicherungsvertrag 533
Versteinerungsklauseln 143
Vertrag
- Auslegung
  siehe Vertragsauslegung
- Erfüllung
  siehe Vertragserfüllung

Stichwortverzeichnis

– Nichterfüllung
  siehe dort
– Nichtigkeitsfolgen 580
– Statut
  siehe Vertragsstatut
– Zustandekommen 538
  – Schweigen
  siehe dort
Vertragsauslegung 544 ff.
– Bedeutung Vertragssprache 545
Vertragserfüllung 546 ff.
– Berücksichtigung Ortsrecht 555
– mittlere Art und Güte 552
– Nichterfüllung
  siehe dort
Vertragsfreiheit
  siehe Parteiautonomie
Vertragshändlervertrag 534
Vertragsschwerpunkt 442
Vertragsspaltung 149 ff., 467
Vertragssprache 269 ff., 255, 276, 541, 545
Vertragsstatut 537 ff.
– Abgrenzung zu anderen Statuten 600 ff.
– Auslegung 544
– Eingriffsnormen
  siehe dort
– Erfüllung 546 ff.
– Erlöschen der Verpflichtung 561
  – Aufrechnung
  siehe dort
  – Erfüllung
  siehe dort
  – insolvenzrechtliche Erlöschensgründe 572, 579
  – Kündigung
  siehe dort
  – Rücktritt
  siehe dort
– Geltungsbereich 537 ff.
– Insolvenzstatut
  siehe dort
– Kündigungsrechte 562

– Leistungsstörungen 558
– Leistungsumfang 548
  – Regeln der Technik 552
– Nichterfüllung 558
– Rücktritt 562
– Schweigen
  siehe dort
– Verjährung
  siehe dort
– Vollmacht
  siehe dort
Vertragstyp 543
Vertretungsmacht
  siehe Vollmacht
Verwaltungssitz 610
Verwahrung 435
Verzugszins 559
Völkerrecht 94
Vollmacht 632 ff.
– Anscheinsvollmacht 642
– Auslegung 635
– Duldungsvollmacht 642
– Ende 635
– Erteilung 635
– Genehmigung 644
– Gültigkeit 635
– Rechtswahl 645
– Rechtsanwalt 640 f., 560
– Umfang 635
– Verkehrsschutz 636, 638
– Vertreter mit Niederlassung 639
– Vertreter mit Verfahrensvollmacht 640
– Vertreter ohne Vertretungsmacht 640
– Wirkungsstatut 635
Vorfrage 715

Währung 156, 272, 278, 559, 549
– Devisenrecht 425 ff.
– Indiz für Rechtswahl 272, 278
Währungsstatut 156
Wechsel
  siehe Devisenkontrollbestimmungen, Sicherungsrechte

213

Weiterverweisung 715
Werklieferungsvertrag 536
Werkvertrag 536
Wiener Übereinkommen über Verträge über den internationalen Warenkauf
siehe CISG

Zeitpunkt der Rechtswahl 186,
Zuständigkeit, internationale
– Insolvenzstatut 681
– Prüfung 5